如何设计
你的旺宅

[西班牙] 洛娜·普尔提/著
高可意　王雪欢/译

湖南美术出版社

图书在版编目（CIP）数据

如何设计你的旺宅/(西)普尔提著;高可意,王雪欢译.— 长沙:湖南美术出版社,2011.8
ISBN 978-7-5356-4535-7

Ⅰ.①如… Ⅱ.①普… ②高… ③王… Ⅲ.①住宅—建筑设计—基本知识 Ⅳ.①TU241

中国版本图书馆CIP数据核字(2011)第110752号
18-2011-157

FENG SHUI PRÁCTICO

© 2007　Iona Purtí

© 2007　EDITORLAL OCÉANO S.L.
　　　　Barcelona(Spain)

如何设计你的旺宅

出 版 人：李小山
策　　划：金版文化
著　　者：（西班牙）洛娜·普尔提
译　　者：高可意　王雪欢
责任编辑：李　松
封面设计：景雪峰
出版发行：湖南美术出版社
　　　　　（长沙市东二环段622号）
经　　销：湖南省新华书店
印　　刷：深圳市佳信达印务有限公司
　　　　　（深圳市宝安区观澜观光路128号库坑路口广澜工业园）
开　　本：889×1270　1/24
印　　张：16
版　　次：2011年8月第1版　2011年8月第1次印刷
书　　号：ISBN 978-7-5356-4535-7
定　　价：68.00元

【版权所有，请勿翻印、转载】
邮购联系：0755-83476130　邮编：518000
网　　址：http://www.ch-jinban.com/
电子邮箱：szjinban@163.com
如有倒装、破损、少页等印装质量问题，请与印刷厂联系调换。
联系电话：0755-81702556

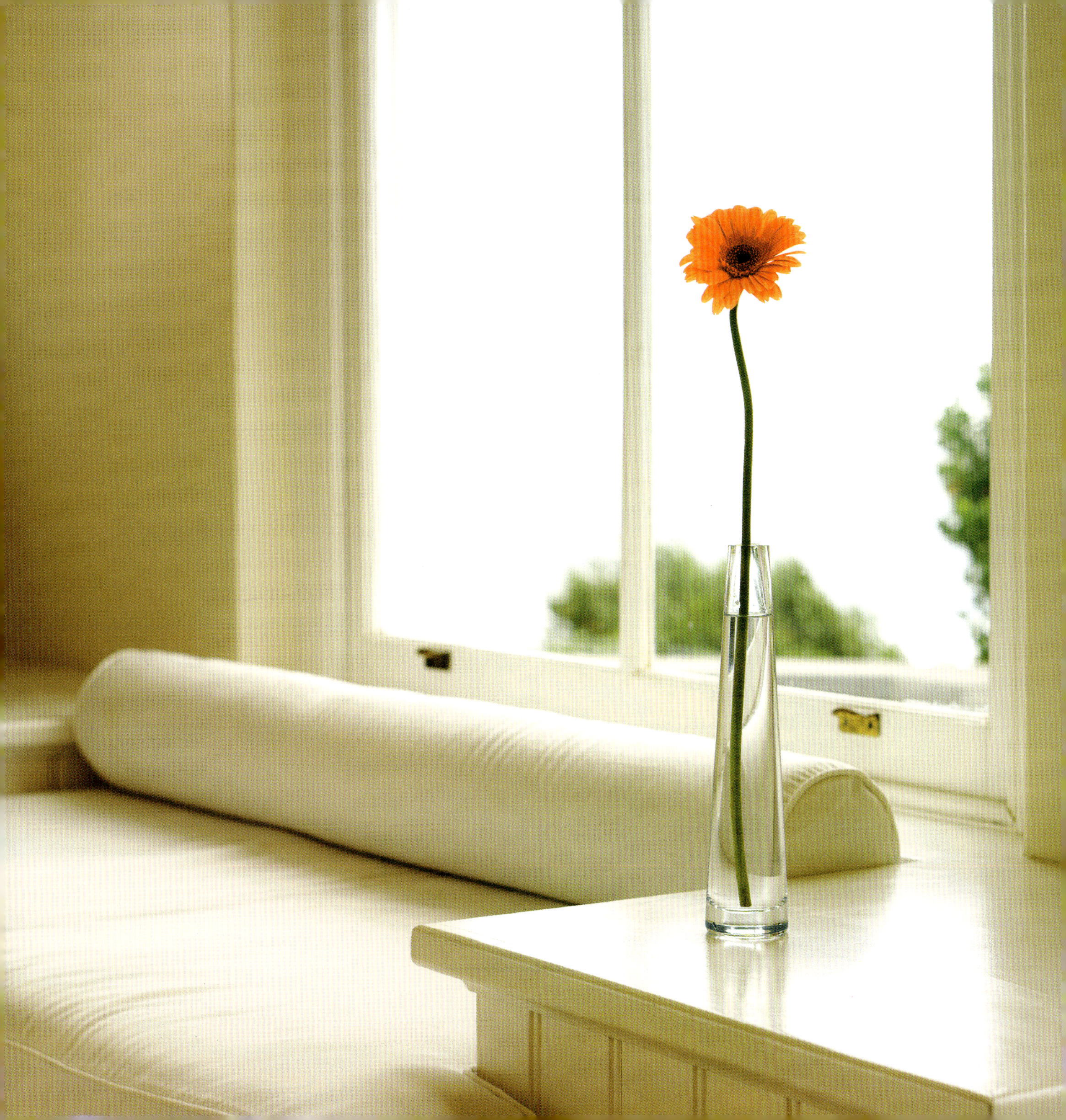

目录

Contents

初识风水

气 ······ 025

阴阳 ······ 031

五行 ······ 041

八卦 ······ 048

九宫图 ······ 058

宅中之气

确定住宅的中心气场 ······ 075

建筑材料与宅中之气 ······ 078

凸角、缺角与宅中之气 ······ 080

气的平衡 ······ 090

阳光、阴影对宅中之气的影响 ······ 091

环境与宅中之气 ······ 096

建筑形状对气的影响 ······ 101

如何化解锐气 ······ 109

水与宅中之气 ······ 109

家中过于杂乱会影响气的流通 ······ 116

堆放杂物的地方对宅中之气的影响 ······ 120

卧室与宅中之气 ······ 121

儿童房与宅中之气 ······ 122

厨房与宅中之气 ······ 125

客厅与宅中之气 ······ 126

浴室与宅中之气 ······ 130

书房与宅中之气 ······ 131

厨房 …………………………… 178
浴室 …………………………… 184
家庭办公区 …………………… 190

装修风水
如何控制"气" ………………… 199
妙用颜色 ……………………… 204
造型 …………………………… 210
材料 …………………………… 212
照明 …………………………… 216
家用电器 ……………………… 218
植物 …………………………… 220
家具 …………………………… 227
门 ……………………………… 230
窗 ……………………………… 239
窗帘和百叶窗 ………………… 240
楼梯 …………………………… 241
装饰品 ………………………… 243
镜子 …………………………… 244

房间风水
做好规划 ……………………… 134
客厅 …………………………… 144
餐厅 …………………………… 155
卧室 …………………………… 162
儿童房 ………………………… 172

妙用风水32招

1. 双床垫应当是一整块 …………… 250
2. 栽一棵橘树 …………………… 250
3. 朋友聚会时用圆形餐桌 ………… 250
4. 挂牡丹图 ……………………… 251
5. 不要把扫帚放在显眼的地方 …… 252
6. 挂照片的讲究 ………………… 252
7. 移动家具,激活气场 …………… 252
8. 挂幸运鸟的图 ………………… 252
9. 地面上采用方形图案 …………… 252
10. 双象有益于身孕 ……………… 253
11. 制造动听的声音 ……………… 254
12. 制作花台 ……………………… 254
13. 用穿戴物加深夫妻感情 ……… 254
14. 用植物营造舒适环境 ………… 254
15. 东方置水助仕途 ……………… 255
16. 住宅中多使用圆形和螺旋形 … 255
17. 挂水晶球调节过重的阳气 …… 255
18. 善用风水工具 ………………… 256
19. 改善各个方面的方法 ………… 256
20. 蔓生植物化解毒箭 …………… 260
21. 青蛙物件招好运 ……………… 260
22. 桃花树做医生 ………………… 261
23. 守宅神狮 ……………………… 261
24. 养吉利之鱼招财 ……………… 261
25. 建造风水花园 ………………… 262
26. 驱除浴室煞气 ………………… 262
27. 放置玉净瓶 …………………… 263

28.只在白天晾晒衣物 ……… 263
29.供财神 ……… 264
30.借玉之神力 ……… 264
31.设法让自己快乐 ……… 264
32.适时更新气场 ……… 264

风水学词典

扇子 ……… 269
通道 ……… 269
事故和灾难 ……… 269
鱼缸 ……… 269
活动 ……… 269
玛瑙 ……… 269
水 ……… 269
地下水 ……… 270
海蓝宝石 ……… 270
紫翠玉 ……… 270
地毯 ……… 270
相生的气息 ……… 270

仓库 ……… 270
黄色 ……… 270
紫水晶 ……… 271
琥珀 ……… 271
爱情与婚姻 ……… 271
护身符 ……… 272
暗箭 ……… 272
角 ……… 272
四神兽 ……… 273
先辈 ……… 273

古董	273	竹子	282
电器设备	273	白色	283
树	274	水晶球	283
灌木	274	盆栽	283
弧形	274	扶手转椅	283
住宅中的不同区域	275	电线	285
工作区	275	街道	285
反射光	275	胡同	285
建筑	275	床	285
艺术品	275	路	286
电梯	276	电磁场	286
卫浴间	276	地球磁场	286
座位	278	性格	286
天体能量	279	烛台	287
蓝色	279	事业	287
气场	279	公路	287
朱雀	279	家	288
八卦	281	联排别墅	288
阳台	282	八卦中心	288

陶瓷	288
镇物	288
气	289
上天之气	291
壁炉	291
土气	291
天（乾）卦	291
山顶	292
五种能量	292
五行	292
圆形	294
城市	294
厨房	294
山丘	295
颜色	296
柱子	296
餐厅	296
窗帘	296
兑卦	297
水晶	298
十字	298
方形	298
图画	298
四大神兽	298
四角	299
装饰	303
排水	304

元素的和谐	304
斜坡	304
办公室	305
储藏室	307
钻石	307
钱	307
方位	307
个人的方位	307
布局	309
卧室	309
儿童房	310

龙	310
龙脉	310
龙马	310
排水系统	310
教育和知识	314
建筑	314
电	314
电器	314
电磁烟雾	314
威胁元素	315
调和元素	315
个人五行元素	316
位置	316
公司	316
周边环境	316
大门	317
厨房操作台	317
能量	317
入口	317

楼梯	317	照明灯	329
形势派	318	形状	329
理气派	319	洗涤池	330
封闭之墙	320	火	330
镜子	320	依水花园	331
螺旋形	321	车库	333
利角	322	灰色	333
季节	322	水源	333
水池	322	房间	334
书架	323	卦	334
东	323	叶子	334
事业有成	323	中国占星术	334
高低不齐	326	易经	336
名望	326	熏香	339
家庭	326	照明	339
风水	328	玉石	340
暗箭	328	花园	340
花	329	泽(兑)	342
荧光灯	329	盐灯	342

青金石	342	风铃	347
礼记	342	家具	348
平原	342	多人居所	348
位置	342	音乐	348
罗盘	343	橙色	350
商标	343	黑色	350
洛书	343	东北(艮)	350
光	344	东南(辰)	350
自然光	345	北(坎)	350
木	346	九宫数	350
孔雀石	346	中国命理学	351
棕色	346	艺术品	352
桌子	346	黑曜石	352
金	346	八卦	352
八卦法	347	八边形	352
明堂	347	西(兑)	352
天医位	347	办公室	353
铜钱	347	气味	353
山(艮)	347	熏香灯	354

运势与香气 …………… 354	平面图 …………… 361
缟玛瑙 …………… 355	植物 …………… 361
秩序 …………… 355	住宅底层 …………… 362
电脑 …………… 355	两仪 …………… 362
方向 …………… 357	定位 …………… 362
风景 …………… 358	电线杆 …………… 362
避雷针 …………… 358	布拉娜 …………… 362
建筑用地 …………… 358	桥 …………… 363
墙壁 …………… 359	室内房门 …………… 363
走廊 …………… 359	
院子 …………… 359	
风水鱼 …………… 359	
狮头狗 …………… 359	
贵人、游历 …………… 359	
风水石 …………… 360	
柱子 …………… 360	
黄铁矿 …………… 360	
水池 …………… 360	
公寓 …………… 361	

正门 …… 363	角落 …… 368
坐标 …… 364	河流 …… 368
净化 …… 364	财富和成功 …… 368
蟾蜍 …… 367	石头 …… 369
高楼 …… 367	红色 …… 369
威胁的元素 …… 368	玫瑰色 …… 369
接受 …… 368	宝石 …… 369
接待点 …… 368	起居室 …… 370
直线 …… 368	会议室 …… 370
资源 …… 368	健康和家庭 …… 370
	六煞 …… 370
	阴宅 …… 370
	煞 …… 371
	椅子 …… 371
	扶椅 …… 371
	沙发 …… 371
	南（离） …… 372
	中南（巽） …… 372
	西南（坤） …… 372

护身符 …………………… 373	窗户 ……………………… 376
道德经 …………………… 373	通风 ……………………… 377
穹顶 ……………………… 373	铁栅栏 …………………… 377
五行理论 ………………… 373	公路 ……………………… 377
木 ………………………… 373	绿色 ……………………… 377
火 ………………………… 373	紫色 ……………………… 377
土 ………………………… 374	梁 ………………………… 377
金 ………………………… 374	阴阳 ……………………… 378
水 ………………………… 374	蓝宝石 …………………… 380
商店 ……………………… 374	生肖 ……………………… 380
土与坤卦 ………………… 375	缺角 ……………………… 380
虎 ………………………… 375	死角 ……………………… 382
黄玉 ……………………… 375	
玄武 ……………………… 376	
角 ………………………… 376	
个人卦象 ………………… 376	
雷 ………………………… 376	
窗帘 ……………………… 376	
邻居 ……………………… 376	

初识风水

如何设计你的旺宅

初识风水

风水是源于中国的一门古老艺术,至今已有几千年的历史。常用于研究建筑物的景观、方位、布局、形状以及颜色对其使用者精、气、神的影响。4000多年前发源于中国的风水学现如今已经传播到整个世界,一处住宅的"精气"和"氛围"对其居住者有着不可忽视的作用,诸如此类的观念对我们大部分人来说已非常熟悉。

然而,风水不仅仅是关于如何调整空间位置使之相谐的学问,而是一种基于宇宙整体观以及对其逻辑与条理的观察从而认识世界的方法。依据这一条法则,所有围绕着我们的事物,即使是那些最小的家具或者不起眼的摆设,都会影响到我们的内心。风水建立在阴阳理论之上,联系了能够影响居住者与住房关系的这

两种最主要的能量。另外，借助五行八方，我们将学习如何利用坐标系统来帮助我们理解环境中的能量循环，以及能量是如何影响到我们生活的方方面面的。只有当我们把一切都置于正确的方位时，在我们体内和在宇宙之中穿越的能量之气才能顺利流通，我们也才能达到趋吉避凶，安居乐业，财源广进的目的。

风水不可能解决所有的问题，因为能量还受制于其他因素的影响。但是，如果你提出的期望比较贴近现实，利用风水将有助于你取得成功。

在风水利用之前，首先应该明确问题的所在。如果你已经在某地居住了一段时间，试着评价一下这个地方如何地改变了你的生活，因为住宅常常会改变我们的生活习惯。列一张表，看看在哪些方面存在问题，然后把那些你认为该开始着手解决的挑选出来。接下来，思考并找出所有这些困难出现的原因。

初识风水

■ 整理你的房间，使在你体内穿行的各种能量能够顺利流通。

How to design Your Lucky house

■不同的风水体系

经过众家发展,风水已派生出了许多不同的体系。它们之间的矛盾斗争可能会令人疑惑,所以建议初学者只学习其中的一种。

1.理气派

根据理气派的理论,八个方位中的每一个方位都与一种特定的能量相关联,并且影响着一个房间甚至一处住宅中的其余所有方位的状态。

2.八宅派

依据朝向、外观和内部陈设的不同,一套房屋可划分为八个部分,即八宅。居住者的出生图指明了房屋的哪一部分更适合这个人的各种日常生活,也就是说,它指明了哪里更适合他休息,哪里更适合他工作,还有哪里更适合他用来打发大部分的闲暇时间。

初识风水

3. 飞星派

飞行派源于对住宅朝向的研究，常绘制建筑物从始建日期起的天宫图作为研究依据，习惯通过看山水的形态和室内布局论兴衰吉凶。

所有的这些风水流派都要借助罗盘来评估一座建筑的能量循环。它们都认为地球磁场、太阳以及其他星球的能量对住宅风水的形成起到了很关键的作用，并运用星体系统"九宫"来引导我们选择适当的时机完成某个行为。

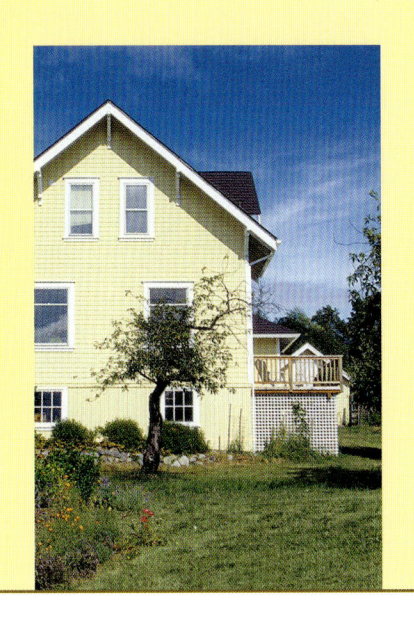

4. 形势派

形式派把建筑物的门户作为住宅风水的研究出发点，其理论依据是住宅的能量根据门的位置及其周边景观的形势而流转"这一理念。此派认为，通过一个被名为"八卦"的多边图形可以了解到房屋的各个区域如何影响到它的使用者。

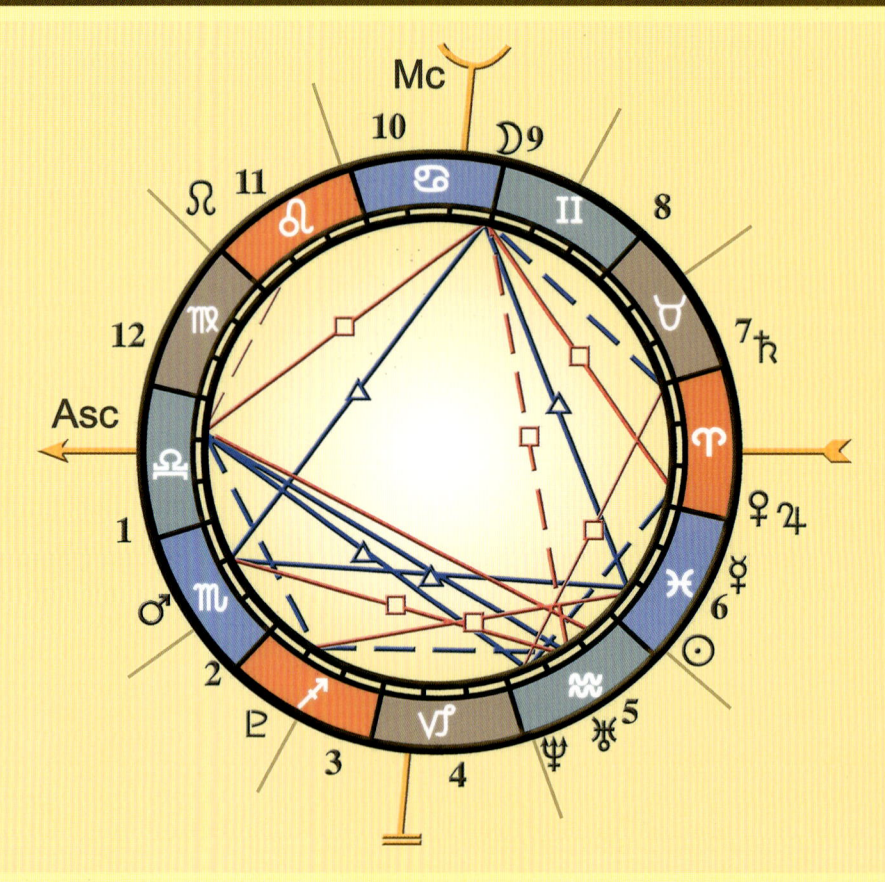

这四个风水流派均以"阴阳"、"五行"、"八卦"的概念为基础，区别在于对这些概念的应用上。房屋使用者的出生图（如上图所示）同样也非常重要。本书的内容主要基于理气派的理论，并且还用到了九宫图方面的知识。

初识风水

■ 从环境中汲取的能量能影响到我们的精神状态、情感、体能和健康。

初识风水

气

风水的理论基础之一为"气",按照现代观点来说,就是一种在宇宙间不停运转的电磁流。"气"有多种叫法,在日本被称为"ki",在印度被称为"布拉娜"。

虽然在西方国家没有类似的词汇,但那里的人们仍然感受到了气的存在,比方说在西方国家有这样的一些常用表达:"良好的氛围"、"内心的震动"、"生命的力量",指的就是气。

气存在于人体、植物以及建筑之中,一部分由内而外流出,另一部分则由外而内进入。正是由于气的存在,我们与外部环境、天地万物紧密相连。所以,有些比较敏感的人能够通过预见或使用传心术之类的方法提前感知到与不同环境相关联的信息。

能量的流动是风水的基础，它的目的是利用这种自然的能量流动以期实现我们的目标，完成我们的梦想。在大自然里，气可以通过水、风、太阳能、光和声音进行移动；在住宅里，气也可以内外流通，尤其是通过门和窗来进行，甚至穿透厚实的墙壁。因此，我们从外界接收到的能量影响着我们的精神、情感，最后，影响到我们的健康。

天地之气

气不仅仅在地球上流转，在太阳系、银河系也同样如此。地球之气由内而外涌出，在某些区域消散，而在另一些区域又聚集了起来。同时，其他的宇宙星体也会有气产生，它们膨胀，扩张，到达地球。这种由天上而来的能量，我们称之为"天力"。天上的能量到达地球，不规则地分布在各个角落。而这种能量在地球表面各个住宅甚至在我们体内的循环流动，又不间断地被地球本身以及其他星体改变着。当地球、太阳或是其他星体的位置改变了，这种能量的循环流动也会随之改变并影响到气的流通。风水学试图尽量深刻地去解释这些繁杂的能量流动，使人们趋吉避凶。

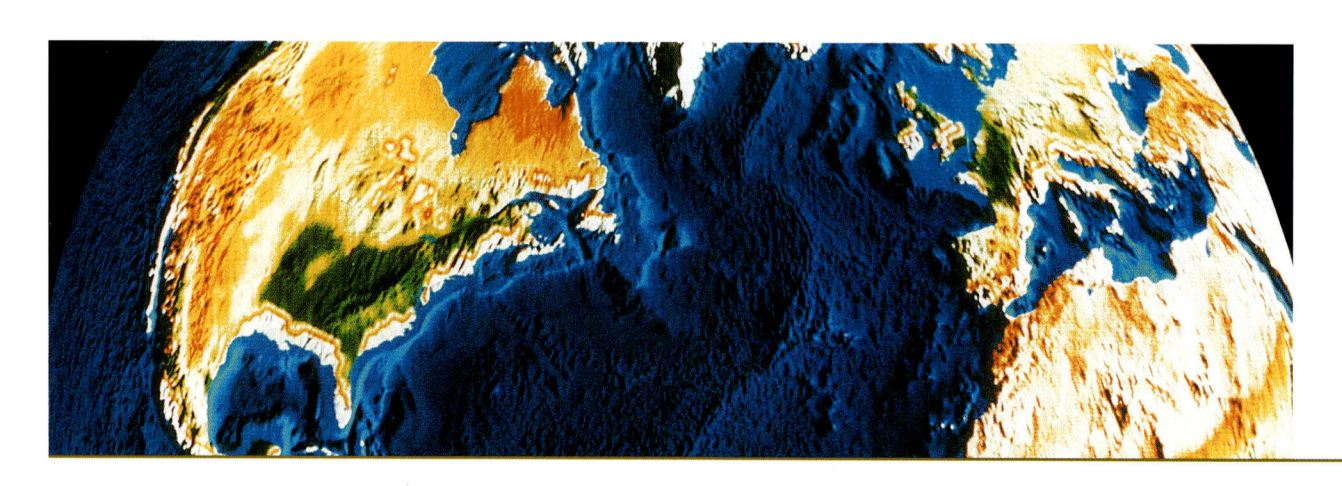

初识风水

宅中之气

　　住宅的形态决定了气的流通情况,其中,气进出住宅的主要通道——门的影响最大。虽然气通过窗户要困难一些,但它是也是重要的一个因素。另外,朝向决定了住宅接受来自太阳和其他星球能量的多寡,在更大程度上决定了何种能量可以进入某处住宅。

　　建筑周边的环境要素,比如河流、公路,也会决定环绕在此地周围的能量的种类。还有,好的住宅的设计和装饰也很重要,它们可以增强其内部的能量,激发住宅的生命力,也可以驱除屋内削弱能量的不利因素。

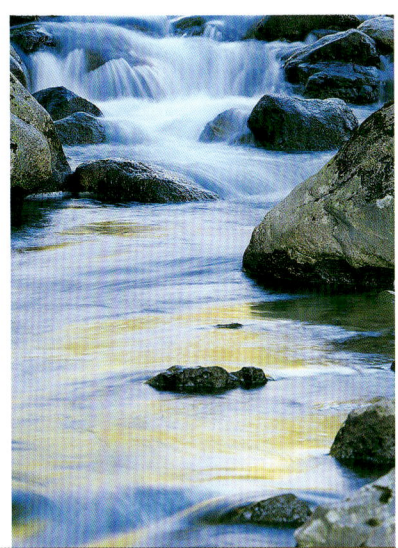

How to design Your Lucky house

■ 警惕煞气

在某些情况下,气的流通会给住宅的使用者带来困扰。

戾气 由某些建筑、家具或装饰品的原材料引起,比如合成纤维、人造光、空调……这些材料会对住宅中的气造成消极的影响,可能会引起生理以及心理上的疲乏。

滞气 一般滞留在比较阴暗的角落,比较潮湿的区域或者装饰过度繁杂的房间。常常会导致气在人体内滞留,诱发疾病。

冲气 一般处于较长的笔直的走廊、道路上,或是在有较多直线分布的空间内,会给房间内的人带来不稳定、不安全的感觉。

锐气 当气被房屋内部或者外部的棱角阻挡时就可形成。可以改变人体内部的气,使人体功能紊乱,心神不宁,最后引发疾病。

初识风水

人体之气

人体本身也带有气。人体中气的流通帮助我们传递思想、信念、情感、渴望……

气的流通是一个双向的过程，比如我们的思想影响会影响到体内能量的多少，而体内的能量也会反过来影响到我们的思想。这个过程遵循一种类似于血液循环的模式：人体的血液总要分散到不同的器官中去，同样地，在我们体内也存在着多个储存能量的中心，在印度哲学中它们被称为查克拉，共有七个，它们共放射出十四条能量轴线，共同形成人体经络。

经络向人的手臂、腿部、躯干及头部等发散，遍布全身各处。越向四周发散，要辨别静脉，动脉还是毛细血管，依

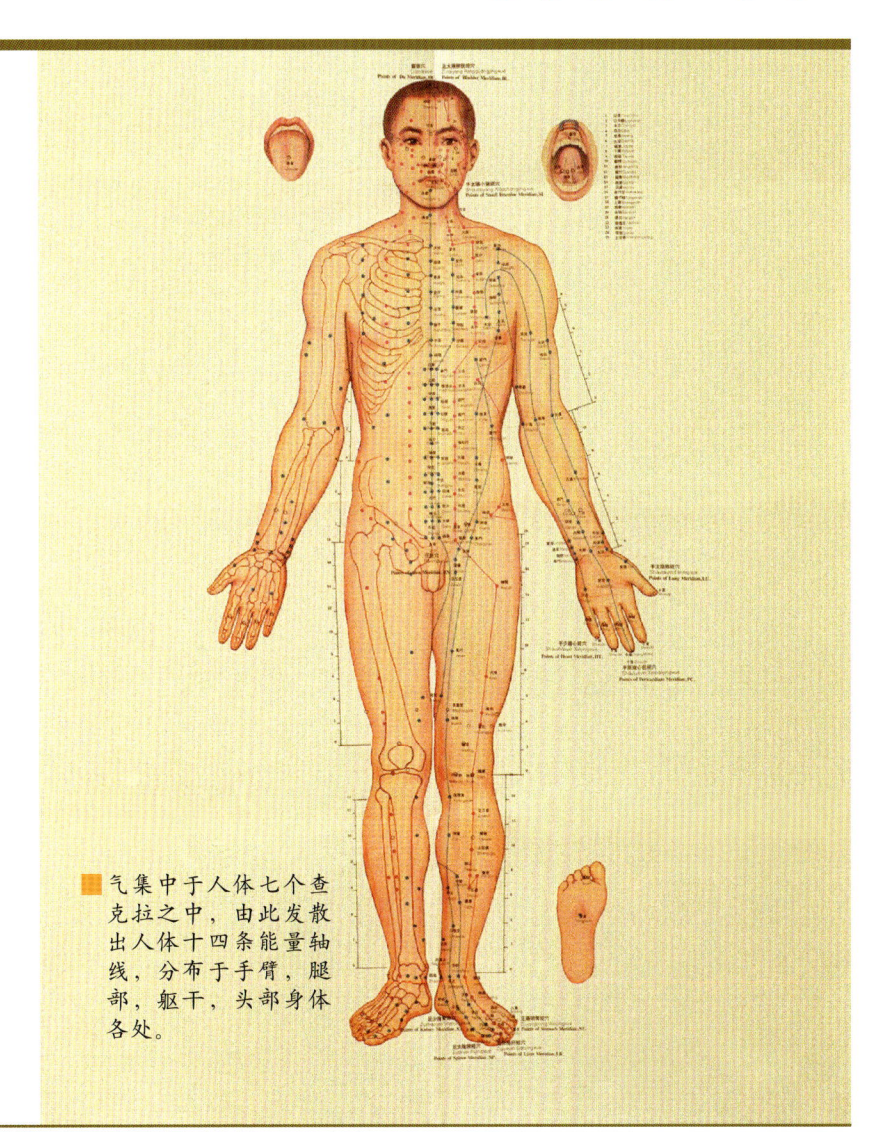

■ 气集中于人体七个查克拉之中，由此发散出人体十四条能量轴线，分布于手臂，腿部，躯干，头部身体各处。

■保持气的流通

在家里,应该采取一些适当的措施保证气的顺利流通。

保证气能够正确的在家中流通。首先画一张住房平面图,在这幅图中描出一个气从大门进入,穿过所有房间,然后从另一扇门流出的线路网,再确定所有的门都按照气流动的方向打开,尽量做到家中没有相对的门窗,也没有直冲大门的楼梯。

房屋里不宜有过多的墙根或死角,也尽量不要选择阻挡气的家具,因为从风水学的角度来说,这些因素都有导致夫妻关系不和睦抑或是阻挡财运之嫌。

据其粗细已经越发地困难,但它们仍然把气带到他们的尽头。人体的每一个细胞,在接收血液中的氧气的同时也获取了其中气的能量。

外界环境同样能影响到人体内部的能量。当我们要从一套住房搬去另一套住房,从一个城市搬到另一个城市,甚至从一个国家搬到另一个国家的时候,我们体内的气会随之改变,而后,我们对生命的感知和理解也会有所不同。如果某地能给我们提供我们所需的某种使人感到幸福的能量,那么,此地的气将会带来积极的影响。当然也会有不如意的时候,因为外界环境是由周围的食物、气候和人等等构成的,所以也有些另一些住宅或者办公场所的气可能会引起某种负面的影响,需要加以甄别。

初识风水

阴阳

世间万物皆有阴阳。阴与阳是两种属性相对的能量，前者比较消极，而后者较为活跃。阴阳共同构成了风水学中最基础的概念。所以，在一处住宅中，我们的日常饮食、起居、工作或休闲都要遵循阴阳的原则，关键在于我们要学会利用它们来满足我们自身需要。

感受阴阳

太阳和月亮的位置移动、四季变化都能让我们感受到阴阳更替。

■ **昼与夜** 新的一天开始，太阳缓缓升起，万事万物转向于阳。当太阳升起到天空的最顶端时，阳达到最大值，准备开始回落。随着太阳缓缓落下，万物转阳于阴，当阴达到最大值时，午夜降临。

■ **月球相位** 在满月形成的前几天，大多数人都趋向于阳。这是万物最活跃的时期，但是也可能因此导致灾祸。

■ **四季更替** 秋季和冬季比较潮湿寒冷，所以秋冬性质都为阴。这时，我们需要取暖并且吃一些性质为阴的食物来平衡我们机体内的阴阳，使体内阴阳与外界环境保持一致。反过来，春夏季节空气温和干燥，属性为阳。这时，我们可以喝些冷饮解暑，吃一些属性为阳的事物，比如水果和蔬菜沙拉。

How to design Your Lucky house　031

阴阳初识

阴阳与万物皆有关联，因此，世间万物皆有阴阳。一个物品的阴阳如何，和与之相较的另一事物有关。

■ **平衡** 事物都会有其趋向于阳或阴的一面，在这之中不可能有绝对的平衡，总会有某一方更为突出。

■ **吸引** 属性为阴的事物常常会吸引属性为阳的事物。如果我们在生活中个人本身比较趋向于阳，在家里就应该多放置属性为阴的物品。反之亦然。

■ **结合** 所有事物兼有阴阳两种属性，不存在仅有阴阳之中某一属性的事物。就是说，再不利的境况中也会有积极的因素存在，反之，总体上较为成功的事情上也会存在某些令人惋惜的地方。

■ **更替** 事物和现象的关系处于持续变化之中。比如一个沮丧失意或者怒气冲冲的人，他此时趋向于阳，等到他心情平复之后，它的属性便趋向于阴了。

阴阳景观

不管是城市景观还是乡村景观，都可以通过阴阳观来欣赏。不少人习惯于在深山中进行思考，因为此地汲取了上天的精华，可以强健我们的精神。这种源自天上的气具有趋向于阴的属性，它一点点地靠近地球中心，自身的属性也逐渐向阳转变。

海洋的属阴特性也非常明显，因此，在海边放松修养或是进行心理治疗都十分有效。海洋中所流动的气来自于地球的能量，它们从地球中心升起直到海面，从而在海平面形成浓度

初识风水

极高的气场。

人类许多精神上的感悟都来自于那些在深山中思考的人们，尤其是某些影响力较大的宗教的先知或是尼泊尔、西藏地区的佛教僧侣。

另外，相较之下，我们平整辽阔的土地更趋向于阳。气让大地更为活跃，在它之上，我们建起了静谧的村庄和繁华的都市。

宅中阴阳

太阳的东升西落对我们住宅内部气的流通有极大的影响。从早上到正午，太阳一直处于上升的状态，趋向于阳的的能量将会在位于东、东南、南三个方向的房屋内增强。正午过后，太阳逐渐西沉，趋向于阴的能量将取代趋向于阳的能量继续影响这些方位。住宅中光照最充

■ 山与海是性阴之地，因为它们的气分别来自土地和天空。

分的一面更适合于进行属性为阳的活动，而背阴的一面则用来进行属性为阴的活动。如果你本人的某种属性特别突出，那么建议你尽可能的在属性相异的地方开展活动。

住宅中的家具和装饰品的形状、材质、颜色也能影响到阴和阳的能量。通过改变家具和装饰品，你可以调整家中的能量使之更符合你的需求。从风水的角度看，通常我们可以通过调节光线和颜色来平衡家中的阴阳属性，达到创造和谐环境的目的。同光线一样，颜色也能影响到住宅阴阳，比如说，绿色、蓝色、灰色都为属阴的颜色，而红色、黄色、紫色、橙色都为属阳的颜色。

个人阴阳

我们自身的性格也有阴阳属性，风水学知识能帮助我们正确利用或规避这些自然特性。

如果想了解自己趋向于哪一属性时，你可以把自己和周围的人做一个对比来寻找答案。如果你更趋向于属阴，那么你可能会觉得你周围的人过于好斗、易怒、没有耐性；如果相反，你趋向于阳，那么他们可能会让你觉得做事拖沓、犹豫不决、沉默寡言。如果你觉察到你的生活失去了平衡，首先试着确立一下你到底是属阴还是属阳。由于我们所有人都是阴阳属性的结合体，所以要很明确地判断影响我们的能量不是件容易的事。另一

初识风水

种解决方法是观察，看看你需要做改变时会如何选择，或者哪些问题是你认为难以处理的。为了使生活恢复平衡，建议使用p37-p40的图表，其中你会找到适合你的食物、运动等，帮助你调节身体平衡，达到比较理想的状态。

■ 宇宙中的两种力量

阳和阳这两种力量是道家学说当中最为基本最为主要的概念，代表了两极，两极为万物之源。每一种都具有一种根本的特质：

阴代表阴性，阴极，具有接受和被动的特质，比如暗色、黑夜、月亮。

阳代表阳性，阳极，具有主动和活跃的特点，比如阳面、白天、太阳。

两极不停地互相影响、转变，产生万物。

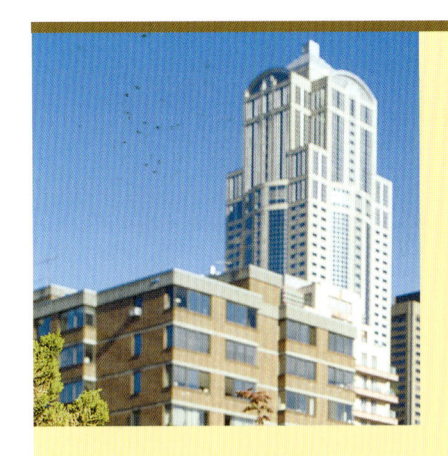

▲一所住宅或一幢建筑其中的气取决于它的形状，直立高耸的建筑趋向于属阴，相反，矮小的住宅则更倾向于阳。

▲右图中的植物使这个房间更适于用来产生概括性的思想，而左图中的植物使其更适于把想法付诸实践。

▲在建筑物的高处，天空的能量和阳光的照射占据能量的优势地位，而较矮的楼层则被来自于土地的能量所控制。

如何设计你的旺宅

初识风水

■ 你属阴还是属阳

■ 提示：图表内容由上到下由阳转阴。

阳 → 阴

外貌特征	情感	智力	身体状况
体质肥胖	愤怒	思维敏捷	紧张
身材矮小	沮丧	思考全面	有力
手指短	易怒	精确	行动迅速
两眼紧靠鼻梁	喜爱竞争	逻辑清晰	反应迅速
唇薄	欲望强烈	条理清楚	柔韧
头部较圆	热情	创造力	灵活
眼小	自信	灵活性	敏捷
身体匀称	无忧无虑	目标较多	柔软
体毛较少	平和	想象力丰富	缓慢
唇厚	和蔼	谨慎	疲惫
手指长	敏感		不安
身材高大	忧郁		虚弱
体格苗条	无安全感		
	消沉		

How to design Your Lucky house

（接上页）

提示：图表内容由上到下由阳转阴。

阳 / 阴

饮食	运动	体力活动	思维活动
盐	拳击	滑雪	记账
肉类	空手道	冲浪	学习
蛋类	足球	骑马	下棋
鱼类	网球	航行	编程
谷物类	有氧操	照料花园	玩牌
块茎类蔬菜	跑步	散步	绘画
叶类蔬菜	快速行走	按摩	交谈
豆腐	慢速行走	晒太阳	听音乐
沙拉	游泳	静养	阅读
水果	伸展运动	睡觉	看电视
流质食物	太极		
冰激凌	瑜珈		
糖	冥想		

038　如何设计你的旺宅

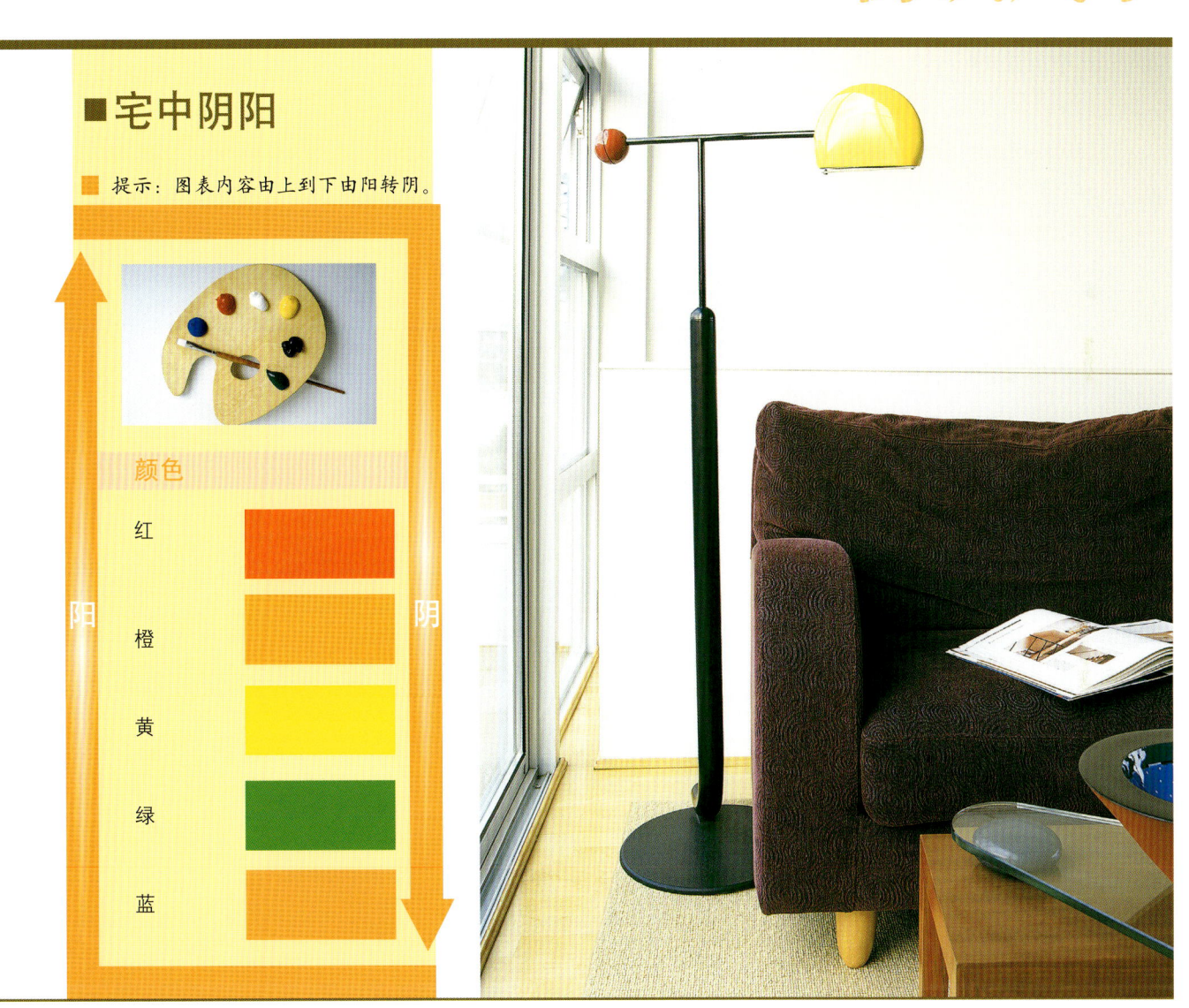

初识风水

■ 宅中阴阳

提示：图表内容由上到下由阳转阴。

阳　颜色　阴

红
橙
黄
绿
蓝

How to design **Your Lucky house**

（接上页）

■ 提示：图表内容由上到下由阳转阴。

阳 →

材料	地面	窗户	家具
玻璃 大理石 花岗岩 光滑石料 粗糙石料 亮金属 暗金属 光滑硬木 自然状态硬木 光滑软木 自然状态软木 藤条 布料	大理石 普通石料 拼花地板 软木地板 席子 粗毛地毯 普通地毯	双层玻璃 金属制百叶窗 木质百叶窗 纸质百叶窗 布制百叶窗 窗帘 轻薄窗帘 厚重窗帘	石质雕塑 镜子 清漆家具 金属家具 桃花心木家具 松木家具 纸质屏风 挂帘家具 挂毯 大坐垫

→ 阴

如何设计你的旺宅

初识风水

五行

五行的概念由阴阳观衍生而出。它将阴阳观再次具体化，用五行元素"金""木""水""火""土"代替了阴阳观中的"阴"与"阳"。

五行元素中的每一个都描述了一种特定的能量，对应一个特定的方向，它们依据一年中不同时期太阳的位置变化而变化。

宅中五行

五行与五个不同的坐标系相联系，对应于每天太阳运行时不同时刻的位置。比如说，早晨，太阳从东方升起，这时住宅东侧便会充满木的能量；渐渐地，太阳向南方移动，火的能量便会充满住宅南侧；然后，太阳西斜，土中蕴藏的静雅之气便会在西南方升起；黄昏时分，代表自省的金的能量会灌注到房屋西侧；最后，夜幕降临，水的能量会在房屋北侧萦绕，流通。

五行元素常驻留于"干净"的房屋中。木之能量常在家具、纸张、植物中流通；火之能量则处于厨房、烟囱和灯具之中；土之能量则隐藏在瓷器、陶器或是石膏制品中；金之能量在铁器、银器、不锈钢制品中；而水之能量，则流动在盥洗池、座便器、鱼缸或是储水池中。

木　火　土　金　水

五行的形状、颜色及材质

五行属性与建造和装饰住宅所使用的物品的形状、颜色及材质密不可分。

有直线装饰的纸张会祛除家中上升的木之能量；一个星形的雕刻装饰则可以提升卧室中火的能量；方形的家具、窗户等能增强土之能量，使你的客厅更显惬意、舒适；圆形摆设则可提升金之能量；有起伏的、不规则的设计则能加强水之能量的流通，使家庭氛围祥和宁静。

墙、天花板、地板以及家具的颜色选择同样与五行元素相关。比如，黑色、红色以及其他较为浓重的色彩都会对住宅产生持续的影响，即使它们只附着在一个很小的物件上，比如一个小花瓶里几朵红花，也会产生你意想不到的作用。材料的选择也很重要，同样对宅中之气产生影响。

初识风水

■ 五行属性

元素	形状	颜色	材料	象征意义
木 东/东南	长方形、细长形下垂状	绿	木、藤条、秸秆竹、纸张	生命、生长活力、活跃性
火 南	梭状、钻石状、锯齿状三角形、金字塔形、星形、Z字	红	塑料	激情、热情刺激、表现力
土 西南/中/东北	扁平状、低矮状、平整宽大、正方形、水平状	黄、棕	石膏、陶土、泥土砖块、石灰石、天然纤维（蚕丝、棉花、羊毛）	舒适、安全稳定、谨慎
金 西/西北	似圆形、凸起状、弓形椭圆形、圆形、球体	白、金、银	不锈钢、黄铜、银、青铜、铜、铁、金、大理石、花岗岩	财富、稳固、领导力、组织
水 北	不规则形状、曲线型、波浪形、混乱状、不定形体	黑	玻璃	深度、灵活、平静

How to design Your Lucky house

五行生克关系

■ **木生火** 木干暖生火。若火弱，木可克土，因为树木可稳住崩土。

■ **火生土** 火焚木生土。若土弱，火可克金，因为烈火可熔化金属。

■ **土生金** 土矿藏生金。若金弱，土可克水，因为堤坝可阻断水流。

■ **金生水** 金销熔生水。若水弱，金可克木，因为刀具可砍伐树木。

■ **水生木** 水润泽生木。若木弱，水可克火，因为大水可熄灭火焰。

■ 五行元素之相生相克关系

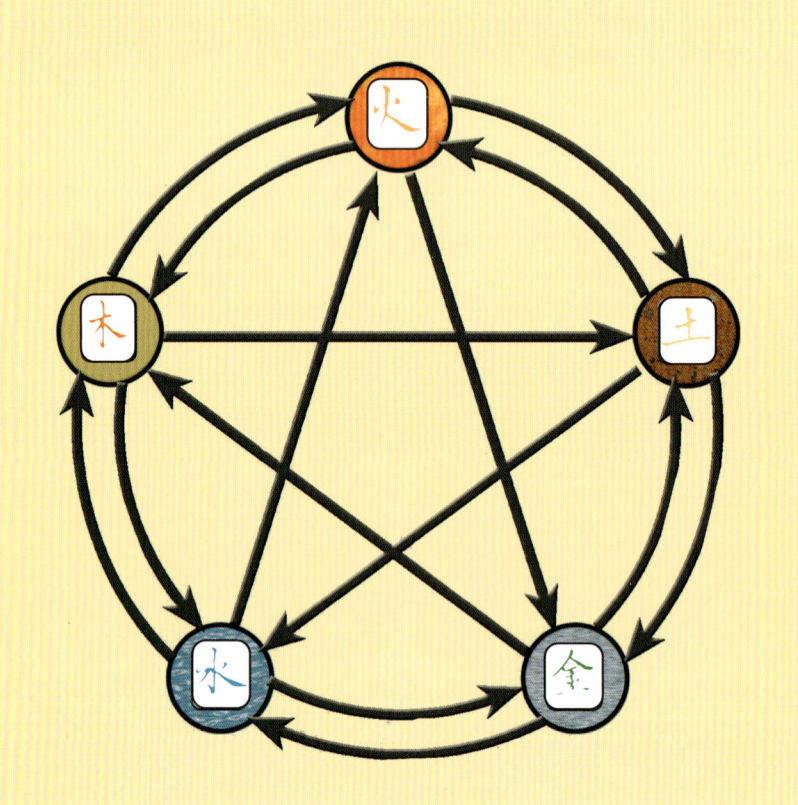

■ 注：弧形箭头表示"生"，直线箭头表示"克"。

初识风水

如何利用五行

五行，是风水学中众多理论的基础。我们可以利用它们之间相生相克的关系来了解一座房屋之中的属性流转。

根据不同的需要，可以增强或削弱金、木、水、火、土中某一属性的能量，抑或使五者均衡。唯一需要你改变的，就是把归属于五行的物品放于适宜的方位。

五行相生相克原理不仅可以用来削减某种属性的力量，也可用来增强某种属性的力量。只需在一个房间中放入植物、火源、土壤、金属或者水，五行元素就可以被请进入宅中。同样，也可以使用属于相克元素的物品来压制它们的影响。当然，结合了五行元素的形状、颜色、材质多方面特征的物品拥有更强大的能量。

你也可以仅仅借助颜色来增强五行的能量：把墙漆成红色以增强房屋西向的金属之力，放置一个紫色的三角形装饰品可兴旺南方之火。

■**水** 为弥补宅中缺水，可放置一些纯水、玻璃材质的器物、黑色物件，或者形状不规则的物体。

■**木** 为弥补宅中缺木，可放置一些绿色植物、木头、纸张，甚至还可以是一些较高的长形的绿色物件，比如一个绿色花盆、一个长颈花瓶、一个纸质灯罩的台灯，或者一个绿色的镜框。

■**火** 为弥补宅中缺火，可放置一些红色的或者形状比较尖利的饰品。

■**土** 为弥补宅中缺土，可放置一些方形的或者棕黄色的物品。

■**金** 为弥补宅中缺金，可放置一些圆形的金银物品或者白色的饰品。

初识风水

■ 和谐五行

在中国人眼中，五行元素"金""木""水""火""土"各象征着一大能量，而宇宙间万事万物都受其中某一种支配。风水学认为，平日里常常被我们看作静止的、抽象的、没有生命的各种物体，其实都蕴藏着某种能量特性，也就是说，这些物体都是某种特定能量的载体。

学习五行元素的内在联系，以及其与人的相关性，可以尽力使之和谐共生。

你属于五行中的什么类型

我们每个人都由五行元素组成，但是其中总有一种是最为明显的。随着一个人的成长，它们也会有所改变。每种元素所代表的人的典型特征如下。

■ **火** 喜欢挑战和冒险，憎恶百无聊赖的平淡生活。这类人应该注意降火。

■ **水** 喜欢思考，喜欢智力型活动，憎恶感到脆弱无助。这类人应该注意预防寒冷。

■ **木** 喜欢实地考察，喜欢自己的价值被承认，憎恶失去。这类人应注意避免去到风大的地方。

■ **土** 外交型人物，喜欢与人交往，憎恶自己被冷落。这类人应该注意避免潮湿。

■ **金** 喜欢调和各方力量，总结各种观点，使之达成一致，喜欢控制，憎恶混乱。这类人应该避免干燥。

How to design Your Lucky house

八卦

在涉及到阴阳观和五行的基本概念的方面，八卦是一个十分重要的理论体系。

八卦确定了八个不同种类的气，分别与八个方位相对应。这八个方位又各自与八卦图中的某一卦对应，代表了某一五行元素、某一自然界的标志物、某一家庭成员、九宫图中的某一数、某一颜色、一天中的某一时间和一年中的某一季节。

以下是对上述各八卦要素的简要介绍，能让你更清楚、更深刻地理解对应于各特定方向的能量。当然，除了周边方向上的能量，八卦中心也拥有它特别的能量，这股能量非常强大。

■ **卦** 卦是代表各种不同能量的符号，由文王八卦（又称后天八卦）的创立人周文王确立。每一卦象都由三条或连续或中断的线段组成，它们都包含阴阳的含义。

■ **五行** 八个方位中的每一方都与五行元素中的某一元素或多个元素相关联。南、北两方比较特殊，它们各自只拥有一个唯一的元素，而其他各方都代表了多个不同的元素。

■ **自然标志** 当有两个方向共享同一五行元素时，他们将被冠以不同的名称，以便人们更清楚地认识和使用。

■ **家庭成员** 每一方向都与家庭中的某一成员相关。八卦所表示的这种关系是建立在东方传统家庭组成之上的，在现代社会可能会有些不符，但通过合理的调整还是可以用来研究家庭问题。

■ **九宫图数字** 九宫图即将1～9这几个数字排列在方格中的一种图表，一个方格里一个数字。数字的排列方式不同，代表的意义也不同。八个方位中的每一个都对应九宫图中的一个数字。

■ **颜色** 每个方位包括中心都联系着某个特定的颜色，这些颜色同样也与九宫图中的数字相互对应。东方、东南方的颜色正好对应于他所属的五行元素的的颜色，其他方位的对应关系要复杂一些。

■ **一天中的时段** 太阳照射不同方位的时刻决定了一天中各个时段与各方位之间的关系。也就是说，对某个方位来说，太阳什么时候照射它，什么时候它的气就将凝聚达到最高值。

■ **季节** 每一方位都与某一季节相关联。在某个季节中，与它相对应的这个方位代表的气将达到最高值。

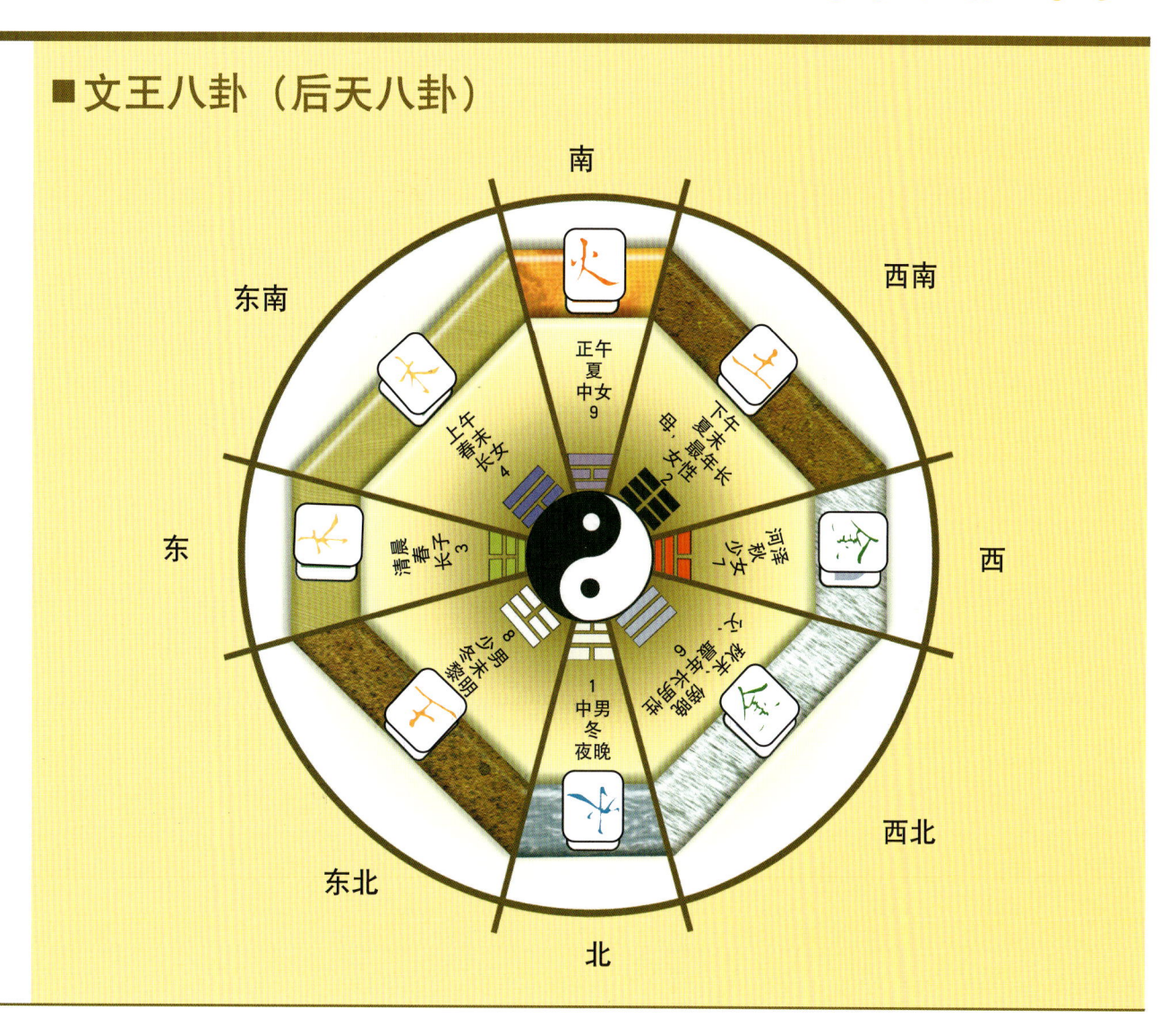

初识风水

■ 文王八卦（后天八卦）

■八卦中各卦代表的方位和象征意义

方位	象征意义
北 卦象构成　　　阴/阳/阴 五行对应元素　水 自然标志　　　水 家庭成员　　　中男 九宫图代表数字　1 代表颜色　　　灰白 代表时段　　　夜晚/深夜 代表季节　　　冬	北方象征着生命的孕育和开始。北方的气十分娴静，通常在上半个冬天的每个夜晚凝聚达到最大值。它常常与性、精神、修身养性等事物相关。 　　卦象中上下两条为阴，代表了一种在表面上顺从、消极的特征。卦象中间一条为阳，代表了内心的权威和力量。灰白是一种半透明的颜色。
东北 卦象构成　　　阳/阴/阴 五行对应元素　土 自然标志　　　山 家庭成员　　　少男 九宫图代表数字　8 代表颜色　　　亮白 代表时段　　　夜晚 代表季节　　　冬末/春初	在东北方，孩子在成长过程中独立性很强，常通过竞争使自己脱颖而出，为未来的发展养精蓄锐。东北方位和西南方共同拥有同一根轴线，这两个方向共属同一五行元素：土。 　　这两方的气运转都十分迅速，所以造成了气在东北、西南这两个方向的不稳定。东北方向的气十分猛烈，很轻易就能改变方向。亮白色有助于营造一个充满才气的氛围，也有助于遏制此处太过猛烈的气。

初识风水

方位			象征意义
东	卦象构成	阴/阴/阳	在东方，年轻人做好了踏上征途的准备。它代表着雄心、朝气、新的开始。此处的气在清晨时分将达到最高值。东方鲜艳的绿色将激发出万物的活力，促进它们的成长。
	五行对应元素	木	
	自然标志	雷	
	家庭成员	长子	
	九宫图代表数字	3	
	代表颜色	绿	
	代表时段	清晨/早晨	
	代表季节	春	
东南	卦象构成	阳/阳/阴	成熟可促进更为和谐的进步。东南方代表的时刻适于深化持续已久的关系，或是承诺，或是恋情。它的气活跃而躁动，但不如东方那么强烈。东南卦象由两条在上的阳线和一条在下的阴线构成。深绿是一种更为稳定、更为深沉的颜色，它象征着人在成长过程中的成熟阶段。
	五行对应元素	木	
	自然标志	风	
	家庭成员	长女	
	九宫图代表数字	4	
	代表颜色	深绿/蓝	
	代表时段	上午	
	代表季节	春末/夏初	

How to design Your Lucky house

方位	象征意义
南 卦象构成　阳/阴/阳 五行对应元素　火 自然标志　火 家庭成员　中女 九宫图代表数字　9 代表颜色　紫罗兰紫 代表时段　正午 代表季节　夏	好年头已经到了，是时候收获你辛苦劳作所得的果实了。此时，气迅猛而热情地向外喷涌，在上半个夏季的每天正午，太阳位于中天之时，凝聚而达到最大值。南方的代表颜色是紫色，更具体地说，是火焰焰苗底部那种特别的紫色色彩。
西南 卦象构成　阴/阴/阴 五行对应元素　土 自然标志　地 家庭成员　母亲、最年长女性 九宫图代表数字　2 代表颜色　黑 代表时段　下午 代表季节　夏末/秋初	人到中年，是时候在家里多待待了。家庭和谐、稳定是西南方所代表的永恒主题。这里的氛围有助于巩固已得，并促进你有条理且更为谨慎地继续前行。西南方的卦象由三条阴线构成，召唤一种感性的、宽容的、阴柔的能量。黑色是肥沃的富含矿物的土地的颜色，它能营造充满支持和团结精神的环境。

初识风水

方位	象征意义
西 卦象构成　　阴/阳/阳 五行对应元素　金 自然标志　　河泽 家庭成员　　少女 九宫图代表数字　7 代表颜色　　红 代表时段　　黄昏 代表季节　　秋	老年时期开始了，退休的日子也越来越近。外表的平静增强了空间的阳气，这有助于气的流通。河、湖能唤起深入的思考，五行元素金能招揽财运。西方的代表色彩是黄昏时分天空中壮丽的火红色。
西北 卦象构成　　阳/阳/阳 五行对应元素　金 自然标志　　天 家庭成员　　父亲，最年长男性 九宫图代表数字　6 代表颜色　　银白 代表时段　　黄昏/傍晚 代表季节　　秋末/冬	生命快要走到尽头，生命周期即将结束。在经验的点滴积累中，智慧已渐渐形成。西北卦象中的三条阳线在祈请至刚至阳的能量。西北方向对家庭中维持家庭生活的成员有着特别的意义，不管是女性还是男性。

How to design Your Lucky house

■ 中心之气

八卦中心蕴含着第九种气。它是最为强大的一种力量，所以，它不仅包藏着各种各样的可能，同样也包藏着各种各样的风险。它性情多变，常在创造和毁灭之间游离不定。它与五行元素土相连，九宫图数字为5，代表颜色为黄色，没有卦象，也没有所代表的自然标志、家庭成员、时段以及季节。当你布置一所住宅时，建议你不要让各个房间的中心显得局促、杂乱。

八方位图

八方位图不仅包含了八个方位的位置范围，而且在其中指明了北磁极的位置。你可以用张透明纸把八方位图描画下来，你也可以用一把直尺、一个风水罗盘，仿照一张已经完成的平面图描绘出它大概的轮廓。

为了界定出一个正确的范围，你需要一个准确的指风水罗盘。因为罗盘在风水应用中是一件必不可少的工具，家中备一个精准的罗盘很重要。

本书中所使用的八方位图均采用上南下北的图示，这是因为东方传统文化描述方位的习惯刚好与现在的相反。

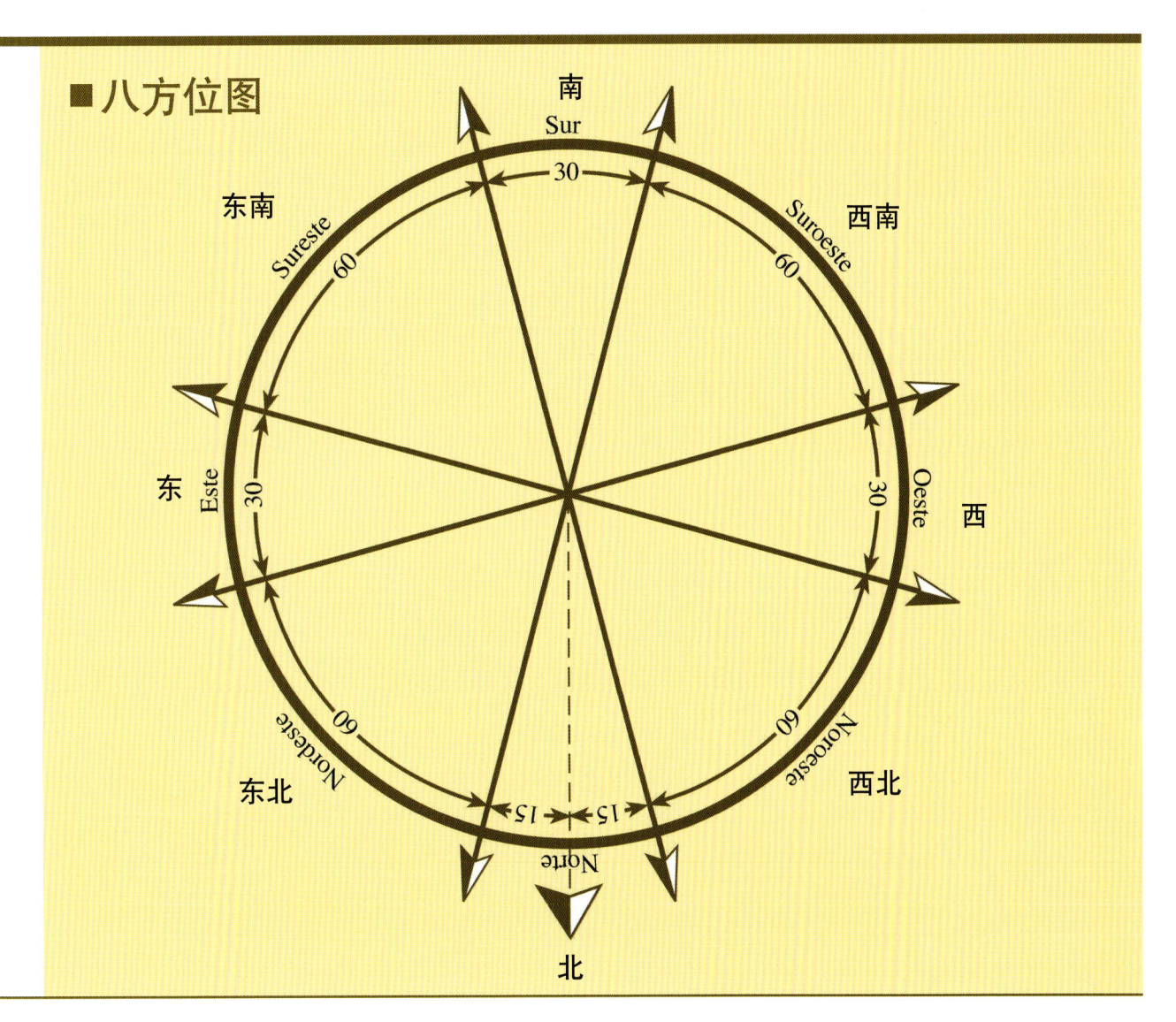

初识风水

■ 八方位图

南 Sur
东南 Sureste
西南 Suroeste
东 Este
西 Oeste
东北 Nordeste
西北 Noroeste
北 Norte

30 / 60 / 30 / 60 / 15 / 15 / 60 / 30 / 60

绘制八方位图

使用八方位图可以给家里的八个方位以及其代表的各种能量定个位。将八方位图水平放置于家中，再借助风水罗盘进行定位。

电气设备、金属梁柱、贮水池、水管、煤气管道以及钢铁的物件可能影响罗盘的精度。所以，你应该在住宅中多转几圈，直到发现在某个房间不同的位置指针都能指向相同的方向为止。这样一来，在这个房间中你可以确定八方位图中的北方。

把八方位图草图放在一个水平面上，使八方位图的各个方向与你所在的房间墙壁相对应。然后把风水罗盘放在图纸上，让罗盘中心与图纸中心重合，转动罗盘让指针与平面图上的某一线条重合。记下重合的点，穿越中心和这一点连成一线，依次做七次，这样就可以确定出各个房间的八个方位了。

把透明的图表放在水平面上，让两个中心重合。用别针把两页钉住，直到指向北方和磁场的北方相重合。

八方就会由于透明的图表而出现在平面上。如果你想描画出来，可以先用铅笔画出坐标，再用直线画出大致的图像。

■个人的方位

这个方位是每个人跟据自身的卦象所特有的（这取决于人的生辰）。

专属个人方位的能量流动和人体内的能量相和谐，在不同的方位，人们会感受到活力、积极、和愉悦等不同的氛围，从而形成精神上的舒适和平衡。

当某方位的能量和人体内的五行能量相符，这种情况对人是十分有利的。反之，则五行相克，就会对人体造成一定的伤害。

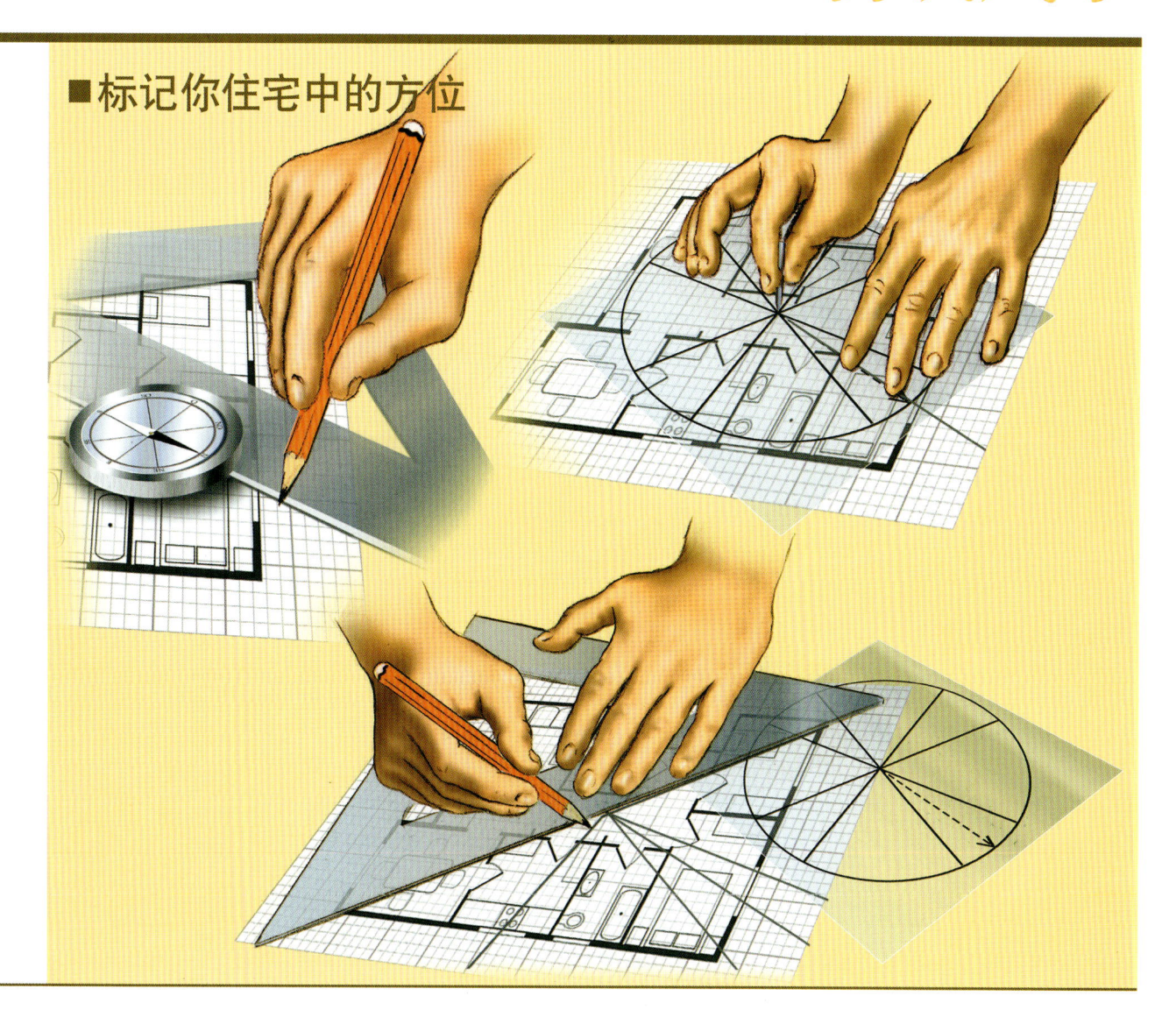

初识风水

■ 标记你住宅中的方位

How to design Your Lucky house

九宫图

对于所有生命体的活动来说，都存在有利时刻和不利时刻两方面。为了不在这一点上犯错，除了考虑"怎么办"以外，行事前选择一个合适的时间也很必要。

比如，每当我们搬了家，生活常常会有所改变，这时，我们搬家的地点和时间对这种改变有着同样重要的影响，它们会决定你个人的气能否与新环境中的气相融通。同样地，如果你需要移栽植株，在把植物掘起和搬运的过程中应避免植株受到伤害，并将它转移到更合适的土地里去，这一过程要在一年中特定的时间进行，植物才能枝繁叶茂。

在人身上也有同样的事情发生。在你居住的地方，你的气与周围环境的气相融合。一旦你更换住宅，这一切就都变

初识风水

化，形象一点说，你把你的"根"从这片土地里拔起了。你要搬去的地方和你搬家的时刻共同决定你自身的气是否能与新环境里的气相融合。如果此地的气是有益的，你就可能在此地收获舒适愉快的生活，反之，你就可能会有麻烦了。要判定最有利的搬家时间，就要用到"幻方"了。

幻方

幻方，又称九宫图、九宫算、魔方或纵横图，由一组排放在正方形中的整数组成，表示了每年、每月、每日不同时期气的变化。风水学中讲到，风水师们常利用幻方来确定家庭选址、搬家以及整修房屋的最佳时间。幻方同样可以用来选择适当的旅行时间及目的地。

据古典文献记载，幻方是伏羲在洛河岸边发现的。当时，一只巨大的神龟出现于黄河支流洛水中，伏羲很惊异地发现在龟甲上由水珠形成了一幅图案。伏羲随即陷入沉思，终于领悟出了其中奥秘：这幅图代表了宇宙间能量的运动。图中的水珠分布于龟甲上的九个区域中，在中间共有五滴水珠，在周边区域各有一至九滴水珠不等，而这九个区域中的九个数字不论从行、列还是对角线计算，和均为十五。在风水中，这些数字对应了九种不同的气。

关于九宫数

九宫图中，一个数字代表一年，九年做一次循环。每年年初，中间的数字都会改变，周围的数字重新调整位置达到符合九宫图规律。每年中间的数字都从上年的数字中减一而来，比如说，1997的中心数字为3，那么1998年的中心数字就为2，如此推算下去。

使用这些数据你可以找到对应于你的出生年份的"九宫数"（幻方中心的数字）。它也是你在九宫图中的个人数字，代表了那一年的占统治地位的能量。通过此法，你可以确定你与其他拥有不同类型气的人的关系，让你更有效地评估对你有益或有害的各类因素。

一份制作严格的个人出生星象图要以他出生的年月日为基础，而且计算应该由一位儿宫图方面的专家来进行。在本书中我们只限于使

左图：幻方是九宫星相学和风水学的基础。

右图：伏羲，即太极始祖在观察龟甲上水珠形成的图画时发现了幻方。

用如上面左图的图表。

九宫幻方

通过下页的图表，你可以确定你的九宫数的位置，进而研究各个年份中那些可能影响到你的生活的各个要素。比如如果你的九宫数为5，那么你的出生年份属性为土。但是，到了2008年，你拥有火的属性，因为这一年5将位于图表南方，也就是火控制的区域。

■ **与五行的关系** 九宫图与五行元素的关系的基础是九宫数在幻方中的位置。比如在某个幻方中，数字"1"位于北方，那么它就与元素"水"相连，而一个人的九宫数为1，那么他就具有五行元素"水"的特征，并且这个人可能

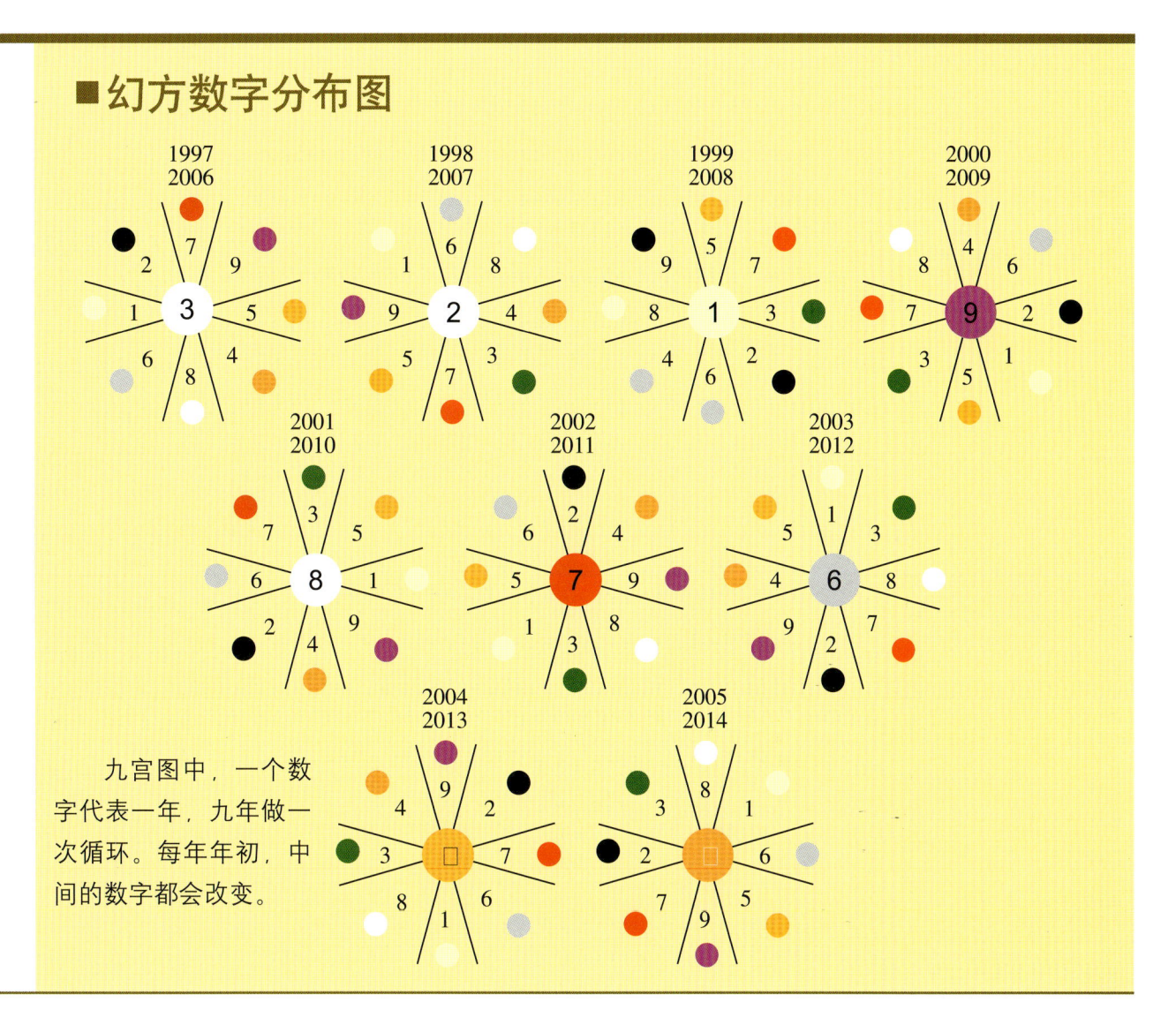

初识风水

■ 幻方数字分布图

九宫图中，一个数字代表一年，九年做一次循环。每年年初，中间的数字都会改变。

和九宫数为9的人、物相克，因为"9"在此幻方中正好与五行"火"相连。一般来说，当我们的九宫数在幻方中处于的位置所代表的元素能与我们自身的元素共存相生时，我们会感到生活更为舒适、惬意。

■ 与十二生肖的关系　十二生肖里的每一只动物都与风水罗盘上的方向相关，只是它被分成了十二个方向，而不再是八个，每一年都由一种动物代表，变化周期为十二年，由鼠到猪按顺时针方向依次而来。

2007年为猪年（对应北偏西方向），则在其对应的方向上会发生同样的事情。按照年历，接下来的年份，将依次为鼠年（2008）、牛年（2009）和虎年（2010）。

■ 十二生肖中不同的动物代表不同的年份。

初识风水

■ 十二生肖

十二生肖是风水智慧的一种生动体现。

十二种动物是代表人类内在品质的精神符号，人类个体中的特殊能量确定了他与十二生肖中的某种动物间的联系。十二生肖可以被看做一种精神的、心理的能量，表示坚持不懈、敏感、适应力等多种品质。

How to design Your Lucky house

你的九宫数

在西方日历里，每年都以1月1日为开端。但是在研究九宫图时一年常常从2月3、4、5日开始。

你可以使用接下来几页中的图表来判定你的九宫数。比方说，你出生在1950年1月，你的九宫数应该是6（1949年出生者的九宫数）；如果你出生在1950年3月，那么九宫数就应该为5。如果你出生的时间刚好接近2月3、4、5号，则根据表格中标出的格林威治时间来判定，在此时间之前则属于上一年，在此之后则属于下一年。

举个例子，纽约时间比格林威治子午线时间晚五个小时，因此，纽约的中国新年应该比英国的中国新年提前5个小时计算。1958年，英国的中国新年开始于格林威治时间2月4日14点57分，那么在美国就应该为2月4日上午9点57分。图表中给的数据也可以在给搬家选择吉时时应用。图表中的颜色对应于八卦中的颜色，也和幻方中数字的位置相关，是对应于该九宫数的人的保护色。

你个人的九宫数决定了你与他人或其他地方的气之间的关系。

■ 生辰数字

有一系列基于生辰日期的数字，可以决定对人有利的方位和不利的方位。

每一个生辰数字又拥有对应的卦象、方位以及五行元素等等，能反映出此人能量的各个方面，这其中大部分都能从他的个性中看出来。生辰数字可以具体地确定对人有利的方位。

如果我们试着比较每个方位的特性与人体的气的内在属性的话，我们就能确定出更适合自己的方位，或者是住宅中的哪个房间、办公室的哪个部分对我们的身体和个人发展更有利。

初识风水

■ 中国年开始时间（九宫数计算法）

九宫数	9	8	7	6	5	4	3	2	1
颜色	紫	白	红	青	黄	蓝	绿	黑	白
自然标志	火	山	泽	天	土	风	雷	地	水
五行元素	火	土	金	金	土	木	木	土	水
公历日期和时刻（格林威治时间）	1910 2月4日 23:41	1911 2月5日 05:33	1912 2月5日 11:11	1913 2月4日 17:01	1914 2月4日 22:53	1915 2月5日 04:34	1916 2月5日 10:31	1917 2月4日 16:18	1918 2月4日 22:06
	1919 2月5日 04:00	1920 2月5日 09:43	1921 2月5日 15:34	1922 2月4日 21:28	1923 2月5日 03:13	1924 2月5日 09:06	1925 2月5日 14:58	1926 2月4日 20:49	1927 2月5日 02:46
	1928 2月5日 08:31	1929 2月4日 14:19	1930 2月4日 20:11	1931 2月5日 01:53	1932 2月5日 07:42	1933 2月4日 13:28	1934 2月4日 19:13	1935 2月5日 01:03	1936 2月5日 06:47
	1937 2月4日 12:36	1938 2月4日 18:32	1939 2月5日 00:20	1940 2月5日 06:15	1941 2月4日 12:07	1942 2月4日 17:57	1943 2月4日 23:51	1944 2月5日 05:39	1945 2月5日 11:26

How to design Your Lucky house

九宫数	9	8	7	6	5	4	3	2	1
颜色	紫	白	红	青	黄	蓝	绿	黑	米
自然标志	火	山	泽	天	土	风	雷	地	水
五行元素	火	土	金	金	土	木	木	土	水
公历日期和时刻（格林威治时间）	1946 2月4日 12:18	1947 2月4日 23:03	1948 2月5日 04:50	1949 2月4日 10:40	1950 2月4日 16:29	1951 2月4日 22:29	1952 2月5日 04:07	1953 2月4日 09:52	1954 2月4日 15:42
	1955 2月4日 21:29	1956 2月5日 03:15	1957 2月4日 09:07	1958 2月4日 14:57	1959 2月4日 20:47	1960 2月5日 02:38	1961 2月4日 08:29	1962 2月4日 14:24	1963 2月4日 20:17
	1964 2月5日 02:08	1965 2月4日 07:57	1966 2月4日 13:46	1967 2月4日 19:32	1968 2月5日 01:19	1969 2月4日 07:04	1970 2月4日 12:50	1971 2月4日 18:37	1972 2月4日 00:23
	1973 2月4日 06:13	1974 2月4日 12:08	1975 2月4日 17:56	1976 2月4日 23:48	1977 2月4日 05:38	1978 2月4日 11:28	1979 2月4日 17:21	1980 2月4日 23:10	1981 2月4日 04:59

如何设计你的旺宅

初识风水

九宫数	9	8	7	6	5	4	3	2	1
颜色	紫	白	红	墨绿	黄	蓝	绿	黑	米白
自然标志	火	山	泽	天	土	风	雷	地	水
五行元素	火	土	金	金	土	木	木	土	水
公历日期和时刻（格林威治时间）	1982 2月4日 10:53	1983 2月4日 16:38	1984 2月4日 22:27	1985 2月4日 04:18	1986 2月4日 10:05	1987 2月4日 15:57	1988 2月4日 21:42	1989 2月4日 05:28	1990 2月4日 09:20
	1991 2月4日 15:04	1992 2月4日 20:51	1993 2月4日 02:42	1994 2月4日 08:27	1995 2月4日 14:18	1996 2月4日 20:10	1997 2月4日 02:00	1998 2月4日 08:01	1999 2月4日 13:51
	2000 2月4日 19:39	2001 2月4日 01:35	2002 2月4日 07:20	2003 2月4日 13:08	2004 2月4日 18:57	2005 2月4日 00:38	2006 2月4日 06:31	2007 2月4日 12:16	2008 2月4日 17:59
	2009 2月3日 23:55	2010 2月4日 05:40	2011 2月4日 11:31	2012 2月4日 17:28	2013 2月3日 23:05	2014 2月4日 05:05	2015 2月4日 10:55	2016 2月4日 16:40	2017 2月4日 22:37

九宫日历

每年中自然的气都有所不同，这会影响到你的气。如果你掌握了其中变化，你可以更好的利用它，以实现你的各种计划。

首先找出你的九宫数，并选择一个你感兴趣的年份，查出它的代表数字；然后查看你的数字在这一年的幻方里的位置。你的数字在幻方中的位置将决定这一年影响你生活的各要素。我们假设你的数字为7，你想知道2007年在你的生活中将发生些什么，而对应于2007年的数字是2，那么，我们就查看中间数字为2的幻方，发现7位于北方，属水。所以，这应该是平静的一年。

初识风水

这套方法还可用于预测年份好坏，以便计划在这一年中要进行的重要行动。

■人一生中的大事件

为了选择有利于进行某项活动的年份，你可以查看你的九宫数和下面这张图表之间的关系来确定具体的时间。例如，你希望建立家庭，那么，你应该寻找当你的九宫数方位被水（也就是九宫数位于北方）或土（也就是九宫数位于西南）所控制的年份。

事件	有利方位
恋爱、结婚	风/东南 泽/西 地/西南
开始新的事业或生意	雷/东 风/东南 火/南 则/西 天/西北
获奖或赢得比赛	山/东北
结婚生子	水/北 地/西南
退休	泽/西 天/西北

■你的九宫数

> 提示：下面图表中的一系列数字排位反映了你的九宫数的逐年运动。按顺序阅读下表，你将很快发现其中奥妙。

方位	本年运程	存在的风险
雷（东）	本年宜于进行积极的活动，可以做点新的生意。在这一年中，你将工作顺利，晋升有望，梦想成真。从九宫图上看，本年对九宫数为3，4和9的人将特别有利。如果你的九宫数为1，不要期望有好机会降临到你身上了	决定草率 工作过量 心情沮丧
风（东南）	本年宜于和谐地工作生活，可以成立一个新公司或者接受一份新的工作。这一年适于创造，交流和结婚，尤其当你的另一半也处于一个有利方位上。本年对九宫数为1，4和9的人将特别有利。但如果你的九宫数为3，也许你会遇到些小麻烦	行动过于遵循他人建议 不听从他人建议
中心	本年不宜进行新的活动。不要尝试用自己坚韧的意志和辛勤的工作改变什么，可以暂时选择逃避。不要在这时做任何不是刻不容缓的重大决定，能拖则拖。本年，以下九宫数的人情况会稍好一些：2，5，6，7，8和9	本年已构思完成的计划在下一年可能会改变
天（西北）	本年宜于进行组织，计划活动或担任领导工作。担任管理工作的人职位将得到巩固。这一年你将对自己有一个更直观更清楚的认识。本年对九宫数为1，2，5，6和8的人将特别有利。但如果你的九宫数为7，你可能在与他人交流想法、计划和克服困难时会遇到麻烦	傲慢待人 评判他人

如何设计你的旺宅

初识风水

方位	本年运程	存在的风险
泽（西）	这将是浪漫、愉悦的一年，而且你还获得满意的经济收入。本年宜于恋爱、结婚、退休或出让生意。本年对九宫数为1，2，5，6，7和8的人特别有利。如果你的九宫数为9，也许在感情方面和经济方面你会遇到麻烦	感到没有动力 过度寻欢作乐
山（东北）	这一年你将充满动力，适于竞争，如果你努力地负责地工作，你将实现你的梦想。仔细掂量你的每一个决定，对日常小事多留个心眼。本年对九宫数为5，6，7，8和9的人将特别有利。但如果你的九宫数为2，你则要注意控制自己，保持平静，尤其是涉及到家庭问题的时候	过度渴望成功 急于求成
火（南）	本年对富有激情，热爱交际的人来说是个好年头。本年有利于吸引注意力，获得声望并得到公众认可。本年对九宫数为2，3，5，8和9的人将特别有利。如果你的九宫数为4，则要抵制住分居对你的诱惑	争吵，打架
水（北）	这将是宁静的一年，有利于学习、静养和女性怀孕。选择一些有利于增强体质、活跃身心，促进夫妻生活的活动。本年对九宫数为1，3，4和7的人将会更有利	由于与去年的反差较大，你可能会面临经济和健康问题
地（西南）	本年宜于继续发展进步和巩固先前已得。这一年，友情、亲情将得到提升，还有利于利用各种机会，有利于家庭房屋的建造。本年对九宫数为2，5，6，7和9的人将特别有利。如果你九宫数为8，你可能会感到动力不足	谨小慎微，过度胆怯，最后导致做一切决定都听从他人

How to design Your Lucky house

搬家和家装变化

搬家时选择吉时的方法同样适用于改变家庭内部环境时使用。其实，对于改变家庭气的流通，确实存在着有利和不利的时刻。

如果你已经决定要搬家，首先把不利于搬家的所有方位排除掉，关于这一点可查看2006至2015年的幻方图表。然后找出你计划搬家那一年的幻方表，看看哪个方位对你是最有利的。

接下来，准确地画出住宅平面图，确定中心，然后以此为基点在上放置一张八方位图。找出你计划搬家年份的九宫幻方，并查清楚代表着一年的生肖（查看63页）。把数字5、你的九宫数以及这一年的生肖属相放入该年对应的位置上。下面是一个房主九宫数为9，计划2008年搬家的案例，列出了如下几个最可能出现问题的方面。

■**5的区域**　在平面图的这个区域万不可轻举妄动。如果在此地进行变动则很可能面临各种麻烦，事事不顺，尤其当你的住宅是全新的或者经过了整体重建时。

■**5的相对区域**　在此地进行极小的变动都可能导致灾祸。从长远上看，你将渐渐感到体质虚弱，容易患病。

■**你的九宫数区域及其相对区域**　把你的以及你的家人的九宫数放进你制好的住宅八方位图中，注意，在这些数字所代表的区域中不可进行整改。这些区域中的任何改变都会扰乱你的家庭，你和你的家人可能会感到焦虑、紧张或时常感到不自信。

■**该年生肖区域的相对区域**　保持这一片区域的宁静，或者试着增加它气的汇聚，比如增强光照，栽种植物。还可以利用特定的颜色、形状和材料来提升此处阳的属性，也是有益的。

如果你还想做其他改变，可以参见五行的部分，给家里增添一些在颜色、形状及材料方面与这一区域相联系的物件。

初识风水

■ 命理学

命理学是除幻方以外又一风水学的中心问题。在命理学中，所有的日期——包括年、月、日甚至小时——都可以被简化为一位数。每个数都指明了某一方向。也就是说，每个数字都与源自各方（各五行元素）的气场相连，于是也就与八卦相关联。那么，寻找出数字、八方、八卦之间的对应关系，每个日期就拥有了它所属的卦象以及特定的方位。

与其他学科相同，命理学也是基于对自然世界大量的极为细致的观察之上的。

在命理学中，方位以及每个数字与其他数字的关系都可以用来分析预测各种各样的现象：从个人健康、工作到经济状况、人际关系，无所不包。

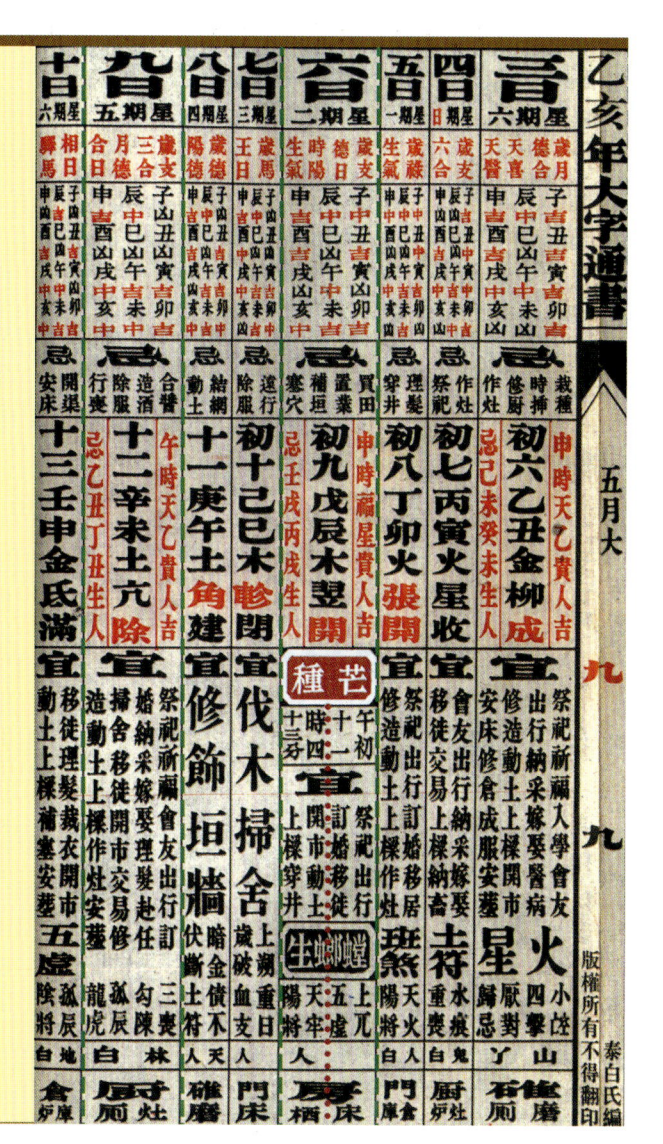

宅中之气

如何设计你的旺宅

宅中之气

房屋构造以及周边景观的特点都会对宅中之气造成深远的影响，而这些影响可能有利于你的幸福生活，但也有可能招致灾祸。

确定住宅的中心气场

如果你想亲自实践一下风水的基本原理，首先有必要弄清楚在你的家中是哪一气场占主导地位。先画一幅房屋平面图，在其上放置或再描画一个八方位图。

如果在你的家里有多盆植物，把它们分别画在不同的平面图上。给平面图建立好比例尺，并且画面里要包括所有的内部墙体、门、窗、楼梯。标示出所有的潜在问题，例如形状奇特的花瓶、倾斜的天花板或者木质房梁。然后确定出典

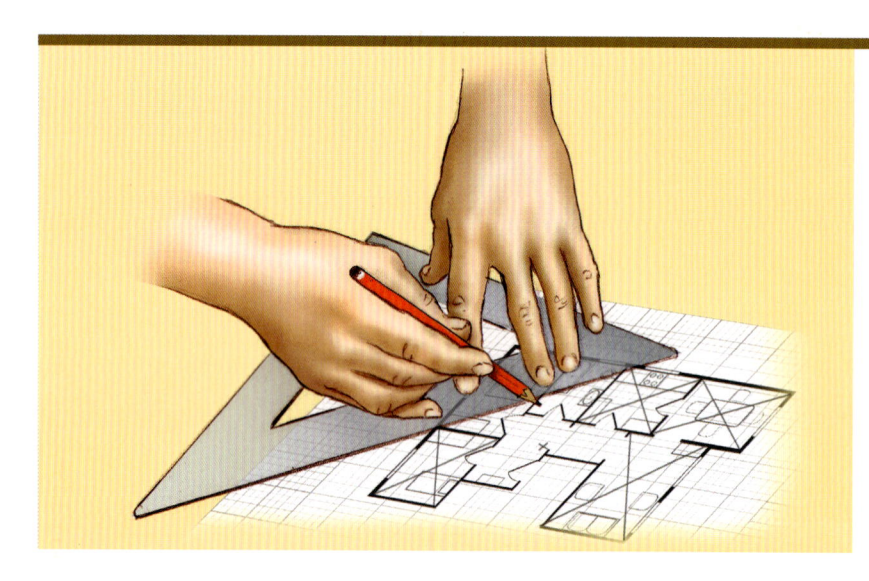

型五行元素的代表物件，比如洗碗池、厨房、盥洗间、淋浴喷头等等的位置。最后，确定出主要家具的大概方位，包括床、写字台、椅子、沙发、餐桌等。

接下来，应该确定整个住宅以及其主要房间的中心了。

■ **正方形及长方形房间的中心确定方法** 用直尺画出该房间的两条对角线，两线的交点便是房间中心。

■ **不规则形状房间中心确定方法** 在卡片纸上分别画出各个不规则房间的平面图并剪下。取出一个别针，将平面图放置在别针尖端，移动别针使平面图在水平方向达到平衡。这时，别针尖端所在的点就是平面图中心。然后根据卡片纸上的标记在原平面图上画出中心点的位置。

宅中之气

■L形状房间中心确定方法

这种形状的中心位置往往在这个平面图之外。在你认为的中心点的可能位置贴上一轻薄纸片，然后把平面图放在别针尖端上，移动别针使平面图在水平方向达到平衡。这时，别针尖端所在的点就是平面图中心。粘附的纸片一定要轻，以避免它的重量影响到操作精度。

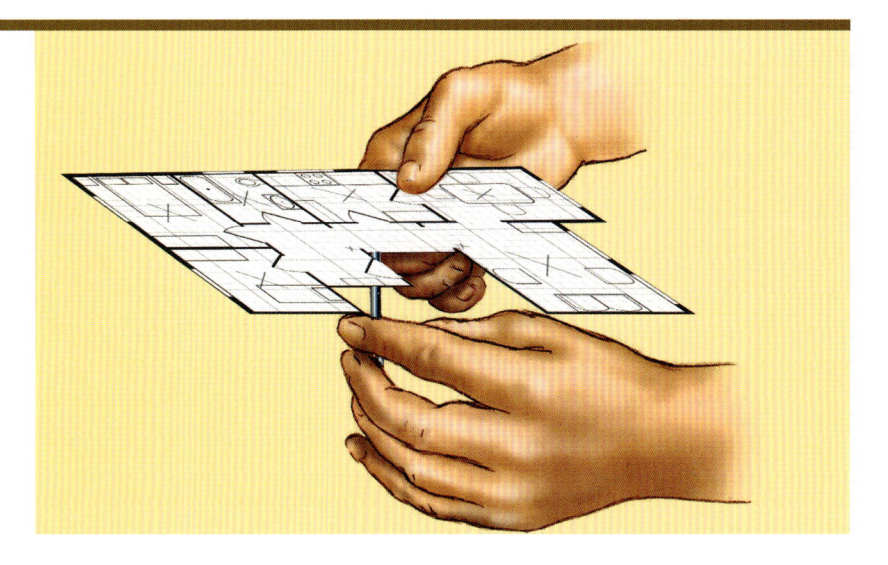

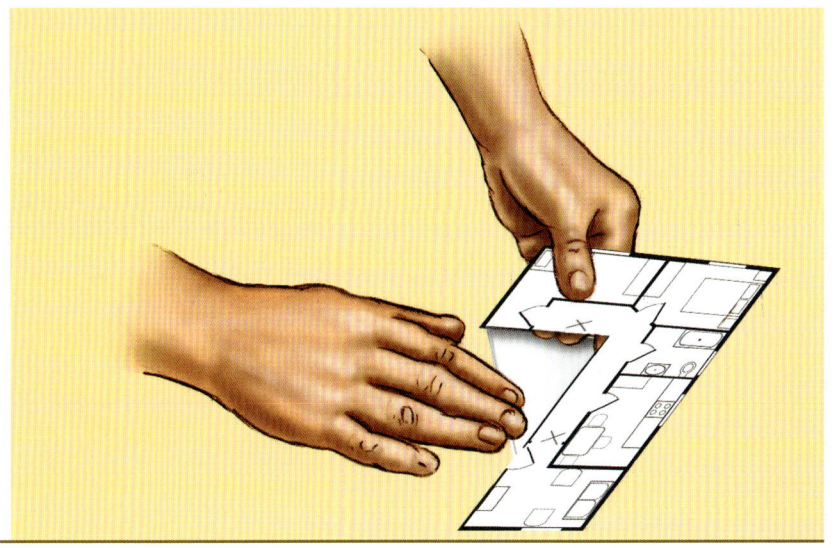

How to design Your Lucky house

建筑材料与宅中之气

一所住宅的结构和形状决定了其中气的穿流方向和速度,并由此影响到其中的居住者。另外,建造墙体所使用的建筑材料会影响到气的运动速度以及房屋内外的气场的种类。

风水认为,最好的建筑材料就是能使住宅中的气顺利流通的材料。因此,选择建筑材料很重要的一点就是看它是否防潮,潮气会阻碍气的流通,造成滞气淤积,风水好的建材应该具有防潮的结构。

属阳的建筑材料会加速气流流通,最典型的应用是在商务型建筑上。与之相反的,属阴的建筑材料则会放缓气流的流通,常用于家庭住宅中。

■**木材** 因为木材源于树木,所以在风水中木它是属性最偏阴的建材,拥有最强的生命力。颜色幽暗品质坚韧的木材,如桃花心木,相比之下偏阳性;而颜色明快木质较软的,如松木,相比之下偏阴性。

■**混凝土** 混凝土是一种极为普遍的现代建筑材料,和砖类似,但比砖更显阳性。混凝土建筑常常外部表层为水泥,内部表层为石膏,这两种表层都会加速气的流通。

■**石料** 石料越硬,阳性越强,比如花岗岩相比石灰岩更偏阳性。不规则石料筑成的墙体会驱散气流,而在房屋内部则会使气向各个方向反射,从而阻止气的滞留。在石料住宅中,门窗的设计应该偏大,使气更容易被"请"进屋内。

宅中之气

■**砖** 砖由粘土制成，多孔，比石料软，所以砖属性偏阴。如果砖料房屋内部没有涂层，能直接看到砖块，它们会减缓气的流通，使之在角落处滞留。给砖料房屋上一层石膏，可以使气流循环平衡。

■**玻璃** 玻璃汇集了平整、坚硬、透亮等属阳的特质，但是，它是通过光线和热量把气引进住宅中的。大面积的玻璃会加速建筑周边气的流通。在住宅中，为了放缓气的循环，可以放置一些植物，或者在房屋最大的窗户上挂上窗帘。

■**合成材料** 合成材料不利于气的流，比如许多塑料袋中都充满着静止的气，而它把我们和我们周围的气场隔离开来。除非用不可，建议不要使用。

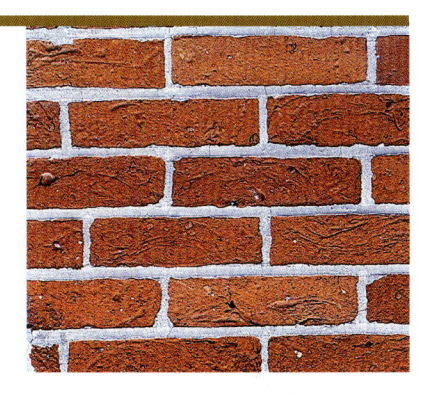

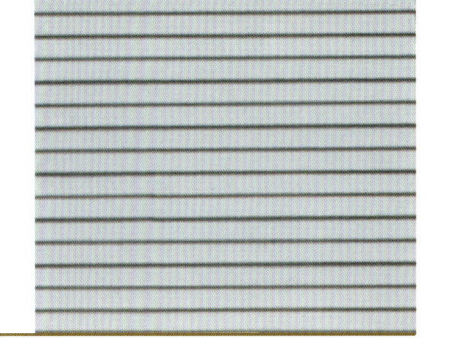

凸角、缺角与宅中之气

生活中是几乎见不到十分规整的长方形住宅的，多多少少都有那么不规则的一个角。为了判定你的住宅中是不是有这样的凸角和缺角，首先量出整个住宅的宽，然后再测量这个"凸出来"或"凹下去"的部分，如果这一部分占不到总宽的50%，它就是一处凸角，如果所占超过总宽的50%，它就是一处缺角。根据形状和方向的不同，这两种房间布局都有积极和消极的一面。

为了更好地了解这一利弊，首先将八方位图放置在住宅平面图上，正确画出住宅坐标，好用来判断凸角或缺角的位置。一般来说，凸角会增强它所在区域的气，而缺角则相反。一个面积较大的凸角可能使能量外泄，从而导致住宅中气的不平衡。然而，一个大小合适的凸角则有可能适当地增强能量。首先你应该作出判断：这个区域是不是真的有问题？从你搬进

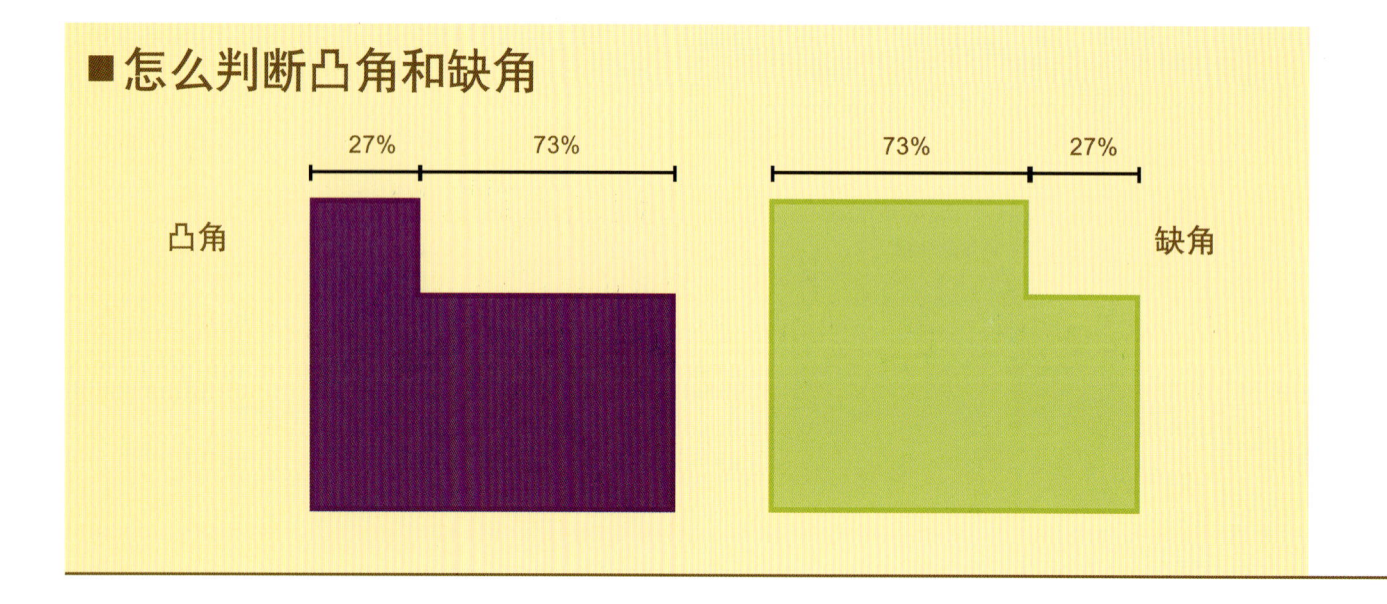

■怎么判断凸角和缺角

凸角　　27%　73%

缺角　　73%　27%

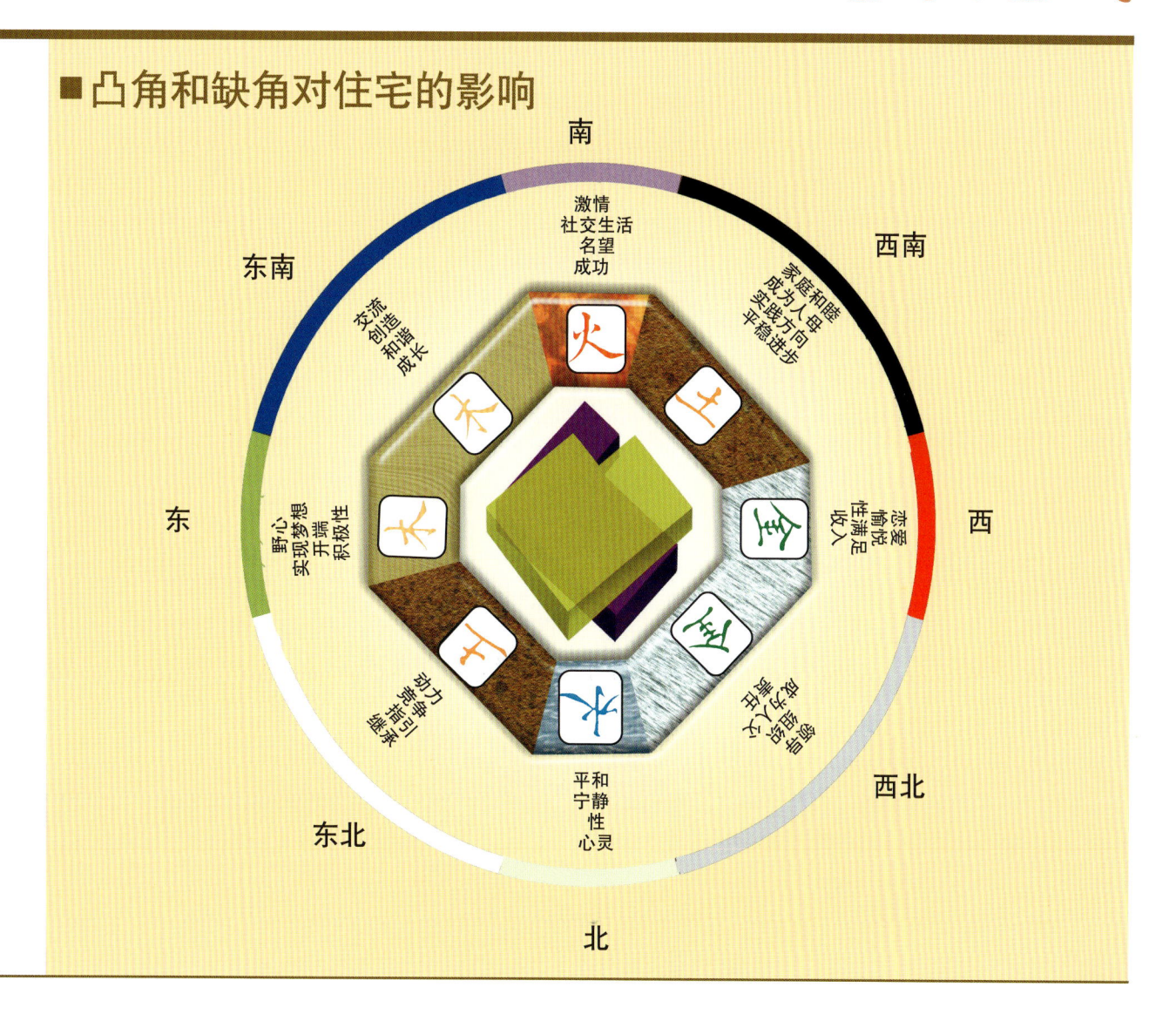

宅中之气

■凸角和缺角对住宅的影响

南
激情
社交生活
名望
成功

西南
家庭和睦
成为人生
实践方向
平稳进步

西
恋爱
愉悦
性满足
收入

西北
贵人指引
父母
长者
指导

北
平和
宁静
性
心灵

东北
动力
竞争引
继承

东
野心
实现梦想
开端
积极性

东南
交流创造
和谐成长

火
土
金
水
土
木
木

How to design Your Lucky house 081

这个家以来所有的变化都可以成为你判断的依据。

我们假设你已经在房子的西北角找到一处凸角。首先，你应该把这处凸角与一家之主的状态联系起来。如果他或她身体状况良好，和其他家庭成员没有矛盾，则西北方的这个凸角大小合适。反之，如果他或她不停地引起家庭纷争，变得让人难以忍受，则有可能西北方的这片区域面积过大。

缺角常常是不利的，但是，如果面积不大，偶尔也会有其积极的一面。在北方的一个小小缺角可以减少安静、平和之气，这对于初涉职场的年轻人未必不是一件好事。

如果存在问题，解决的办法有很多。比如一面大镜子，当其中投影了家里其余部分的

■ 根据大小和方位的不同，凸角和缺角既可有利，也可有弊。

宅中之气

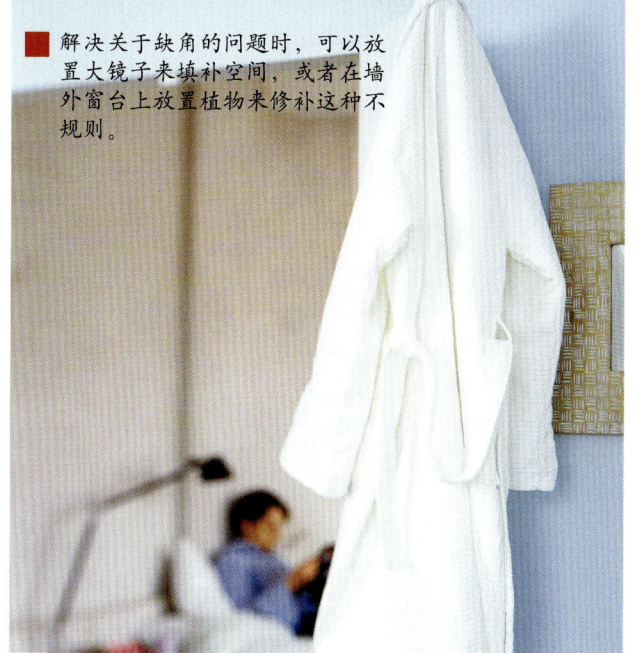

■ 解决关于缺角的问题时，可以放置大镜子来填补空间，或者在墙外窗台上放置植物来修补这种不规则。

影像时，它就起到了"填补"空间的作用；你还可以在外墙部分放置植物，用来增强能量，辅助消除所存在的不规则。另外，与五行元素和八方代表颜色相关的各式方法也是很有效的。

五行元素之间的联系不仅可以用来缓和凸角旺盛之气，亦可以用来增强缺角微弱之气。你可以查阅前面的图表，找出与凸角对应的五行元素，然后在此增强已耗尽、枯竭的元素能量。

而对于宅中的缺角，可直接增强它所缺失元素的能量，或通过该元素与其他元素的相生相克关系来达到目的。前面图表中出现过的八方代表颜色也可以起到增强缺角缺失之气或者缓和凸角过旺之气的作用。

■凸角的影响

| 北 | 东北 |

北

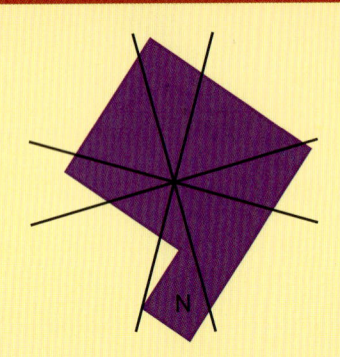

北方小的凸角可以增强与水、夜晚、冬季相联系的气，使住宅充满宁静祥和。你会感到精神的平静，以至于有点孤独，还会感到自身的独立和满足。这种住宅特别适合上年纪的人居住，而且还有助于生育。

北方大的凸角会使你的生活太过宁静和孤独，使你感受不到生活的快乐。你会感到被疏离，被遗忘。经济收入可能会减少，并且你通过性行为染上疾病的风险会增大。

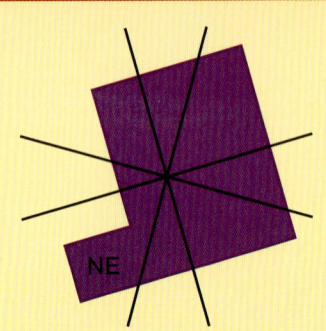

东北

东北方小的凸角可增强宅中之气，你会感到有十足的动力努力工作去争取你想得到的东西，达到你想达到的位置。然而，这种凸角也可能引起各种各样的突然变化，这并不是我们希望看到的。

东北方大的凸角会扰乱整座住宅中的气场。面对精神上的负面影响你会很容易受伤，并且很可能会有很不幸的事件发生在你身上。另外，你可能变得过分物质化和贪婪。

宅中之气

东

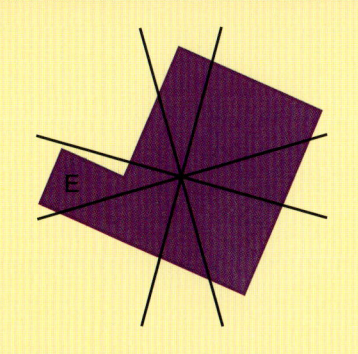

东方的小的凸角对你的事业、你的生意或是一般活动都有利。对刚开始工作、靠自己的双手吃饭的年轻人来说，这种凸角将特别有利。

东方的大的凸角会造成紧张、繁忙的氛围，你将感到很难放松自己。你会太过渴望成功，以致陷入匆忙而劳碌的生活中不能自拔。

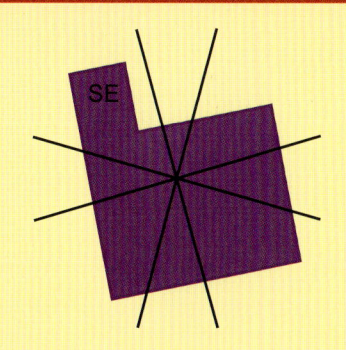

东南

东南方小的凸角与有序、发展的能量联系在一起，会给你的职业生涯或商业活动带来益处。关于家庭，这个凸角更有利于子女，尤其是他们的订婚、结婚等相关事宜。一般来讲，这种房屋会推动事业的成功，并营造安逸舒适的生活。

东南方大的凸角容易造成紧张、匆忙，引起健康问题。你将难以和谐地生活、发展。如果你任凭让懒惰牵着鼻子走，你的工作水平和经济收入都会大打折扣。

南	西南
南方小的凸角能增强与名望、成功和社会认可相关联的能量。你将会感到自己充满勇气和激情，频繁地进行社交活动。如果你参与到政治活动中，你将更能体会到自己有多么重要。	西南方小的凸角会促进家庭和谐，还可以帮助你成为做事有条不紊、实践经验丰富的人。但是，因为西南方和东北方位于同一条轴线上，如果不能对气加以控制，这种过于旺盛的气场可能会引发住宅中能量的不平衡。
南方大的凸角会激发毫无价值的期待，而这些期待终将化为泡影。如果不能很好地控制情绪，你很可能会和你的家人、朋友发生争吵，甚至动手打人。	西南方大的凸角会引起剧烈的气流流通，对母亲或是家庭中最年长的女性有尤其大的影响，会使她成为家庭中心，这种无约束的女性能量会耗尽男性的精气。

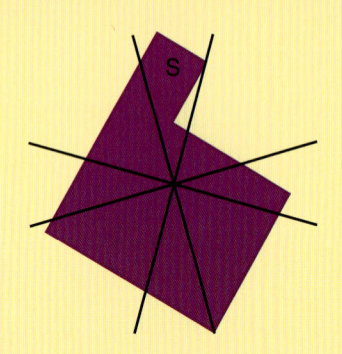

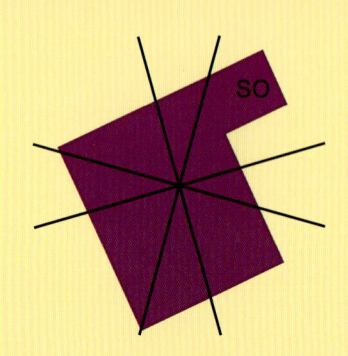

宅中之气

西

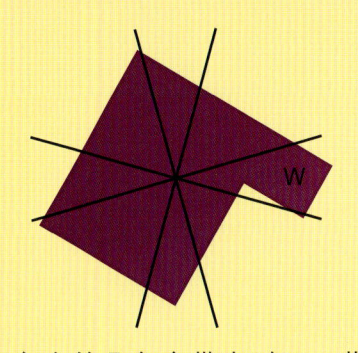

西方小的凸角会带来财运：收入增加、贷款顺利等等，因为这个方向与收获相关。这种凸角还有利于夫妻关系，尤其是对于女性。另外，它还有利于营造浪漫氛围。

西方大的凸角让你有破财的危险：花销过大、存款流失等等。在寻求快乐上，你可能会有不当的行为，整个家庭都可能受到影响，而直接受害者往往是年轻女性。

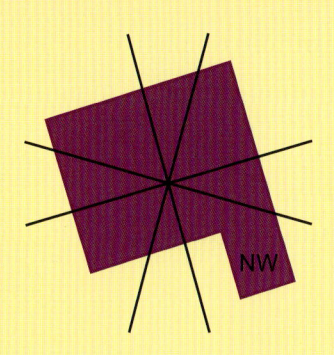

西北

西北方小的凸角与组织和计划相关，能助你事业进步、生意兴隆。你会能到你渴望的职位并成为一位方向明确、公平公正的领导。家庭中的父亲或是一家之主在面对责任时，会深刻感受到自己被他人信任。

西北方大的凸角可能导致父亲或一家之主傲慢无礼，随意评价他人，滥用权力，认为自己无所不能。

■缺角的影响

缺角方位	影响
北	北方的缺角会削减活力,尤其会影响到性能力。可能会患上性器官疾病,比如不孕症。
东北	东北方小的缺角有时是吉利的,但是没有缺角会更好。东北方大的缺角会让你失去动力,而且在你刚刚组建了新家庭的时候可能会给你带来麻烦。另外,它可能会让你失去继承权。
东	东方的缺角会引起子女的矛盾,尤其是与小儿子相关的问题。还可能会引发安全问题,让你面对生活时感到无助无望,让你怀疑自己实现理想的能力。
东南	东南方向大的缺角会造成气的大量流失,引发灾难。从长远上看,还会对家庭发展形成障碍。

宅中之气

缺角方位	影响
南	南方缺角容易官司失败，容易感到灰心丧气，自主性弱，缺乏热情。你将不容易受到关注，将很难得到公众认可。
西南	西南缺角会削弱母亲或家中最年长女性的气场。还容易引发不安全感、嫉妒心，为家庭不和埋下隐患。
西	西方缺角容易引起不愉快，尤其会影响到家里最小的女儿或是最年幼的女性。住在这种房屋内的单身女性恋爱运不佳，因为类似房屋缺少这种气场。
西北	西北方缺角对父亲或一家之主有不利影响，因为气的缺乏会导致男方身体虚弱，容易患病。

How to design Your Lucky house

气的平衡

　　与八方相关联的气场能够在住宅中保持平衡，这是我们大家都希望的。圆形或八边形的住房都是比较理想的选择，因为在这种住宅中，气能很平衡、很和谐地分布在各个方向。以前，这种形状的建筑很常见，但是现在已经比较少了，反而不规则形状的住房更为流行。长方形的住宅在形状上越偏向于正方形，则其内部的气分布就越均衡。与之相比，L形状的住房中心可能在室外，还可能完全丧失某些特别的能量。

　　为了判断住宅中气的分布情况，在你的住宅平面图上再一次放上八方位图。此法能让你找出那些有缺陷的区域。如果家里的能量分布不均，可能会给你和你的家人带来困难和麻烦，因此，找对这种不均衡状态的症结并进行改善是很有必要的。为了正确操作，可应用在前面已列举过的与凸角、缺角相关的解决方法。如果在某区域缺失的能量不止一种，那么可以放置一些与缺失能量代表元素相对应的物件，或者能够促进该能量出现的元素代表物件，来增强此区域中的这种能量。

宅中之气

阳光、阴影对宅中之气的影响

气直接被太阳光带入家里。房屋的形状会影响到它每天接收的阳光总量,从而间接地影响进入家中的气的多少。另外,房屋大小、位置,窗户多少也是影响其的显著要素。如果家里的某个区域缺少阳光照射,则很有可能变得潮湿,从而造成气的滞留。

如果一所住宅为L型,那么它总有一方常年背阴。如果一座建筑北侧缺角,那么缺角处的房屋也难以受到光照。但是,如果缺角处有门窗,开向太阳,那么这一块区域便会成为"阳光地带",能大量地吸收至刚至阳的吉利之气。

因为住宅中长度较长的一侧能吸收更多的阳光,所以这一侧的朝向几乎能决定整个住宅接收到的阳光属性,同样也就决定了该住宅中气的属性。如果这一侧朝向东或西,那么住宅将大量接收早晨或黄昏时的阳光(除开房屋几乎没有窗户或是其本身就在其他建筑的阴影下

How to design **Your Lucky house**

的情况）。早晨的阳光会让你的生活充满活力，你将自信满满地开始新计划，乐观积极地面对未来。而黄昏时的阳光会使一切活动变得平静弛缓，夜晚降临，你将会感到更加愉悦和浪漫。

坐南朝北的住宅能接收到的光照很少，而且往往都非常阴冷幽暗。在这种住宅中，气很容易滞留，潮气容易淤积，以致于其中的居住者常常感到苦闷、孤独、工作不顺、活力不佳，甚至引起绝望情绪，影响身体健康。

如果你的住宅正是坐南朝北的情况，那么你应该赶快寻找引气入室的方法。如果可以的话，建议你在朝南的方向增开窗户，凿开原来的墙壁装上玻璃窗，或是在天花板上加一扇天窗。如果开窗的办法不太可行，可以考虑增添一个壁炉，常年点上蜡烛（尤其在东北方向），种植盆栽（也许你应该使用灯光照明促其生长）以及保持房间整洁宽敞。另外，还可以装上木地板，挂上镜子，在房间的西方、西北方或北方挂上玻璃铃铛。

阳光能给家里带来气。随着太阳在天空中升起落下，阳光从不同的窗户进入室内，照亮家里的每个房间。如果你的住宅没能被阳光照

宅中之气

射，那么气很容易郁结，这种住宅就违背了风水学原理。住宅的位置是原因之一，窗户的数量、位置的作用也不容小觑。还有，如果你住在一片高大建筑物的中间，阳光就很容易被遮挡住，从而阻塞气的流通。

在购房或租房的时候，判断这所房子和周围建筑阴影之间的关系是很重要的。周围建筑的位置和高度是判断的依据。位于东面或西面的建筑很可能造成阴影，因为太阳在这两个方向上时高度最低，投影最长。在这种情况下，不管该建筑高度有多矮，距离有多远，对目标房屋影响都比较大。与之相比，位于南边的建筑形成的阴影比较短，因为这时太阳正处于至高点。

在北半球，位于北方的建筑不会给目标住宅造成阴影，因此，对这种情况大可不必担心。

How to design Your Lucky house

■不同阴影的解决方法

如果住宅有一部分处于阴影中，就会造成气的缺损。缺损气的种类取决于造成阴影的建筑的方位。例如，你的住宅东面有建筑遮挡，当太阳位于东方的时候，你将接收不到阳光，因此你将失去与这个方位相连的气的能量。若遮挡建筑物在西边或南边，也会有类似的情况。

还好我们有多种补救措施来改善住房的不良状况。你可以再回顾一遍前面提到的方位代表颜色，尤其关注一下问题方向的颜色，或者利用对应方向的五行属性来解决问题。

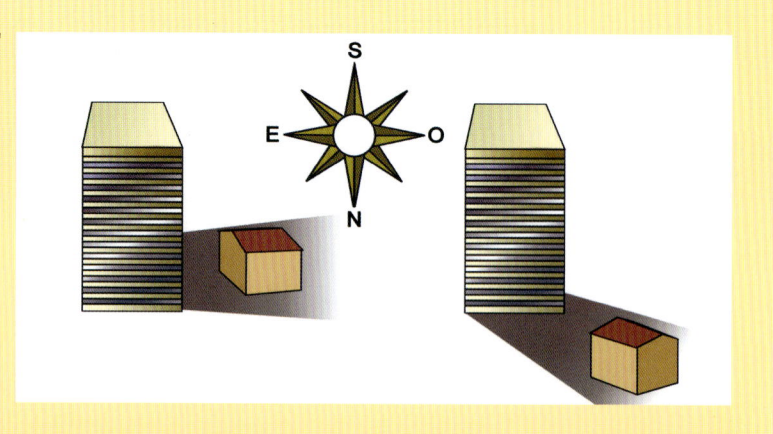

东方阴影

可能会削弱关系到以下几个方面的气场：积极性、雄心大志、工作能力。

解决办法：增强属木之气。可以在家里或是庭院中安装喷泉、增设贮水池或是鱼缸，种植高大阔叶灌木或使用木制房屋表层也都是不错的选择。

东南方阴影

可能会削弱关系到以下几个方面的气场：交流、创造、进步。

解决办法：由于木同时支配东方和东南方，所以这两个方向的问题解决方法类似。在东方增设贮水池或鱼缸，放置蓝色或深绿色物件等。同样，也可以选择种植高大阔叶灌木或使用木制房屋表层来增强属木之气。

宅中之气

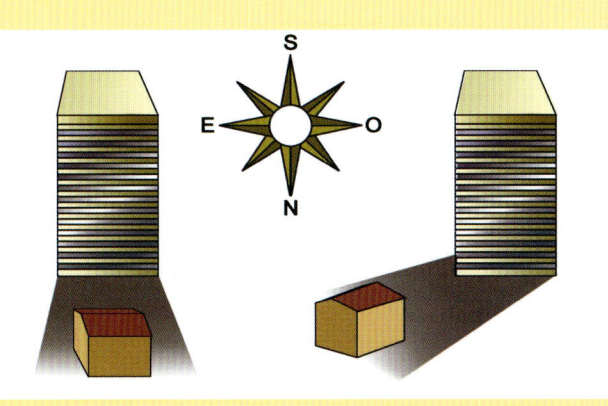

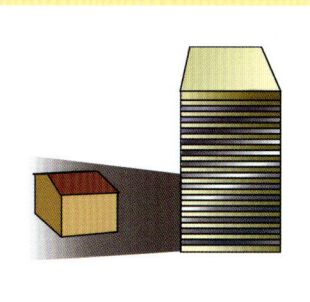

南方阴影

可能会削弱关系到以下几个方面的气场：激情、社会承认以及名望。

解决办法：增强属火之气。在住宅南方安装壁炉，保持蜡烛常年燃烧，或者放置紫色的物品。还可以选择种植针叶灌木，若灌木的叶或花也为紫色则更佳。另外，尖利的装饰物，印花布料，木质地板都是不错的选择。

西南方阴影

可能会削弱关系到以下几个方面的气场：产子、家庭和睦以及巩固已得。

解决办法：增强属土之气。在住宅西南方安装壁炉，保持蜡烛常年燃烧。黑土地的颜色特别吉利。另外，你可以放置一个栽种有繁茂植物的泥质花盆。

西方阴影

可能会削弱关系到以下几个方面的气场：恋爱、性生活、经济收入。

解决办法：增强属金之气。在住宅西方放置金属铃铛或者圆形金属板，还可以利用金银钱币。种植圆形叶片或红花植物，或把这种植物栽入圆形银质花盆里也是不错的选择。

环境与宅中之气

　　环境影响住宅的方式多种多样，其他建筑物、水源、树木、地形等等住宅周边的普通组成部分都可以成为影响目标建筑的要素。从风水学的角度看，甚至连街道对目标建筑也会产生影响。

　　楼房（如电梯公寓）所提供的是几乎相同的套间，套间的各个部分朝向几乎相同。因此，其中的住户每天工作休息的朝向也就基本相同。相同的情况还发生在平行街道附近的住宅中。人们因为居住在一起成为邻居而发展友谊的例子很多，这是因为他们因为居住环境类似而有了许多共同点。南北走向街道两旁的房屋同时朝向东西，这样的房屋益处多多。

宅中之气

同时也存在一些不吉利的范例，可能给小区招来灾祸。

如何化解气场不均问题

　　轿车、公共汽车或是卡车自身都带有气，车中之人也如此。车载着人沿路前行，在这个过程中，交通工具携带的煞气会使沿途经过地方的气场恶化。公路和街道的表面一般都平整坚硬，而且以直线居多。这样，属阳之气便会过分加速气的流通，造成气场不均衡。

　　为了化解气场不均，可参见前面介绍锐气的章节，以减缓气的流通，或从另一个方向将其驱散。比如，在住宅前方种植茂密的灌木或在此放置反射物来改变气的流通方向，或者在院子、门厅里悬挂铃铛，用以净化因交通而恶化了的气场。

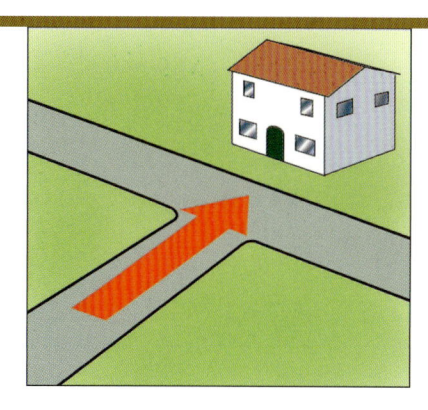

▲T字形交叉路口。每当有车辆靠近交叉路口时，煞气便直冲住宅而来。

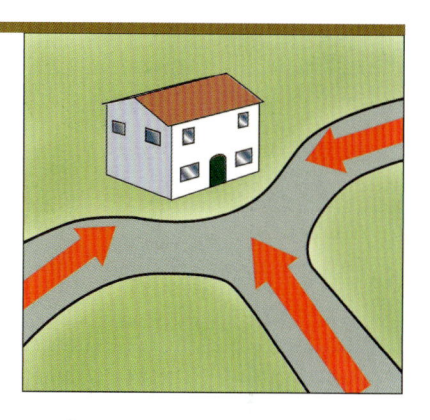

▲Y字形交叉路口。如果你的家位于此种地段，则很容易遭受三道煞气的夹袭。

▲曲形公路。曲形公路守不住公路上的煞气，导致其外泄。如果你的家在曲形公路两侧，很容易受到来自两个方向的车辆影响。

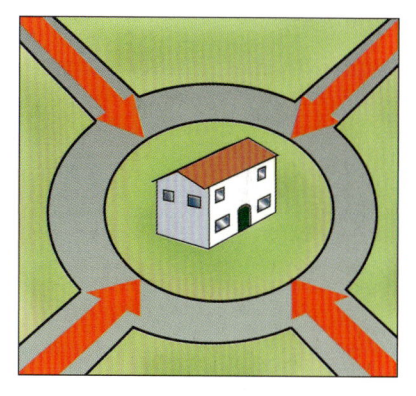

▲街心。如果家位于街心地段，你将难以忍受来自多个方向的煞气夹袭。

■景观的五行属性

　　一座建筑的远观特点及周边整体形态都会影响建筑风水，或有利，或有弊。应尽可能避免房屋周边出现结构高大、箭状物等直线型外观的事物直指住房，不管它是自然形成的还是人工建造的。依据其中事物的主要形态，景观属性可以分为以下五大类。

■水
五行元素水常在海（属阳）、河、湖、水道、瀑布和水池（属阴）景观中。

■木
在农村，五行元素木常出现在树林中；在城市，则常出现在柱状物体或是高耸的建筑景观中。

■火
五行元素火常蕴含在倾斜屋顶或是高远的尖顶山峰景观中。

■土
五行元素土常出现在平原或临近建筑均为平顶的景观中。

■金
在农村，五行元素金常出现在圆形丘陵景观中。在城市，金则常出现在弯顶或拱顶建筑景观里。

宅中之气

在乡村选宅的要求

当你要在乡村挑选一幢住宅，或是你有一块土地用来修建住房的时候，留心在其周围是否有小山丘，山丘的方位在家居风水中非常重要。如果房子是在山丘之上，那么应注意它到底是位于背阴的一面还是朝阳的一面，背阴则属阴性，朝阳则属阳性。背阴的住宅之中气很容易郁结，不宜居住；而朝阳的住宅能够接收到更多的阳光，所以更宜居住。另外，朝向山谷建房或靠山建房也是不错的选择。

住的地方越靠近山顶，属阳之气的影响就越大，你的生活就越有可能充满活力与生气。你住的地方越靠近山脚，属阴之气的影响就越大，你的生活越宁静平和。山丘的形状也很重要。陡峭的岩石坡面更属阳性，包含着火之力量；而和缓的波浪状小丘更属阴性，蕴含着金之力量；在平缓的山顶上则萦绕着土之力量。

一般来说，树木的出现会增强环境中的气，虽然它的根会汲取甚至耗尽某地的水分。在森林地区，树木的位置和形状非常重要，如果在

你的住房附近有高大树木，它会像前面提到的高大建筑物一样，遮挡阳光，形成阴影。在北半球，树木位于北方更为有利，一是它不会向建筑投射阴影，二是这个方位与五行元素水相和谐。若在南半球，则树木位于南方更佳。

远离问题建筑

有些建筑物会对它的周边建筑产生不吉利的影响。比如，教堂、墓地、殡仪馆、灵堂还有医院，它们都与痛苦、疾病、死亡、损毁有关。但从教堂中也能生发出祥瑞之气，如婚礼、洗礼、节庆之气，这可以消除煞气的影响。另外的问题建筑还有核电站以及其他能产生高电磁辐射的场所，它们其中的某一些的确对人体大有害处。理想情况下，请你尽可能地远离类似的场所，至少到你不能看见它们的地方。然而，不是所有人都会因类似建筑受到同样的伤害，在问题建筑附近居住并能免受伤害的例子仍然存在。

宅中之气

建筑形状对气的影响

建筑形状的分类可依据它产生的能量所对应的五行元素来划分。大多数建筑都不仅仅只含有一种形状或能量,而常常是多种形状或元素的结合体。比如一座低矮的尖顶建筑就结合了土与火之能量,而一座高大的拱顶建筑则汇聚了木与金之气力。但是与此同时,五行元素之间相生相克的关系也会发挥作用,你周边的建筑可能会因此给你带来或好或坏的影响。如果你的住房与邻近住房相似,那么它们可共同创造和谐环境;反之,你就得好好考虑一下会不会产生不良影响了。在开始之前,需要判定目标住宅以及周边建筑的的大致形状。

如果目标住宅的形状与周边建筑差异较大,也可以从五行元素方面想办法消除不良影响。

下面的图表将会告诉你化解之法,并会教你如何运用它们。依据你的情况选择合适的方法,在你的住房和有与你能量冲突的住房之间摆上合适的物件,这样,你将使你的住宅和周围环境达到和谐。

■如何与环境和谐共生

元素组合	影响	化解办法
水 被木围绕 木 水 木	木气将消耗宅中水气,这样会削减人的活力,降低性渴望,另外还容易引起焦虑。	增加金气或水气
水 被火围绕 火 水 火	你的宅中水气会削减临近建筑中的火气。虽然表边上看并没有直接对你造成损害,但有可能影响邻里的和睦关系。	增加木气
水 被土围绕 土 水 土	周边建筑的土气会削减你的住宅中的水气。你可能经常感到焦虑、怯懦、优柔寡断。	增加金气
水 被金围绕 金 水 金	临近住房中的金气会增强你的宅中水气。这种气的结合会提升你的活力、独立性、灵性等等,并让你感受到自己与环境的和谐共存。另外,它还会辅助你增强内力和身体灵活性。	

宅中之气

元素组合	影响	化解办法
木 被火围绕 火木火	邻近建筑的火气会消耗你的宅中木气，你会感到活动以及期望受阻，在工作中也会事事不顺。	增加宅中水气和木气
木 被土围绕 土木土	你的宅中木气会对周边建筑的土气产生影响。虽然对你自身没有直接影响，但可能会损害邻里关系。	增加火气
木 被金围绕 金木金	周边建筑的金气将削减你的宅中木气。也许在事业前进的道路上你会遭遇困难，难以积极地面对未来。	增加水气，比如在东方或东南方增设水源
木 被水围绕 水木水	邻近建筑的水气可增强你的宅中木气。这一影响对你的事业发展将十分有利。你会成为雄心勃勃，做事积极主动的人。当你要把想法付诸实践时，会感到一切都顺风顺水。	

元素组合	影响	化解办法
火 被土围绕 土 火 土	邻近建筑的土气会消耗你的宅中火气，你获胜或者受到公众承认的可能性会降低。	增加宅中的木气以及火气
火 被金围绕 金 火 金	宅中的火气会对周边建筑的金气产生影响。虽然对你自身没有直接影响，但可能会阻碍邻居事业的成功。	增加土气
火 被水围绕 水 火 水	周边建筑中的水气会削减你的宅中火气。你有可能会在公众面前受到羞辱，还有可能成为司法诉讼的被告。	增加木气
火 被木围绕 木 火 木	周边建筑中的木气将增强你的宅中火气。你很可能引起公众注意，由于工作出色、成果颇丰而被给予肯定。你可能成名。	

宅中之气

元素组合	影响	化解办法
土 被金围绕 金 土 金	邻近建筑中的金气将消耗宅中土气。你可能会感到没有安全感，家庭关系可能会出现问题。	增强宅中火气及土气
土 被水围绕 水 土 水	你的宅中土气会削减临近建筑中的水气。虽然表边上看并没有直接对你造成损害，但有可能损害邻居的精神活力。	增强金气
土 被木围绕 木 土 木	周边建筑的木气会削减你的住宅中的土气。你可能会感到不安定，遇到各种各样的健康问题，尤其当你作为母亲的时候，问题会更加严重。	增强宅中火气
土 被火围绕 火 土 火	周边建筑中的火气将增强你的宅中土气。火气与土气结合，尤其能促进家庭成员之间的和谐共处。	

How to design Your Lucky house

元素组合	影响	化解办法
金 被水围绕 水 金 水	邻近建筑中的水气将消耗宅中金气。这种水与金的不佳组合会给你造成经济困难。	增加宅中的土气和金气
金 被木围绕 木 金 木	你的宅中金气会削减临近建筑中的木气。虽然表边上看并没有直接对你造成损害，但有可能对邻居的事业形成威胁。	在家中东方或东南方增加水气
金 被火围绕 火 金 火	周边建筑的火气会削减你的住宅中的金气。你有可能会太过纵容自己，染上游戏的坏毛病。你还可能会遇到经济困难。	增强土气
金 被土围绕 土 金 土	周边建筑中的土气将增强你的宅中金气。很有可能财运连连，顺利解决经济问题。	

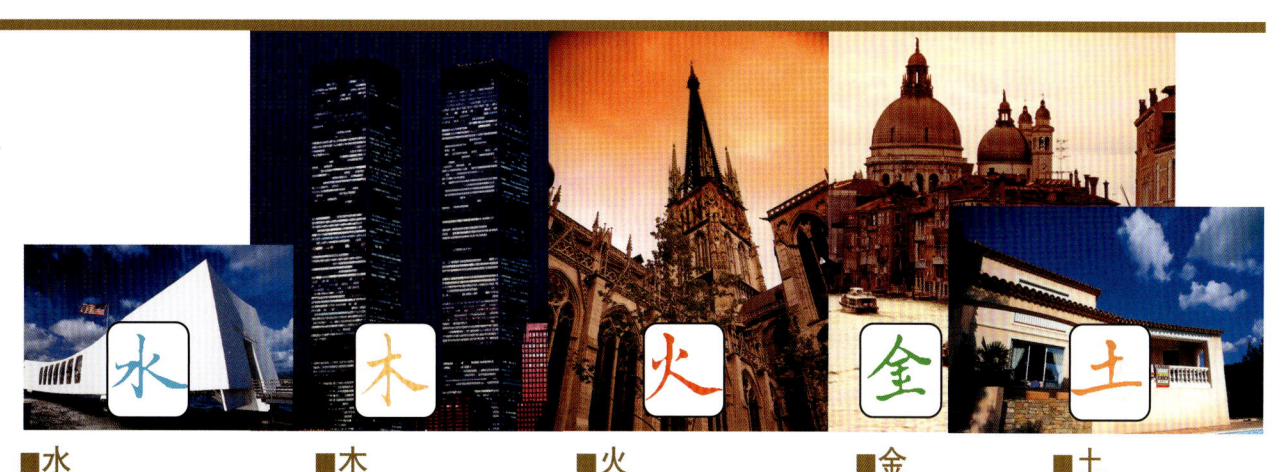

宅中之气

■水
不规则建筑

■木
摩天大楼、长方体建筑群

■火
锥形或金字塔形房顶建筑

■金
拱顶或外观圆滑的建筑

■土
低矮平顶建筑

■ 建筑形状与能量

一所住宅，想要有好的风水，它的主要形状构成以及它的周边环境的和谐度十分重要。

高大笔直的形状（形状似树）表示五行元素木，蕴含木之能量。属于这一类的有高耸的山丘、柱形结构等等。

尖利的形状表示五行元素火，它们如真正的火焰一样，有奋力向上延展之意。属于这一类的有：山峰顶端、高耸陡峭的天花板和教堂的尖顶。

平整的形状则与五行元素土相关联。

圆形代表五行元素金。属于这一类的有：圆形或近似圆形的小丘、带弧形构造的建筑、带有拱顶的地下室或拱顶建筑。

五行元素水没有它特定的代表形状，或者说代表它的建筑形状都是不规则的，适用于所有事物。但在波浪状或不规则形状山丘中，亦或者有较多圆形较少尖角的不规则建筑中，水的能量更为突出。

How to design Your Lucky house

■ 如果锐气的来源位于住宅西南部，可以在窗台、阳台或者花园中放置一座铁制、铜制或其他金属制成的雕像，这样就能反射周边建筑屋角造成的锐气。

宅中之气

如何化解锐气

如果临近建筑的屋角直指你的住宅，那么你则可能遭遇锐气，尤为不利。这种住房分布会扭曲你以及你的家人体内之气的流通，可能会引起内心焦虑，茫然若失。其后果将非常严重，你可能体质下降，染上疾病，甚至失去生活前进的方向。

锐气可以通过房门轻松进入住宅，也可以穿透厚实的墙壁而进入。而窗户因为不是人或带气之物进出的常用通道，所以锐气不易由它入宅。锐气的来源地也十分重要，因为不同方向的锐气携带着不同的能量。如果锐气来自于东北，那么它的影响将尤其恶劣，因为此方的气"尖刻"、"尖利"，常常在顷刻间改变。为了预防锐气的不良影响，有必要减缓来自东北方向的气的流通。利用五行元素之间的对应关系，尤其是相生相克关系对解决此种问题非常有效。

我们在前面已经看到了，在相生相克关系中，每个五行元素的能量都会被另一种五行元素削减：土克火，金克土，水克金，木克水，火克木。这条法则在我们化解煞气之时是一个很有效的工具。

我们假设，比如，锐气的来源位于住宅的西南方，西南方的五行元素为土，而金克土。所以，化解这一处锐气的方法就是在西南方放置属金的物件，比如一个金盘或银盘。或者，你也可以在花园里放置一尊由铁、铜或其他金属制成的雕像，最好为圆形，用来阻挡、反射锐气，破解霉运。

如果对你来说这些措施都不适用，建议你试试比较通用的风水招数。比如，在你的住宅和锐气来源地之间种植一排茂密的灌木丛或树木，因为植物可以吸收锐气；还可以在家门口放置反射物，将锐气反射出去，比如，镜子、金属板甚至是门上的打磨光滑的金属把手，都可以起到比较好的效果。

水与宅中之气

在家居风水中，水有其特别的重要性。对于丰收它是最为基本要素，对于生命它是不可或缺的部分。海洋是生命进化的摇篮，人体的四分之三的成分为水；而水借助于暴雨和洪水同样也能给世界带来灾难。

人类都有亲水的习惯，水对于我们来说拥有极大的魅力。在风水学中，水象征财富，财富在一个群体中流通就如同水在大自然中流动一样。水会影响到宅中之气，以及其中居住者的气场。这种影响的因素很多，比如水的品质、流动方向以及与你的住宅的相对位置等等。

若想要汲取水之灵气，增强生命活力，水本身必须没有污染，清洁澄澈。

海中的咸水阳性较强，而河、湖、溪流中的淡水则偏属阴性。如果你在海边居住，海水

宅中之气

会赋予你精力与力量；如果你在河湖边居住，你则会感到平静、安宁。

拥有积极气流的水

处于运动状态的水相对处于静止状态的水来说更显阳性。正因如此，瀑布显阳，水池显阴。但是垂直下落得瀑布会使能量沉积下来，而不断喷涌的泉水则将能量不断向上运载。一条河道笔直流量丰富的河流比一条弯弯曲曲流淌着地小溪更能集中阳气，这种作用会使你的宅中之气流通更加迅速，使你感觉到清爽洁净，生机勃勃。

属阴之水会让气的流通更加和缓安宁。储水池或是水库就有这种功效，但也有可能造成气流淤积滞留，如果你能在静水中养殖一些水生植物或动物，气的滞留问题便可得到解决。静水池塘由于水流缓慢，残渣废物的扩散时间相对更长，所以比山林中的湍急溪流更易受到污染。

如果在住宅之外有河流朝向大门而来，那么住宅的生气便会得到提升；相反地，如果有河流背向大门而去，它则会带走住宅的精气，你甚至能感觉到财富总从你指缝间溜走。值得注意的是，流向住宅大门方向的河流，如果水量丰富，有可能会带来类似锐气的锋利气流。

水流方向对人的影响

水对住宅的影响取决于它与住宅中心的相对位置。在你的住宅平面图上放置好八方位图，看看住房周围的水流都是什么流向。如果你发现住房周围的流水不吉利，可以试试利用五行元素之间的联系进行调节。

■**东南——吉利**　东南方向的水流会增强木之能量，能推动沟通交流，激发创造力，促进和谐发展。

■**南——不吉**　南方属火，难以与水和谐共生。这种环境可能使你成为法律诉讼的对象，你会失去良好的名声，或者遭遇疾病。

解决办法：在你的住宅和水流之间种植一些树木以增强木之能量。

■**西南——不吉**　此方的土之能量会削减水之能量。在东方医学中，水之能量与肾脏有关，而肾脏被认为是人体能量的源泉。如果肾脏受到损伤，人就很可能会生病。

解决办法：在西南方和西北方增强金之能量。

■**东——吉利**　东方承载着木之能量，而木需要水的滋养。木与水的结合会让你在生活中工作中动力十足，并会推动你实现自己的梦想。

■**西——不吉**　西方带有金之能量，正好水会消耗这一能量。你可能面临经济困难的窘境，在恋爱婚姻上也不太顺利，难以找到理想的另一半。

解决办法：在西北方向增强金与土之能量。

可在住宅与水流之间用土堆起一座假山，然后在上面放置一块黑色石头。

■**东北——不吉**　这是很不吉利的一个方位，因为土之能量会削减水之能量。东北方的气场的动向非常难以预测，湍急的水流会引发你的不安定感，可能促成改变。

解决方法：增强金之能量，可在住宅与水流之间放置铁质的圆形器物，红色的物件也不错。如果找不到合适的铁质器物，其他金属材质的物品也可以作为替代物。

■**北——不吉**　北方的水没有什么大的特点，比较中性。但这并不是说它就是一个理想的方位，北方的气场比较幽冷，偏于静态，很容易使宅中潮湿，你很可能会因此患病。

解决方法：在你的住宅和水流之间种植高大树木。树根会吸收水分，也就吸收了水之能量。

■**西北——不吉**　西北方向上金的能量容易被水耗竭。你可能会感到自己被生活耍得团团转，不知如何有效地控制它。

解决方法：增强东北方金之能量。可在住宅与水流之间放置镀金器物。

宅中之气

住宅中水的分布

在风水中,水占据着很关键的位置,因为他对于人体来说非常重要。水的出现可以使气场焕然一新,对人体健康或日常生活都非常有益。注重水在住宅中的分布是有必要的,哪怕一个灌满清水的小小瓶罐,也可能给住宅造成良好的影响。一定要使用没有污染的清水,并把水置于东方或西方,在其他的方向上置水会造成不良后果。

使用鱼缸是请水入屋比较常见的一种方法,建议将其置于住宅的东部或东南部。如果要在某一房间放置鱼缸,建议把它放在房间的东部或东南部。

如果房间比较小,没有足够的空间放置鱼缸或者接入水源,有一个非常便捷的方式同样值得考虑:在住宅东部或东南部放置一个装上清水的瓶子。若用这个方法,则需要每天换水,如果可以的话,建议从位于东方或者东南方的水龙头接水,最好是每天早晨从水龙头里最先被接出的新水。

水之能

活水是风水中能量最为强大的几大自然物之一。但是要让活水随时出现在你身边可不是一件容易的事，求其对于天天居住在城里的人来说更是奢求。但也不是没有既简单又经济的解决方法，比如安装水管，引入流水。一个这样的人工水源不仅能激活气的流通，还能平衡家中过于旺盛的阳气。依据八卦我们可以得知，给家中引入水源最合适最吉利的方向为南方。

一般说来，如果某建筑与其周围环境不能相和谐，两者之间存在五行相克关系，水源可以起到调谐的作用，也就是说，水源可以提升此地的风水。由于水源的符号意义是建立在"水=财富"这一类比之上的（水与财富都是流动的、循环的），所以很多公司、贸易中心、银行机构等都采用了这一有效的风水工具。另外，在建筑的入口处设置水源可以给建筑内部提供充满生气的吉利之气。

住宅中一处小小的水源也会有助于平衡空气中离子所带的电荷，使我们感觉到空气更加的清新和洁净，这会很大程度地影响我们的心情。如果你想增强水的离子属性，可以在水中放置一块石英、花岗岩或者云母。

宅中之气

■ 受益于水

　　中国古代智者用五行来划分世界，而水正是五行在自然界中的表象之一。水代表冬季、黑色与北方。

　　水在五行元素中代表交流和思想的传播。相较而言，水柔美自然的外形使音乐、艺术、文学受益匪浅；而对于商业界，水有助于通信、广告、邮政、文字处理、电子工程产业，以及另外与液体或流通相关的产业，比如酿酒或者石油贸易。

　　在五行元素相生关系中，木必须依靠水才能生长；而在五行元素相克关系中，水可灭火。

　　当水位于房屋后部，或者流通过于迅速（比如河道笔直的河流）时，水才会表现出它唯一不利的一面。

How to design Your Lucky house

家中过于杂乱会影响气的流通

学习如何与我们周围的环境进行互动，是风水学中又一关键点。如何使每一个个体的能量与围绕它的气场和谐统一，是这门古老学科的又一重要基石。为了领会这一和谐统一的概念，应注意到我们的宇宙是处于不断变化之中的。其实，一旦各种变化、意外形成泛滥之势，我们周围的不平衡就会经常被引发。道教经义告诉我们，这种外在的紊乱其实是内心不和谐的反映。所以，为了保证在我们的住宅以及工作场所内气能够以可控制的方式流通，驱除杂乱、清除郁结之气、拆除不可再继续使用的的物件等措施非常重要。

首先要清楚"杂乱"是阻碍家中气流顺利流通的主要障碍。举个例子，当住宅门口或门厅处于杂乱状态，气就不容易进入家中，造成室内气流不足。另外，如果气流已进入住宅中，流通时却不停地与乱七八糟的物品相撞，流通速度便会越来越慢，甚至到最后可能会滞留在某个角落里。结果呢？住宅中的居住者会在日常生活中感到混乱、困惑、烦恼。

堆积成山的杂物会使家中气流郁结，限制流通自由，使其中住户身体虚弱。如果想要驱散家中淤积气流，变杂乱为清爽，建议你采取以下措施：

■ 给住宅做一次"深层清洁"。把家里平时不见光的角落都清扫一遍，激活角落里淤积之气。

■ 把你所有的东西做一次大整理，分别放进保管箱、垃圾箱或是暂存箱中。

宅中之气

■那些你很长时间都不会用到，但是你又不想丢弃的东西（纪念品、相册、特殊礼物、信件等等），可以把它们放进保管箱里；对于那些在你的生命不再有价值而又侵占了你宝贵的空间的物品，你应该决绝地丢弃它们；最后，在暂存箱中放入那些你暂时不想丢弃又不知该不该保留的东西，储存时间最长不超过六个月，如果六个月过去了你还没想到要用它，那么你可以扔掉它了。

每当我们面对家里乱糟糟的东西下决心要开始整理的时候，一些让我们感到亲切、与某些特定时刻相关的物品常让我们犯难，对于这些物品的复杂感情让我们很难决绝地丢弃它们。有些物件能让我们回忆起生命中最悲伤最难过的时刻，我们也不忍丢弃，这往往由复杂的感情因素所致。

随着时光流逝，我们慢慢会积累越来越多的能唤起美好回忆的纪念品。但不论如何，越来越多的纪念品会使你与过去之间的联系越来越紧密，会阻碍新事物、新阅历改变你的生活。

丢弃你不喜欢的或者已经没有用了的东西可以给你的住宅腾出更多宝贵的空间，这样，住宅内部才能显得敞亮，新鲜的人和事才能进到家里来。你可以把不想要了的东西送给需要它们的人。

如果我们想得到丰富多彩的生活，首先就应该为这种生活创造它发展的空间。如果所有的抽屉都装满了不用的杂物，气就会郁结，我们就没有更多的空间留给我们真正想要的东西。同样，也不可在家里堆满难以移动的物品，因为这样气很容易滞留。如果家里的家具使气不能顺利流通，则可能导致财运流失、夫妻不和。

How to design Your Lucky house

■搬入旧宅怎样处理旧气

在更换住宅的时候,如果不想"继承"仍遗留在墙体中的前住户的气场,那么就应该做一次彻底清扫。这样,就可以使住宅一切归零,重新开始,用你自己的气场填满宅中。为了达到这一目的,我们建议你做下面这些事。

在地板上撒上海盐 这种方法对于吸收长期滞留在家中的陈旧之气很有效果。晚上睡觉前在地上撒好盐,第二天一早再把盐扫了包起来扔出去,煞气也就一并被赶了出去。

全面清扫新住房 此举可彻底更换宅中之气。清扫应选在一个晴朗干燥的天气进行,以便借助太阳翻新环境。敞开窗户,让新鲜的气进入宅中。深入清洁所有的房间,不留一粒灰尘。

使用铃铛 在宅中的每一个角落或死角上敲击铃铛,声波会激活陈旧之气,吸引新气。如果你没有铃铛,简简单单拍几个巴掌也能行的通。

洒精油 在喷壶里滴几滴精油,加上水,在每个房间里都喷洒一遍,以改变住宅中能量的运动。比较适用的精油有杜松精油、松木精油、桉树精油。

熏香 熏香的烟雾可改变气的浓度。你还可以在家里点几根蜡烛增添阳气,增添火之能量。

宅中之气

■你的生活杂乱无章吗

完成下面这份调查表，你可以了解一下你的生活是有条不紊还是杂乱无章。回答"是"计2分，回答"有时"计1分，回答"否"计0分。

1. 在你的衣橱里至少有十件衣服你已经很久没穿了。
2. 你习惯收集旧杂志、旧报纸。
3. 在你学习或者工作使用的抽屉里装满了文件夹、记录本以及你日常工作中并不使用的物品。
4. 你的电脑硬盘装满了几乎用不上的各种文件或程序。
5. 你保留着多年以前的节目单、电影票或者演唱会门票。
6. 在厨房的壁橱里你还保留着很多容器，而且你并不打算继续使用它们。
7. 在你的浴室里摆满了各式各样的诸如防晒霜、除皱液之类的保养品、化妆品，而且你已经很久没有使用它们了。
8. 你收集旧钥匙，但是不知道它们是开哪里的钥匙。
9. 在你的车子里，驾驶座前方的小抽屉已经被纸、支票和各种老CD填满了。
10. 你的钱包里还保留着各种票据、备忘小纸条、旧纸币或者其他没用的零碎东西。
11. 你保留着一些需要修理的家用电器
12. 你的衣柜抽屉里塞满了你没再穿过的旧袜子，旧内衣。

结论

■**15～24分**：你的生活混乱不堪，你总是在家里的各个地方保留着没用的废旧物品。在你的生活真正地变为一团糟之前赶快丢弃那些杂物，把你周围的环境好好清理一下。

■**10～14分**：住宅的杂乱已经开始影响你的日常生活。你需要在这种杂乱有扩张的趋势之前赶快阻止它。

■**5～9分**：目前你做的不错，但是不能放松警惕，应继续保持环境的基本有序。

■**5分以下**：你的生活非常有序，继续加油。

堆放杂物的地方对宅中之气的影响

一般来说，我们在家里都有固定的堆放杂物的地方，这些地方杂乱无章尤为明显，迫切需要解决措施来释放被束缚的气，使其顺利流通。

大门、门厅对气的影响

根据风水观点，大门和门厅的部分应该尽量宽敞，照明充足，以便气尽可能多地进入家中，从而分布到住宅的各个房间里去。为了达到这一目的，大门门厅部分的宽敞和整齐非常重要。在日常生活中，我们常常在这片区域里堆满了鞋子、包、大衣、盒子，而这些杂物会减缓气的流通。应该保持门厅的整洁，因为这象征着生活中新机遇的到来。

阁楼、杂物间对气的影响

阁楼和杂物间是"等候厅"的一种，在那里我们堆放着所有和过去有关的东西。试想，如果我们总向后看，我们就容易停止不前。所以，应该对此处进行一次彻底的清扫，把记忆中那些陈旧的障碍抛诸脑后，正是它们阻碍了我们对未来的向往。另外，这种房间通常都比小狭小，很封闭阴暗，气在这里容易滞留淤结。

地下室对气的影响

在地下室里我们通常放置不常使用的物品。这片区域象征过去，而且被认为与人的潜意识有关。那些很少使用的废旧杂物代表着你过去没能解决的事情，例如没有完成的目标、悬而未决的问题等等。正因如此，保持地下室整洁

宅中之气

非常重要，只有这样，它才不会对你产生负面影响，使你感觉对自己不满意，或者昏昏沉沉失去了生命的方向。地下室里杂乱无章可能让你的生活充满难以忍受的安静，没有丝毫的生机与活力。

走廊对气的影响

根据风水观点，走廊中汇聚着大量的煞气。为了减缓煞气的流通，建议悬挂一个活动的铃铛或者放置一盆植株较大的盆栽。另外，光线昏暗的走廊是气的滞留之地，所以在走廊中应该有适度照明以保证气流顺畅。

为了使积极之气在走廊中能顺利流通，应撤走走廊中堆积如山的物品，驱除杂乱。

卧室与宅中之气

卧室是一所住宅中最隐秘的部分，在这里，你可以摆脱白天的烦恼。正因如此，卧室应该和其居住者阴阳相和。卧室氛围应以阴为主，即以女性力量为主导（阳气为男性能量，比较活跃）。阴气比较敏感、消极、沉着。

主卧室代表了维持住宅精气稳定的能量，应该和其他房屋一样认真对待，细心照料。

卧室中如果出现不完整的线条、柱子、突兀的尖角、或是排成一列的门，都可能影响到住宅的和谐。这种不和谐可能会损害人的身体和精神健康。

卧室里的气流通非常和缓。所以，如果在卧室里摆放过多的家具、装饰，或者带有繁复花纹的布料，气很容易被阻断，影响住户休息。

我们应该怎样做以提高卧室风水呢？

■不要在衣柜上堆放箱子、盒子或是床上用品，这些物品会阻碍气的流通，造成怠惰和疲倦。

■关于衣柜，首先清理掉里面过多的衣物，然后将剩余衣物叠放整齐，关好柜门。在睡觉前把衣服收拾好，不要把装进框的要洗的衣服放在卧室。要时刻记住，那一堆堆的衣服很容易造成气的滞留。

■不要在床底堆放物品，否则会造成气流不顺，影响到休息和夫妻关系。

当我们处于睡眠状态时，我们对周围的气将非常敏感。所以，为了提高卧室中这种气的品质和总量，应注意以下几条建议：

■用柔软的材料装饰卧室，比如，地毯、挂毯、木地板就是不错的选择。不要使用百叶窗，应该用窗帘来替代。

■不要使用镜子或者其他耀眼的物品，它们会使卧室中的气出现振荡或者与地面相撞。尤其要注意不能使镜子直接面对床。

■注意有没有尖利的、明显的边角直指向床。如果有，可以在它前面摆放一盆枝叶繁茂的植物来削弱这种影响。

■选择床的位置时要注意，选择你躺在床上可以轻易地看见窗户和门的位置，这样凤凰带来的祥瑞之气才能降临到你面前。

儿童房与宅中之气

要让小孩的房间整洁干净貌似是一项不可能完成的任务，玩具、衣服、学习用具、书籍等，东西乱糟糟地散落一地，最终会影响到孩子的行为。虽然我们都明白散乱、没有章法是这些小东西们的天性，但是教他们懂规矩，让他们学会保持自己房间的干净整洁

宅中之气

仍然是很重要的。

若能把儿童游戏房和卧室分开,各用一个房间,当然是很好的,但是现在一般的套间通常没有这个条件。那么,如何让儿童房既实用又让你的宝贝玩得开心呢?给你列出如下一些建议:

■在儿童房中尽量使用天然材料,尤其注意房间里纺织物品(床上用品、窗帘、坐垫、地毯)的用料。不可使用合成纤维,棉质或亚麻面料均可。

■使用实木家具。实木家具非常容易传导气流。

■不要让电气设备离儿童床太近,比如电脑、照明设备、电线、暖气等。孩子对磁场的感应非常灵敏,特别是等他们睡着了,这种感应会更加明显。不要在儿童房里安放电视,但如果已经有了,那么要确保电视没有直冲着孩子的床。

■大人睡觉的床底不适合放东西,那么同样地,不要把玩具或者其他东西堆放在孩子的床底下。可以用木箱把东西装好放在床脚边。

■儿童房的墙面和布料应选取比较柔和的色调。对于好动的孩子,你可以选择紫色、蓝色或者绿色;对于安静的孩子,你可以选择橙色或者粉红色;如果孩子创造力十足,那么黄色调的房间能够激发他的才华。

■不要把破损玩具或是不再使用的衣物堆在儿童房里,孩子的旧书旧课本,可以送给需要它们的人。

■如果你的孩子们使用的是上下铺,建议你尽快给他们各安置一张独立的床,因为睡在下铺的孩子会感到压抑。

How to design Your Lucky house

■你的衣柜风水好吗？

衣柜是卧室最基本的构成部分，卧室内部的气场能否安宁有序，衣柜影响很大。为了使气能够舒缓的流通，保持衣物和床上用品在衣柜里的整齐分布非常重要。

挑剔 整理衣柜时选择出那些你真正需要的，挑剔些，谨慎些。那些你最近两个季节都没有穿过的衣服你很可能不会再穿了，考虑一下你是不是该扔掉它们了。

分区 给长款和短款衣服各分出一片区域，并留出足够的架子和抽屉摆放可以折叠的衣服。

使用盒子 把鞋装进鞋盒里，贴上标签，方便寻找。把衣服分个类，同类衣物放在一起，比如袜子一类、腰带一类。

使用搁板 堆放衣服时不要高过20厘米，否则你每次取用的时候都很容易坍塌，可以多加几层搁板。那些不常使用的可以放在顶层去。

床上用品 被子、毯子、枕头……这些东西占用了衣柜里很大部分空间。建议把它们分开存放，比如用一个藤条箱子装起来放在床脚边。

宅中之气

厨房与宅中之气

从风水学看来，厨房是住宅中非常重要的一个区域。厨房最好是规则形状，并且应该保持其内部的宽敞，保证随时拥有良好的通风和采光。厨房意味着家庭的财富，所以应该将其置于住宅的有利方位，比如代表健康或家庭的方位。

厨房是很容易形成"利箭"的地方之一。比方说，带有很突出的尖角的橱柜或者没有保护措施搁板等等都容易引发煞气，这对住户来说非常不利。

厨房中流通的气应该是积极的、属阳的，而且分布也应该比较平均，避免滞留。为了达到这一目的，应该保持壁橱、搁板、抽屉等的整齐。

为了保证气在住宅中的顺利流通，我们可以从碗柜挂橱、锅碗瓢盆着手。如果厨房里堆满了东西，很容易让人产生疲惫的感觉。我估计你的厨房里一定有不止一件餐具你已经多年没有使用过了，甚至还有不少你早就已经把它遗忘了。应该赶快处理掉这些陈年旧物，他们可能成为气流郁结的角落。

厨房里的瓶瓶罐罐、各种电器，还有大大小小的容器盖子，种类繁多，会减缓气的流通，影响煮饭人的心情。所以这些东西应该各归各位，摆放整齐。

垃圾桶如果得不到按时清理会产生不良之气。不要让垃圾桶内垃圾满溢，应该经常清理，使其保持干净清爽，并且远离视线。如果你把垃圾桶放在比较隐蔽的地方，而且要让餐具总是乱糟糟地摆在厨房里，你的厨房就能让人觉得愉快、安宁了。

■健康灶台

厨房里最不干净的地方就是灶台了，过多的油脂和食物残渣会堵塞炉灶，使火苗变得微弱。从风水学的角度看，火中蕴含的积极之气不应该受到限制，所以需要你经常使用洗涤剂等清理灶台。另外，建议你不要把炉灶和洗碗池或冰箱放得太近，否则能会引发水与火的斗争，扰乱厨房的环境。如果这种情况不可避免，可在两者中间安置木制或金属制品作为屏障。

■ 健康冰箱

为了让厨房有个好的风水,让冰箱里随时都有丰富多样的食物非常重要。过去中国人用米缸装满大米,确保一家人都能有饭吃,不会饿肚子,现在人们只是把米缸换成了冰箱。传统上中国人还习惯在米缸下面放一个包了钱币的红包,据说可以旺财运,红包每年农历春节的第一天都要更换。现如今,很多中国家庭仍然保留了这一习惯。

客厅与宅中之气

客厅是除了卧室外又一个非常重要的部分。所以,客厅是否位于有利方位非常重要,南方或是西方就都比较吉利。此外,为了客厅内部的气流顺畅,房间的形状很关键,最好选择一个没有死角的正规形状房间来作为客厅。另外,也不可以选择阻碍气流流通的家具。

客厅是家庭成员互相见面使用频率很高的一个地方,所以在这里创造一个方便沟通交流的氛围是必不可少的。如果客厅环境杂乱,安放了过多的家具,或者东西摆放乱七八糟,到处都是,可能会使气流停滞,造成人情绪的紧张不安,失去舒适放松的氛围。

客厅由土木两种五行元素主导,由于它活跃积极的属性,可以增强所在的八卦方位的活力。客厅中常使用比较浅的土黄色,比如沙漠黄、棕褐色、粉蜡色、柠檬黄等等,或是蜡笔所呈现的那种明快的淡淡的颜色,这样比较容易使家具、装饰画等与客厅氛围相融合。一般来说,不要把墙涂成纯白或纯黑色,此外,在选择家具和装饰品时可以将五行元素的代表颜色绿、蓝、红、灰白混合搭配使用。搭配时,注意不要过分突出某一物品,而要注重整体的和谐。装饰画、照片、书籍、塑像,旅游纪念品等等各式各样的摆设协调地分布在客厅里,传递着对住户的支持、鼓励和帮助。

宅中之气

■ 客厅由五行元素土木主导，墙面不可使用纯白或纯黑，而应该选择较浅的颜色。

客厅的舒适整齐很重要。其中，家具应该便于住户使用，这样的家具才能激发住户的使用欲，使住户在住房中自由的生活。若使用的家具过大，结果往往适得其反，因为太大的家具会占用很多空间，本想使用柜子使客厅更整洁宽敞，结果客厅空间反而变得狭小了。比方说，在客厅的入口处不适合摆放体积较大的家具，会挡住入口，造成压抑感；客厅里也不应该挤满椅子、桌子、大花瓶等等，让人不得不曲折前进才能到达沙发的位置。要让这片家庭成员共享的区域尽量宽敞。

还有，客厅的照明方式也非常关键。如果

你想给客厅增加点属阳之气，可以使用朝向天花板的壁灯、吊灯等灯具创造客厅良好的照明。对于装饰画、雕塑和植物等，你可以采用聚光灯来凸显它的装饰作用。另外，你还可以选择使用自然的烛光。

沙发是客厅最重要的一大元素，应选择木料框架，天然面料（如棉质或羊毛料）靠背坐垫的沙发。摆放时最好选择靠墙并且可以可以看到整个客厅的位置，并同门窗在同一条线上（一定不要放在客厅中间，或者是背对着门的位置）。沙发的位置会影响你与客人之间的关系，如果摆放得当，会使客人感觉到主人热情好客，促进沟通和交流，但如果摆放不当，即可能造成反效果。

尽量不要在沙发后面储存物品。如果你使用这块地方存放没有使用的装饰画，堆放旧杂志旧报纸，存放装有发票或是旧照片的盒子，则会在这里形成一个令人担忧的滞气隐患，有可能对你产生负面的影响。

为了让我们的客厅整洁有序，下面几个建议值得一看。

■ **书籍**　不要在客厅摆放太多的书。在这里，只放那些对你有特别意义的书。如果你找不到其他合适的地方来存放书籍，那么你可以把它们放在客厅，但需要使用一些照片或者小型雕塑来平衡客厅氛围，不要让书显得太突兀。

■ **照片**　如果你摆放在客厅的照片都是关于不好的回忆，那么可能会激发消极的气，让你停驻在过去无法前行，所以在客厅只可摆放让你感到愉快的照片，至于其他的，把它们收进盒子里或者夹到相册里去吧。

■ **报纸杂志**　在收拾客厅的时候，旧杂志旧报纸常常让我们很头痛，因为它们很容易让

宅中之气

客厅显得杂乱不堪。没有用的报纸杂志我们及时扔掉或者回收，如果你有兴趣收藏它们，可以使用杂志篮，并放进客厅某个不显眼的角落里。

■ **电视及音响设备** 这些电子产品是客厅属阳之气的主要来源之一。依据风水学，类似设备最好远离卧室等休息场所，并且在不使用的时候最好把它们遮盖起来。

■ **杯子和瓶子** 被子和瓶子会增强客厅的属阳之气，建议你在采光较好的玻璃柜子里放置几个杯子或瓶子作为装饰。

■ 你的客厅该朝向哪方

朝北 感到轻松和宁静。

朝南 让人精神振奋，充满激情，善于交际。

朝东 让人充满活力。

朝西 你会感到比较放松，生活愉快。

朝东北 让人干劲十足，竞争欲强烈。

朝西北 这一方向有助于恋爱及婚姻。

朝东南 有利于沟通和交流。

朝西南 有利于建立持久的友谊、爱情等，还能促进家庭和睦。

How to design Your Lucky house 129

浴室与宅中之气

浴室对宅中之气的影响也很关键，所以，不要把浴室放在代表财富和事业的位置上。如果把马桶、淋浴喷头、浴缸等卫生洁具安装在方位图中代表积极因素的区域里，当你在这里洗澡或者给马桶冲水时，好运很容易就被冲走了。

浴室被属阴之气主导，所以这里很容易引起气的滞留。因此，在浴室里不可摆放过多的家具，搁板上、架子上也一定要保持整洁。检查一下你放在柜子里的各种洗浴用品或者化妆品，你肯定能发现有不少防晒霜美白液已经有很久没用过了。浴室应该是一个安静又令人愉快的地方，它是一片用以洁净我们身体和心灵的绿洲。如果浴室之气混沌芜杂，我们将会感到沮丧失意，脾气也随之变得暴躁。同样地，检查一下你的药箱或是放药的抽屉，扔掉已经失效的药，因为药物和疾病之间有很密切的联系。

洗浴用具和药品都收好了，现在来说说浴巾。松松软软的浴巾搭在显眼的位置上，可以给浴室增添一股质量极好的阴气。浴巾可以搭在玻璃架子上，或者你会喜欢放进玻璃柜子里，另外，藤编篮筐也是一个不错的地方。

在浴室不要使用减缓气流通的物品，比如挂毯、窗帘、厚地毯等等，他们可能造成气流郁结和环境潮湿。与其他房间相同，浴室里也不可以堆放过多的东西。

最后，在浴室里放置几株枝繁叶茂的健康绿色植物，这样可以激活浴室内的气。浴室如果有窗户，每天都应开窗通风换气。

宅中之气

书房与宅中之气

保持书房整洁是一项复杂的工作，书、文件、办公用品等等铺满了办公桌，各种各样的杂物填满了原本不大的抽屉。但不管怎样，保持这片区域宽敞、自然光充足、氛围安静十分重要，只有这样，在此工作的人才能获得灵感。如果你的书房地板上总是囤积了各式各样的盒子、便条或者文件夹，整个房间显得特别脏乱，这里的气就很容易滞留，你的创造力也将难以发挥出来。建议你清理掉抽屉里无关紧要的物品，那些没用的文件、发票、草稿（上面可能写着你永远不会完成的计划），该扔的就扔了。应该尽量避免书房中的滞气集中，因为书房中的滞气会阻碍你制定新计划的能力。为了激活书房之气，建议你在此放置镜子、玻璃制品、植物、鱼缸等等，尤其要注意增强照明。书房中流通的气应该属阳且能量强大，这样可帮助人确立积极的态度。

How to design Your Lucky house

房间风水

房间风水

在你对住宅进行装修布置之前，仔细想想一下你在每个房间里都进行些什么活动。为了让每个房间都拥有好的风水，阴阳、五行、八方等风水常识是必须要考虑的。首先，要知道如何把这些概念应用到你的每个房间上。人在住宅中的每一种活动都得益于特定的某种能量，所以最理想的房间布局就是把进行某种活动的房间与促进该活动顺利进行的能量对应方位联系起来。

当然，我们理想中的完美布局不是那么容易就能得到的。如果你的住房已经建成，或者你住的地方只是暂时租用的，想要做房屋改动的话，限制就更多了。但是，有了风水的帮助，你可以把有益的气引导至你想要它去的地方。也正因如此，当你给每一个房间确定用途，利用吉利之气的时候，风水为你充分考虑自己的需要提供了可能。

How to design Your Lucky house

做好规划

首先,列出你每天要在住房中进行的一切活动,包括煮饭、用餐、沐浴、睡觉、工作、听音乐、看电视等等。然后,看看哪些活动适宜在属阳环境中进行,哪些又适合属阴的环境,把它们从上至下由阳到阴誊写下来。其次,依据你个人的需求安排各个房间。我们会在某个特别的时刻感到有一种本能推动我们向住宅的某个方向走去,比如某一天你工作压力特别大,阳气过旺,你就会有到住宅靠北的部分休息的需求,因为这里是阴气最重的角落;或者某一天长时间的学习以后你需要休息一下,你就会不自觉地走向阳气较重的房间寻求刺激,这一点常常让我们感到匪夷所思。

把房间挨个巡视一遍,你

■ 你的房间位置吉利吗

风水学告诉我们,房间的形状最好是规则的,比如正方形或者长方形,因为不规则房间通常都有"死角",在死角区域气不能顺利流通,容易滞留。

有些房间,我们在其中活动的时间相对会比较多,比如主卧室和客厅,这些地方的位置能拥有一个好的风水非常重要,通常来说,它们应该位于对个人比较有利的方位。

房间风水

就能更好地了解住宅中的气场。我们不仅仅要看每个房间相对住宅中心的位置，还要注意每个房间内部其实也有某一区域比较特别。当某一房间的功能不止一项时（如餐厅、厨房同房间，或者餐厅、客厅同房间的情况）这一点非常有用。你可以根据对应的活动决定每块空间该如何利用，并在其中摆放合适的家具和装饰品。

房间的阴阳

一般来说，你的住宅东南方、南方或西南方朝阳，并且这三方属性显阳；而西北方、北方和东北方则是背阴面。太阳升起的东方体现了大自然的活力，所以东方属阳；太阳下山的西方则属阴，比较消极。北方关联着夜晚和冬季，最显

■ 你的日常活动

■ 提示：由上至下属性由阳到阴。

阳

运动
工作
外出聚会
下厨
做手工
打扫卫生
修理
弹琴
学习
绘画
请客
洗澡
阅读
听音乐
看电视
休息
思考
睡觉

阴

阴性，若按着顺时针方向向南推移，阳气就越来越重，北、东北、东、东南，最后，到阳性凸显的南方；然后继续按顺时针推移，阴气又逐渐替代阳气，南、西南、西、西北，最后又重新回到属阴的北方。虽然南北分别是这个循环的两级，但两者都不是完全属阴或属阳，它们都隐含着与其自身属性相对的阴阳属性能量。

房间的安排

下面就要根据在每个房间里进行的活动由阳至阴安排房间了。也许这些活动与每个房间的特点多多少少有些共通之处，比如说，卧室是用来睡觉或是过夫妻生活的，客厅是用来听歌或者接待客人用的。当然，所有这一切最终都取决于你的生活方式和房间的个数。

现在，把每个房间放在与其效用相对应的位置上，应偏阳性的房间放在属阳的位置，应偏阴性的房间安排在属阴的位置上。要考虑到从窗户进入房间的光照总量，若有直射阳光进入属阳的房间，其阳性便会增强。有的时候，在实际操作中你可能不得不依据实际情况做些调整。比如，有些住宅

■ **房间阴阳属性**

提示：由上至下属性由阳到阴。

阳 →
书房/办公间
客厅
厨房
办公间
盥洗间
厨房
浴室
卧室
储藏间
 ← 阴

房间风水

的浴室、厨房和盥洗间共用一套管道系统，在房间的安排上就有一些局限了。

结合五行元素做房间布局

与阴阳相同，五行的能量与太阳在天空中的位置变动也密切相关。水、木、火、金、木也同八个方位相联系。五行中的每一元素都可增强某些物体的某些特性，但同时也可给另一些物体造成损伤。

记下在八方位图中各个房间的位置以及这个方位主导元素的种类。依据后面的图表，你可以了解到这个方位的主导元素是否有利于在这个房间进行的活动，然后就能够确定各个房间的用途了。原则上，你应该在气流吉利的房间度过你大部分的时间。

举个例子，假设你希望在事业上取得进步，那么，位于东方、东南方的的木之能量对你来说是最有用的。如果你通常在家工作，你应该把办公间放在东方或东南方，这样才能汲取木气；如果你在外工作，那么就把卧室放在这个方向上，这样你就可以在睡觉的同时吸收木之能量了。

■ 如果你希望事业有成，并且你的工作是在家中进行，那么你应该把办公间放在东方或东南方向。

How to design **Your Lucky house**

■ 房间阴阳

由阴至阳 →

阴至阳由 →

1. 北：卧室、客厅
2. 东北：储藏间
3. 东：浴室、书房
4. 东南：厨房、盥洗间
5. 南：客厅
6. 西南：工作室
7. 西：厨房
8. 西北：卧室

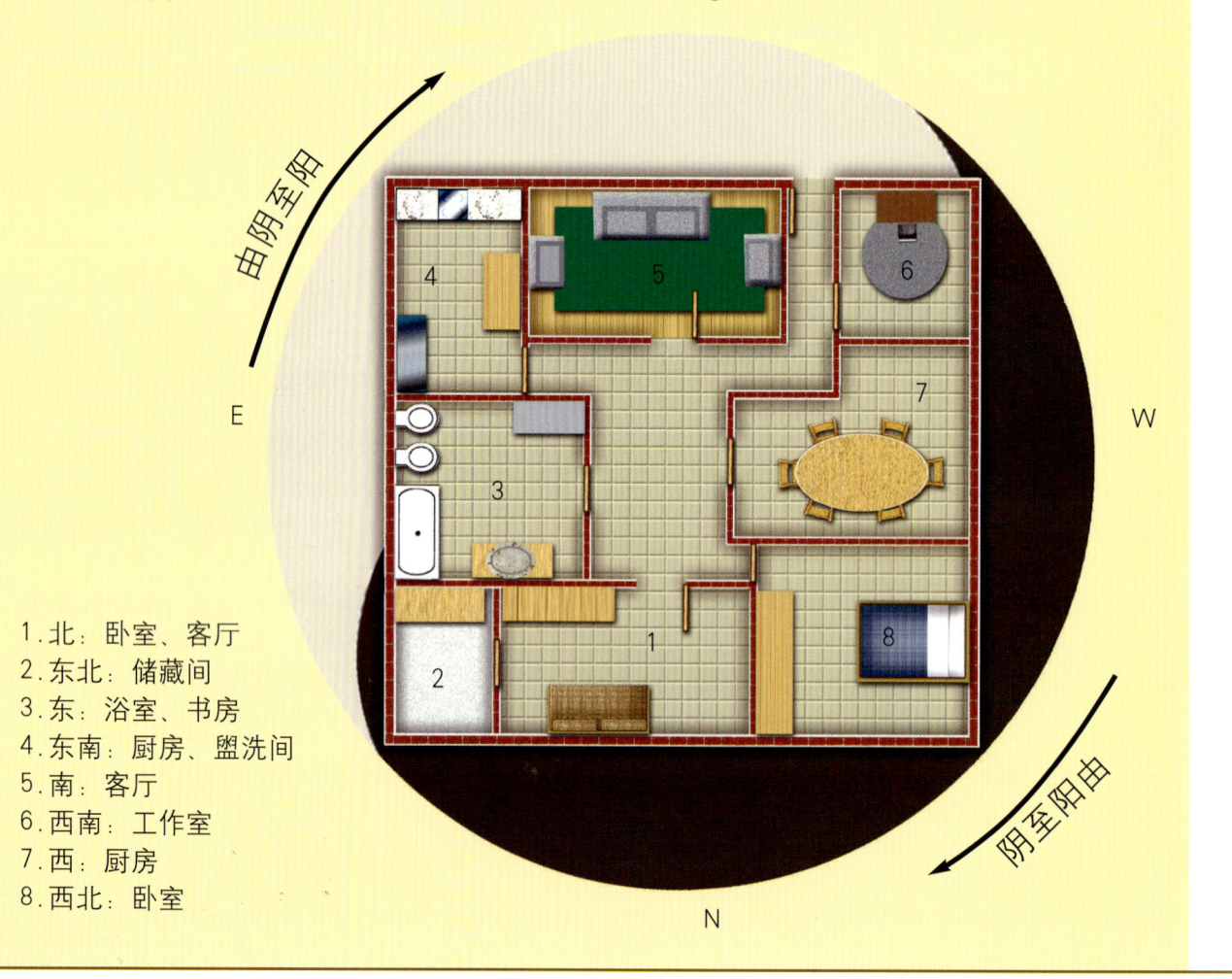

房间风水

水火相谐

在安排各个房间时,很重要的一点是要确保水与火在布局上能够达到和谐。在"干净"的厨房和浴室,水与火能和谐共存非常关键,这样它们的有利作用才能在整个住宅起到良好效果。木之能量能对水之能量起到补充完善作用,而木所在的方位为东和东南,所以,这两个方向是浴室的合适方向;而火在东方和东南方与木相和谐,在东北和西南与土相和谐,所以,东方和东南方是厨房的合适方位,因为在这两个方位上水和火都出现了。如果你的房屋已经定型,但房间的位置并不理想,你可以借助五行元素来化解煞气。

■宅中五行

水（北）	木（东/东南）
有利于	**有利于**
内在发展、宁静、灵性、梦想、性生活、独立、理性思考、亲昵、孕育	新计划、职场生活、行动迅速开始、活力、野心、工作、精力集中、创造
对以下情况有效	**对以下情况有效**
年长者、缓解压力和失眠症状、病后康复、健康状况不佳、性生活障碍	年轻人、职务提升、缺乏信心和理想、寻找机会、意志力丧失
不利于	**不利于**
活力、表达、生意、激情、恋爱婚姻	身心放松、耐心、稳定、安全、满足、平静
存在的风险	**存在的风险**
过度沉默、隔绝感、孤独	野心过大、工作狂热、难以放松、过度活动

火（南）	木（东/东南）	木（东/东南）
有利于	**有利于**	**有利于**
激情、聚会、表现力、声望、心理刺激、社交性、新想法、自发性	有序进步、稳定、亲昵、安全、家庭和睦、营养、孕育行事谨慎、系统思考	预见、收入、领导力、组织力、判断、计划总结
对以下情况有效	**对以下情况有效**	**对以下情况有效**
成年人、孤独人群、感到被生活忽视的人、隔绝感、羞怯、灵感匮乏	中年人、年轻父母、家庭不和、冲动、轻率鲁莽	即将步入老年的人、组织力不佳、无力完成工作、控制力、纪律性欠缺、不能制定计划
不利于	**不利于**	**不利于**
放松、集中精力、理性思考细节观察力、平稳的关系、情绪稳定	迅速决定、敏锐、雄心大志、自发性、新的生意、新的事业	活力、表现力、主动性、创造力、新计划
存在的风险	**存在的风险**	**存在的风险**
压力、争吵、分居	吝啬、无聊、停滞不前	缺乏社交、内向、自我克制

房间风水

运用八方常识指导房间布局

"八方"是对阴阳观念和五行观念的延伸，因为它把各种能量更细致地划分为八个种类，并且提出了"中心也具有其独有的特点"、"应该保持中心部位的宽敞整洁"等概念。

用八方位图在你的住宅平面图上标记出每个房间的的方位，然后判定每个房间的主导气场。你可以选择把每个房间放在有利于其中活动进行的方位上，也可以选择你希望增强的某各方面的所在方位，确保其中的气是有利的，然后尽量在这个房间中度过你的大部分时间。

举个例子，假如你时常感到内心孤单寂寞，那么拿出你的住宅平面图，检查检查问题是不是出在房间分布上。可能你的卧室位于住宅北部，而北方之气则意味着隔绝、寂寞。住宅东南方是比较好的卧室分布方位，因为这一方的气场意味着沟通、交流和结交朋友的能力，你在这个屋子待的时间越长，你越会感觉到身心愉快。

良好地运用以上知识，你可以提升你以及你的家庭生活质量。请仔细阅读后面几页的表格，你可以发现你的问题症结所在。东北方和南方是很容易引发问题的方位，因为它与活力和不安的情绪相联系，不要经常处于这两个方位上。如果可以的话，把你的卧室移到西方去，这个方向的主导气场比较闲适，容易满足。

■ 如果你的卧室在住宅的北部，你将会有孤独和隔离的感觉。如果条件允许，请将卧室移向东南。

■ 住宅各个方位房间的利弊

方位	有助于	存在的风险
北	迅速适应环境、随机应变、独立创造力、灵性、内在提升	孤独寂寞、杞人忧天、缺乏安全感、事业不顺、对他人态度冷漠
东北	动力、生活目标、工作期望、继承、竞争力	生活忙碌、嫉妒、自私、失眠，常做恶梦、易怒
东	细节观察力、实践意识、快速行动、自信、提升活力、梦想实现、雄心大志	野心膨胀、同时进行过多工作、不能完成计划工作、工作狂、缺乏耐性、精神紧张、精力枯竭、疏忽
东南	创造力、人际关系和谐、沟通交流、游历机会增加	固执、不能听取他人批评、缺少休息、感到疲惫

房间风水

方位	有助于	存在的风险
南	激情、社会认可、社交生活、易吸引他人关注	生活压力大、心情多变、分居争吵
西南	家庭和睦、做事更加有条理、孕育、节约、亲密友谊	工作不积极、依赖他人、过度谨慎
西	收入、恋爱婚姻、享受生活、满足感	过度消费、缺少动力、过度享乐
西北	领导特质、取得他人尊重和信任、组织能力、责任感、智慧	频繁说教、专横霸道、控制欲旺盛、自负

客厅

客厅是家庭生活的中心。在客厅里，你接待客人、组织聚会、或者庆祝机会的来临；结束了一天忙碌的工作，你会在那里放松放松，看看书，看看电视或是听听音乐。

客厅通常是住宅中面积最大的一个区域，如果你的客厅太小，那么试试重组一下空间，把客厅的范围向周边房间延伸来扩大客厅面积。相对于在若干小的房间内，气更容易在一个大的房间里流通。

可以安装镜子来扩大空间感。在客厅中，最重要的元素是沙发和扶手椅，它们的位置决定了整个客厅的氛围。

在总面积较小的住宅中，客厅和餐厅通常共用一个空间，很明显，这样的布局比较实用。有些时候，甚至连厨房也和这两块区域连成一体了。这种布局最主要的弊端就是你必须时刻保持厨房的干净整洁，否则，很容易产生消极的影响。

有利方位

充足的日光会让客厅充满生机与活力，在这里，你可以尽情地享受家人的陪伴。日光会激活气场，推动气在各个房间内的流通。住宅东南方、南方、西南方和西方都是客厅分布的理想方位。东南方意味着杰出、光辉和生机勃勃，南方有助于社会生活，西南方有利于营造亲切舒适的家庭氛围，而西方通常是接待客人，营造愉悦氛围的最佳方向。东南方，由木之能量主导，意味着精气、活力，是客厅的最佳分布方位之一。客厅的家具和装饰物要尽量使客厅环境宽敞，让人觉得舒适轻松。试着让客厅成为推动家庭成员沟通交流、创造和睦环境的媒介，在舒适和造成气流郁结的风险之间寻找到平衡点。

房间风水

■ 客厅的理想方位是东南、南、西南和西。

How to design **Your Lucky house**

■客厅基本要素

墙面 和垂直于地面的光线一样，墙面上的垂线也能增加木气，创造空间的延伸感。

地面 木地板可增强木之能量并保持气在房间内的和谐流通。一张平整的纯羊毛地毯会增强舒适感，但也有产生滞气的风险。其他编织地毯也有与纯毛地毯相同的属性。

扶手椅和沙发 扶手椅和沙发的位置应该促进家庭沟通、推动家庭和谐。背朝西北面朝东南或者背朝西方面朝东方是比较理想的沙发及扶手椅的放置方法。圆形软料的沙发或扶手椅属性偏阴，让人容易放松下来，而且这种形状和材质也有助于避免锐气的形成。

照明 落地灯以及光线与地面垂直的光源会增强木气，提升客厅环境的活力。

植物 在电视周围摆放植物可以化解电视对人体的不良影响。在面积较小的客厅里，放置几盆叶子为圆形的茂密植物比较适宜。

电视 电子设备对气的影响是负面的。应尽量使电视远离沙发或扶手椅，并确保看电视的人坐在有利的位置上。

窗户 气在客厅中应该和缓地流通，而窗帘正好能起到减缓其流通的作用。不推荐使用太厚重的窗帘，因为容易引起气的滞留。

装饰画 画中的意象应展现出愉快、高兴、幸福等情感（比如日出），给人在心理上带来积极影响。

其他 可以利用其他物件（比如坐垫）的颜色使宅中气场和谐完美。

房间风水

How to design **Your Lucky house**

需要注意规避的因素

■**带刺植物** 植物的刺或者针叶植物的叶子都可能造成锐气。

■**杂乱** 不要使客厅杂乱无章而造成气的滞留，不要在客厅内摆放过多的装饰品。记住，客厅中心应该相对宽敞空旷。

■**拉上窗帘** 拉上窗帘易使室内之气郁滞，应把窗帘完全拉开，保持一整天房间里都能进入阳光。

■**家具过多** 有了空间，气才能顺利流通。尽量减少住宅里的家具，简单就好。

■**尖角** 如果尖角很明显，那么就容易引发锐气。可以用布把它们遮盖起来，或者在它的前面摆放一盆茂密的植物。

选择装饰品

如果你把客厅安排在了东南方，那么接下来该给它选择拥有合适颜色和样式的装饰品了。哪些元素才能增强这个客厅吉利之气的流通呢？其一，深绿色。深绿色与这个方位相和谐，它幽暗显阴的色调能帮助你放松身心，而且也能让你感觉到客厅空间的宽敞。如果想减缓气的流通，放置一些紫色物品即可；如果想加速气的流通，放置乳白或者磨砂白的物品。除了深绿色，蓝色与这个方位也是和谐的，可以随便使用其中之一，或者

■ 把窗帘完全敞开，保持房间里一整天都有充足的阳光。

房间风水

把两者结合起来使用。还可以利用垂直设计来增强属木之气，比如绿色或暗黄色的线条。

装饰其他方位

■南方 南方之气性热，是聚会交友的理想方位，但也有可能正因为它的炽热，每当夜幕降临之时，你却感到难以放松自己。火应该一直保持燃烧，但注意不可过旺，要适当进行控制，浅紫浅黄的物品具有"降火"效果，而星形或Z字形的几何设计会增强气场能量。

■西南 亲昵的氛围主导西南方向，使之成为营造客厅安静、惬意环境的理想选择。建议保持气的顺利流通，可以适当的为了集会和社交活动给客厅增加一些活力因素。黄色、棕色与这个方向相和谐。可以在墙纸或窗帘上

■ 装饰品

用来装饰的每个物品都应该有助于吸引气流，并引导气流正确流通。这样，它们才有化解凶煞的积极作用。闪耀明亮的物品容易将气引进屋来，然后把气转移到在它附近工作的人身上，比如，插有鲜花的玻璃花瓶、台灯、明丽的装饰画、植物、转铃、镜子、鱼缸等等。把类似物品放在阴暗角落还有防止气流郁结的作用。

还有一些装饰品可以防止气流运行太快而成为消极之气，比如下列物品就有此作用：大型植物、后门外挂的铃铛、窗帘或屏风。

How to design Your Lucky house 149

挂一些紫色物件。

■**西方** 西方蕴含的愉悦欢欣有利于在客厅里进行的一切活动。最好是把这种自然趋势保持住。可放置一些带白色或灰色调的玫瑰色、锈红色物品。圆形的设计会增强对应于西方的金气，可以使用色彩比较柔和的圆形坐垫，或者在墙上挂一些金银制圆盘。

不利方向化煞办法

北方和东北方是客厅分布的最不利方位，东方和西北方相对较好，但仍不理想，因为东北方过于刺激，而西北方过于肃穆。关于这些缺点，我们可以利用颜色和装饰物进行化解。

■**北方** 运用鲜红、石榴红或者放置属金物品能增强此地之气。

■**东北方** 为了缓和东北方向的不安状态，可利用深红色或者挂毯、地毯等属阴的覆盖物。

■**西北方** 西北方向的气流过于肃穆，黄色和棕色可激发此处气流的活力。可适当增加土之能量，或者放置一些软金属，比如铜和黄铜。

■**东方** 可用浅绿色装饰，给东方气场增添一种阴性色彩。

房间风水

坐的学问

一般说来，客厅里通常会有几人同时活动，所以沙发或扶手椅的摆放位置是否有利于增进交流是很重要的。如果摆放的位置不正确，可能会使环境极为不舒适。

如果你坐着的沙发背面靠墙，而且正面朝向的方位有你需要汲取的能量，那么这种沙发摆放方式则对你特别有利。比如，假如北方被你来说是有利方位，那么你应该选择坐南朝北的位置。这条法则不仅适用于整套住宅，而且还适用于每个房间个体，当你面对一个有利方向而坐，你将获得很强大的能量。如果你在一个位于住宅西部的房间西侧向西而坐，那么你将获得西边最吉利之气。

首先，把沙发或扶手椅围成规则形状，比如圆圈、正方形或者八边形。如果有需要，可以添加一些植物、桌子或者其他小型家具使之形成规则形状。不要让沙发或扶手椅背冲门窗，同样也不要面对大门，因为这些位置缺乏保护，易受攻击。如果可以的话，最好背靠墙壁。

还须确保你的家人或客人不会暴露在锐气之下。一定不能让沙发或扶手椅面对墙角，或是面对有明显尖角的家具，比如茶几或柜子。不可摆放针叶植物，可以在锐气源头和沙发之间摆放一些茂密植物。

你坐的位置可能影响到你的心情和你与他人的关系，你坐的时间越久，这种影响就越大。你坐时正面究竟朝向哪方影响很大，远远超过沙发与房间中心位置关系的影响。在决定朝向时，先考虑清楚你要实现的目标或者你要解决的问题，然后利用P153的表格决定出你的有利方位。

摆放沙发或扶手椅时，使其围成一个规则的形状。

How to design **Your Lucky house** 151

■ 坐哪里更有利

坐南朝北 南方五行元素为火,充满火之能量。而北方联系着安宁,会让你感到更加舒适、宁静。

坐北朝南 北方之气是宁静闲适的,朝南的方位将鼓励你广泛社交,使你富于进取心。如果你想要邀请朋友,成为朋友圈子的中心,或者你想要寻找灵感,寻找新的创意,那么你适合坐在这个方位上。

坐东朝西 东方之气非常活跃,动力十足,而朝向西面有利于恋爱和婚姻。这个位置有助于每天工作结束后的身心放松,能感觉到自己与他人的亲近。

坐西朝东 西方有助于恋爱婚姻,而朝向东方容易使人变得活跃积极,野心十足。这个方位能帮助你实践自己的想法。

坐东南朝西北 东南方向对沟通极为有利,而西北方向则意味着责任和照料家庭。

坐西北朝东南 此处是领导之位,会使人处于强大的气场之中。朝向东南有助于进步、交流和创造。如果你想与他人拥有一次良好的交流,这是适合你的位置。

坐东北朝西南 东北能增强动力,提高主动性。西南方向联系着谨慎、做事条理和实践意识。这个方位益于脚踏实地的工作,同时还有利于夫妻关系和家庭和睦。

坐西南朝东北 位于西南方向的气对营造和睦的家庭氛围非常有利,而东北则有助于激发动力以及明确未来方向。如果你正在给自己的生活寻找新的方向,那么坐在这里吧。

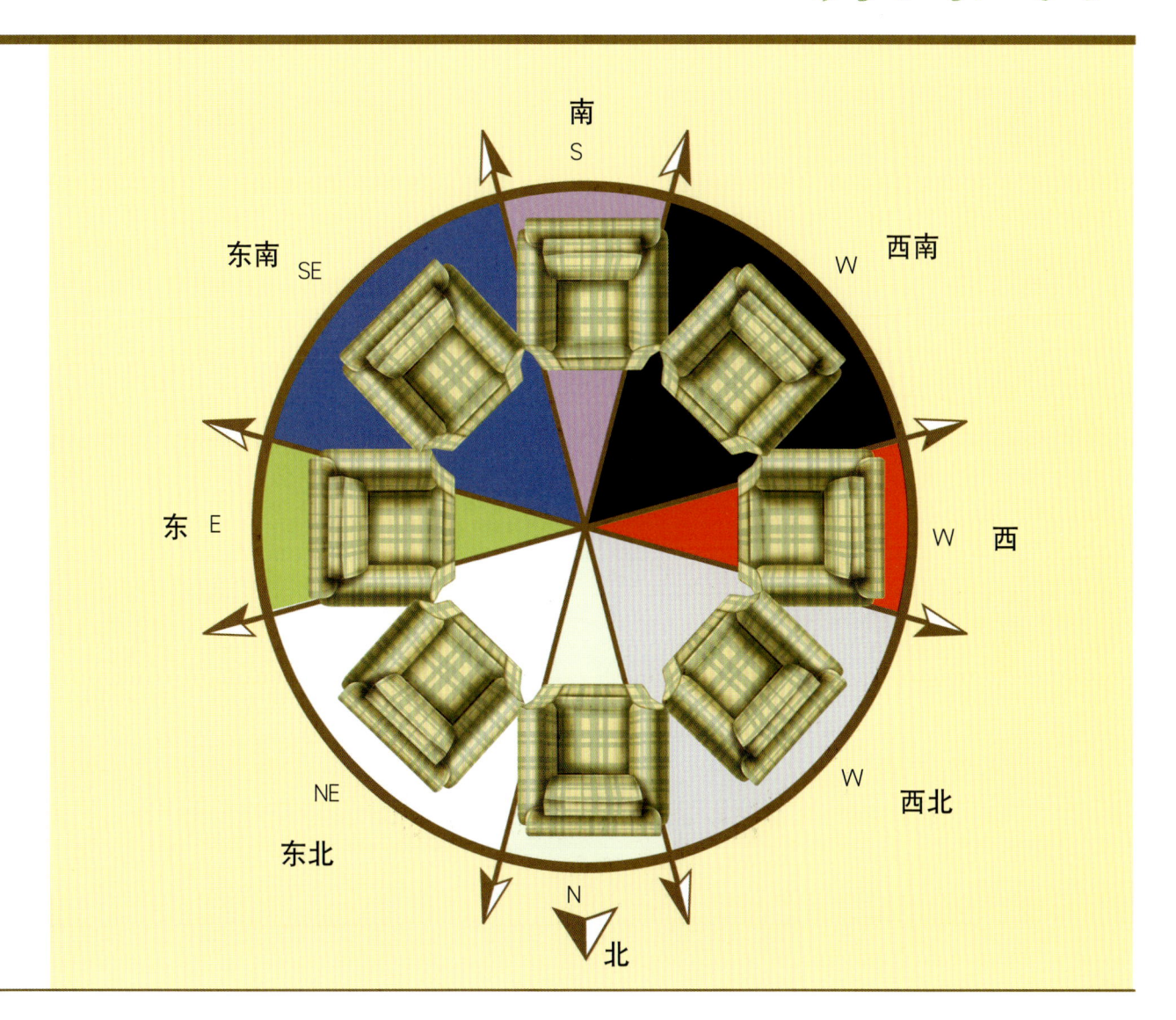

房间风水

How to design **Your Lucky house**

沙发、扶手椅与其位置

沙发与扶手椅的位置可能对家庭关系产生有利或不利的影响。比如，你在南方安放了沙发，然后又在它对面的北方位置摆放了两把椅子，南北之气的碰撞冲突很容易引起家庭关系紧张甚至争吵。根据不同的需要，你可以采取下面几种比较合宜的摆放方式。

■**家庭聚会**　先将沙发摆在坐西北朝东南的位置，然后在东北–西南方向摆两把相对的椅子，最后在东南方面向东北方向放置第三把椅子，这样的环形特别有利于家庭和谐。

■**商务聚会**　在东西方向安置两个相对的沙发，然后在北边摆放一把椅子，朝向南边。这种令人精力充沛的布局方式非常适宜于商务聚会。

■**谈话交流**　陷在东西方向安置两个相对的沙发，然后在西北方向放置一把椅子，朝向东南。由于椅子平衡了沙发之间的气，这种布局方式非常和谐，有益于愉快的交流和社交聚会。

房间风水

餐厅

不管你的住宅有多小，都应该尽力腾出一块特定的区域，让大家能坐在一起，共同用餐。

住宅的东方、东南方、西方和西北方都是餐厅布局的理想方位。东方，是太阳升起的地方，气场令人感到振奋，在这里吃早餐是最好的选择；东南有助于交流，而西方是享受浪漫、结交朋友的理想方位；西方还特别有益于享用晚餐，太阳西沉让住宅的这个方位充满能量。另外，西北方比较合适于正式用餐。

不要在东北方向用餐，因为这个方向上的气变化莫测，不能让住户舒适、闲散地用餐。

餐厅一定要时时保持干净，这样气场才能有利于良好的消化和和睦的关系。

餐厅内，家具的表面应该易于清理。木料不会加速气的流通，是比较理想的材料。一定要注意不要让家具的角直指你的客人，否则容易引起客人消化不良。

餐厅内的照明应该富于变化。有时候微弱的灯光可营造用餐时的浪漫氛围，但更多的情况下明亮的灯光更加实用，明暗调节开关让你拥有多种选择。蜡烛会增加火之能量，还可帮助创造热烈的气氛。

相对窗帘，更推荐你使用布制百叶窗，因为它能防止气流在房间内郁结。

餐厅里使用原木地板更易于清理，而且对气有调和作用。建议不要使用地毯。

给餐厅里选择装饰画时，

How to design **Your Lucky house**

餐厅物品的色彩

先确定餐厅相对客厅在什么位置上，然后利用物品的颜色和样式设计来维持其中的吉利之气。若有需要，还可以增加某些色调来削弱或增强气场，以达到你心中的要求。如果你常常在白天使用餐厅，那么餐厅适合使用明丽的色彩；而如果你通常使用餐厅享用晚餐，那么暗色调更加适合。

若餐厅在东方，鲜绿或草绿会激发出令人振奋的气；而若餐厅在东南，气场十分宁静，应使用深绿色调或蓝色调。在墙上用油彩或水墨随意地着上几笔颜色也会起到增强气场的作用。

深桃红色和锈红色都是西方的合宜颜色，特别适合在用晚餐的餐厅里使用。为了和缓气场，可以使用海绵或抹布来给墙刷这两种颜色

画中意象是否令人愉快是个重要标准，令人愉快的意象会让你进餐时身心放松。比如，让人垂涎的食物、风景、愉快场景等都比较合适。

在墙上或柜子上挂一面镜子用以映照食物，这样可以增强食物的气。

房间风水

的漆，并且把餐厅中的木制家具刷成暗黄色。白色或灰色的墙面更能表达西北方向的庄严肃穆，配以红色或银色调的装饰品，铺上亚麻桌布，很适合这种正式的餐厅氛围。

餐桌

餐桌的形状会很大程度地影响餐厅内气的流通，由此就会影响到用餐的氛围。这种影响取决于多种因素，其中之一就是餐桌形状的阴阳属性。

圆形或椭圆形餐桌的形状特点使餐桌椅摆放在方位上的可能性更多了，因此，吃饭的人能和谐的坐下用餐。正方形或长方形的餐桌把椅子局限在了四个方向上，如果你的餐桌较长，每个方向上都坐了不止一个人，想要能够舒适的一边用餐一边谈心就比较困难了。

餐桌表面应该易于清理。天然木材非常耐用,容易保养。

浅色木料均属阴性，比较适合家庭使用，比如松木、榆木。坚硬光滑的深色木料属阳性，比较适合正式场合使用，比如橡木、桃花心木或柚木等。大理石、玻璃以及其他坚硬桌面会加速桌面周围气的流通。

为了完善餐厅的气流，你还可以利用桌布、餐具以及其他的厨房用具，它们也会影响到餐桌附近的气场。有一些细节的东西，比如餐布的颜色，器具的形状，或者摆放某种植物都可能丰富整个房间的氛围。

在接下来几页中你会了解到应该如何装饰餐桌以及如何摆放餐桌椅。

How to design **Your Lucky house**

■属阴餐桌

容器 木制、石制或陶瓷容器属阴。

桌布 不艳不暗的颜色和天然纤维的材质都属阴。而且布料本身就能减缓气流。

刀叉或木筷 木筷或木柄的刀叉会营造轻松阴性的氛围。

杯垫 软木杯垫、藤编杯垫、竹制杯垫或灯心草杯垫都可减缓气的流通。

餐布 绿色是植物的颜色，他幽暗的色调可促进交流。

食物 含水的新鲜食物也属阴，比如沙拉、水果等。

房间风水

■属阳餐桌

餐具和酒杯 锃亮的金属餐具和玻璃杯会激活餐桌周围的气,营造令人振奋的属阳氛围。

椅子 耀眼的金属家具性质属阳,能使气的流通更具活力。一个红色或橙色(两种颜色均属阳)的坐垫会加强这种作用。

食物 谷粒面包比普通的面粉制成的面包更属阳性。鲑鱼是阳性鱼类,熏制鲑鱼阳性更强。

餐布 同红烛一个颜色的红色餐布也能增强餐桌的活力。

桌面 若桌面采用坚硬明亮的材料(如铜),气流速度会得到提升。正方形结构紧凑,属阳性。

How to design Your Lucky house

■如何给用餐者选择合适的座位

如果用餐的人按照一定的规则就坐，餐厅的和谐氛围便会得到提升。如果你的桌子不是圆形而是正方形或长方形，又想要受益于积极的气场，可以把一部分人安排在桌脚就坐。

坐南朝北 南方会激发出我们心底的热情，使我们表达欲强烈。这个方位与家庭里年龄居中的女儿或中年妇女相关联。北方代表着谨慎。

坐北朝南 北方代表着沉默、静止，但是南方却充满了快乐和生机。这是适合于中男或者中年男子的方位。

坐东朝西 这个方位适合于充满活力、雄心勃勃的年轻男性。传统上这是长子的位子。

坐西朝东 这个方位风趣、活泼、放浪不羁的能量可增强浪漫和愉悦感。这一方联系着小女儿，对年轻女孩十分合宜。面朝东方有利于工作，增强自信。

坐东南朝西北 这个方位能促进交流，所以，如果你想听某人说话，那么把他安排在这个位置上。传统上，这个方位联系着长女，有益于年轻女性。西北方代表着尊敬和庄重。

坐西北朝东南 传统上，这个方位适合父亲。西北方与领导力相连，而朝向东南有利于关系和睦和沟通交流的顺畅。

坐东北朝西南 东北方向可激发人的首创精神，一家之中的小儿子在这个方位会感到格外舒适。这个方位对其他人不是很有利，如果你想把它当成一个固定座位，让其他人天天坐在这里的话，甚至可能会对他产生负面影响。

坐西南朝东北 传统上这个方位联系着母亲，可以促进家庭和睦。朝向东北使人振奋，利于工作。

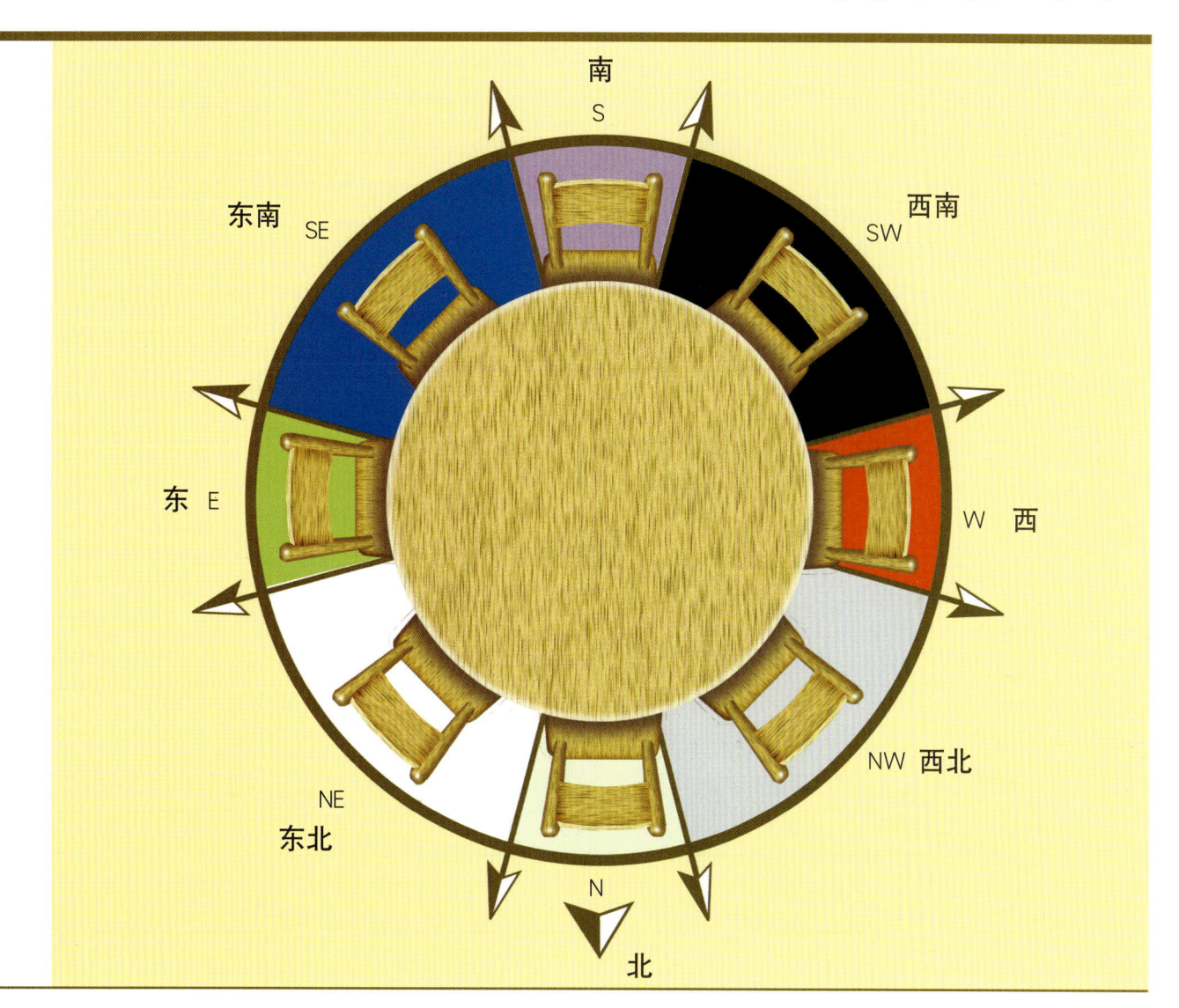

房间风水

南 S
东南 SE
西南 SW
东 E
西 W
NE 东北
N 北
NW 西北

How to design **Your Lucky house**　161

卧室

我们每天都要在床上度过六到九个小时。卧室的方位和内部装饰，以及床的朝向给我们提供了一个与自然气场相和谐的绝好机会，并且这还会惠及我们生活的其他方面。

睡觉是我们保持身体健康的基本条件之一，因此卧室环境一定要吉利。另外，每天我们一觉醒来，应该感到卧室内清爽宜人，充满活力，这样我们才能神清气爽地开始新的一天。

卧室还在爱情关系上扮演很重要的角色，因为人们在这里开展私密活动，过夫妻生活。

有利方位

床的朝向不佳，不仅会造成睡眠不佳、性生活不协调等问题，还可能影响你的其他日常生活。如果你的住宅内有好几间卧室，应该选择最安静的那一间。另外，卧室应该在早晨能接受阳光照射，因为阳光可以在早上强化室内气场。

成年人或年长者的卧室应该分布在相对住宅中心的北方、西方或西北方向。西北方是父母最理想的卧室方位，因为这个方向关联着成熟、责任、他人的尊重和规划生活的能力。北方的气非常温和、安适、宁静，如果你不易入眠，这个方位比较适合你。但是，人在睡觉时不宜头部直指正北方向，因为这样此人的生活将过于平淡。西方对恋爱婚姻非常有利，容易感到愉悦满足。如果你的性生活变成了例行公事，有点平淡无味，可以把卧室搬到北方或西方，使双方都能再次从性生活中得到满足。

应该规避的要素

■**属阳材料**　玻璃、金属、大理石以及其他坚硬的材质会加速气的流通，容易影响人的休息。

■**明显的尖角**　考虑到人在卧室中活动的时间如此之长，卧室中万万不可存在锐气，不可放针叶植物。

■**镜子**　在睡梦中，卧室里的镜子会将你散发出来的气返还给你，这样容易让你沉溺在过去的情感中无法自拔。

■**浴室**　配有浴室的卧房套间可能会驱散其他健康吉利之气，使卧室充满潮气，令人感到沉重忧伤。平时应把浴室门关起来。

房间风水

■ 放松之地

不管其他房间的气场是否与其主人的九宫数相协调,卧室必须遵循这一原则。因为我们生活的很大一部分时间都要在这里度过。保证这里不会出现凶煞征兆十分重要。

卧室里最好不要摆放能加速气流通的物件。镜子最好只挂一面,并且不可正对着睡觉的人。床的位置对于一个人的休息和事业成败也很关键。

How to design Your Lucky house

■卧室的基本元素

植物 圆叶植物给人以宁静的感觉。可以将其放置于西方或西北方以增强属金之力。

柜子 柜子应该宽敞，便于你保管所有的衣物和其他有用物件。如果柜子占用了整个一面墙壁，或是处于角落位置，则有助于化解锐气。

照明 微弱的灯光属阴，有助于睡眠和夫妻生活。若放几支蜡烛作为装饰，能给卧室增添很自然的浪漫气氛，如果把蜡烛放在东北面，将会增强土之能量。

家具 家具的边缘应该圆滑。如果家具的边比较尖利，不要让其直指着床。

地面 偏阴的软质地板会减缓气的流通，可营造轻松闲适的氛围。

床 木床对气不会产生多大影响。床头的作用是保护头部，避免其受到锐气的伤害。

床上用品 应尽量使用棉质、亚麻布或丝质的床单被套，它们会在你身边生成和谐的气流。

窗户 窗帘若一直垂到地面，会在夜间减缓气的流通，有利于人的休息及睡眠。睡觉时，窗帘应该拉好关严。

墙 浅色的墙壁属阴，有益于休息。

装饰画 装饰画的画框最好不要是玻璃的，如用玻璃，不反光的玻璃较好，这样卧室才不易受到阳气影响。

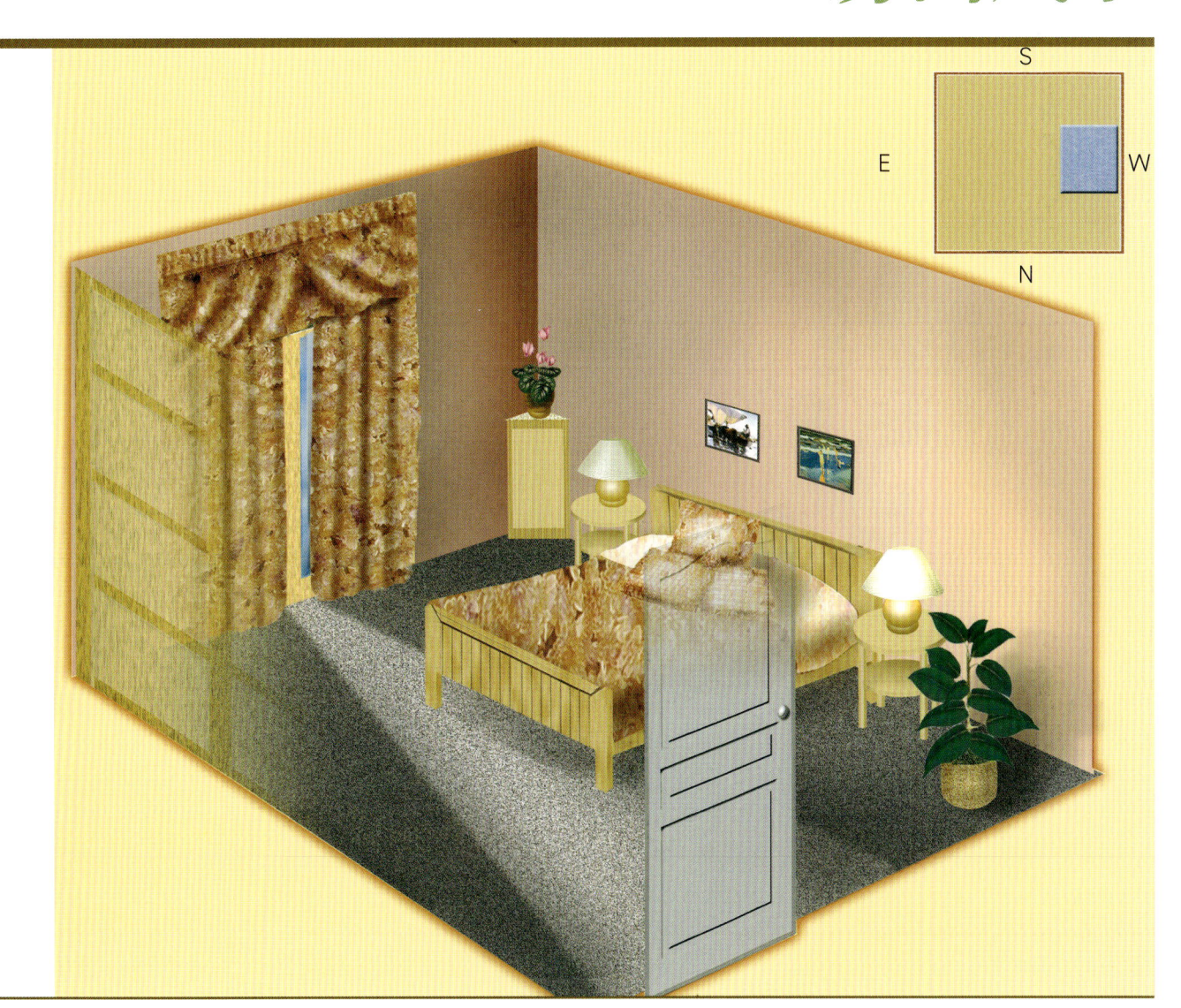

房间风水

How to design **Your Lucky house** 165

卧室装饰色彩

如果卧室位于西方，应该增强属金之气，金气对这类卧室很有益处。还可在此类房间内使用粉红色、白色或者灰色等颜色，并用一些红、银或金色进行修饰。颜色越红，卧室氛围越浪漫。比较柔和显阴的色调会增强卧室宁静之感。如果你睡眠不佳，建议你给墙壁上漆时使用海绵或湿抹布以获得一些不规则的色彩。

如何装饰其他方向的卧室

■**北方** 北方之气以宁静平和为特征。这个方向让人心神得到安宁并能促人自省，适合年长者和常常失眠的人，对年轻人没有多大益处。根据你的情况，如果你仅仅只想让北方之气保持已有状态，在颜色上你可以使用暗黄色或是磨砂白；如果你想增强此地气场，可使用粉红色或艳红色。

■**西北** 西北的气场意味着严肃、认真和责任。也许对年轻人来说有点过于阴郁了。为了强化此处气场，你可以使用灰色、白色或粉红色。正方形的形状设计可增强土之力量，土可增强此地金气，尤其当这种正方形物件颜色为黄、棕或黑时效果更为显著。

■**东和东南** 东方和东南方是更适合年轻人的两个方向。属阴的绿色或蓝色调，还有不规则的形状设计有助于在睡觉时使卧室的气场静谧安宁。

不利方向化煞办法

南方和东北方是最不适合卧室分布的两个方向。南方火

房间风水

气过于旺盛炽烈，让人在休息时不得安宁；而东北方气场变幻莫测，不易掌控。西南方同样也很不吉利，因为它惯于静止的气场容易使人动作迟缓，激发懒惰心理。所以，使气的流通和缓稳定非常重要。

■**东北** 要和缓东北方向气的流通，你可以使用暗黄色或锈红色，不要使用鲜艳的红色或粉红色。还可在这里放置一些有曲线设计的物品，它们属阴，风格和缓，可增强金之力量。不要使用圆形设计的物品，因为圆形属阳。

■**南方** 建议你使用属阴的紫色，或者黄色和黑色（地球的颜色）来平缓这个方向过剩的激情。

地毯、窗帘、挂毯这些布艺品和其他的柔软织物也能营造卧室的安谧氛围。另外，还可

以借助方形物件、载有低矮旋花属植物的生黏土盆,或是泥土烧制的塑像给卧室增添土气。

■**西南方** 西南之气常处于静止状态,可使用亮黄色或带有紫色调的棕色来刺激此处气场。

床

对于大多数人来说,床仅仅是一个睡觉的地方。但是,一张朝向吉利的床会给我们的生活增添新的能量。

木料是最适宜做床的材料,它和金属不同,它不会改变所在地的磁场,对气场的影响也并不显著。

床下的空间应该空着,不可堆放杂物,这样才能确保气不会在你睡觉的时候滞留在床下。

如果床底下不得不堆放物品,那么你要定期把东西取出清理床底。

风水学告诉我们,一个人在不

房间风水

利方位待久了，受其不吉之气影响，容易精神紊乱，体质虚弱。为了利用吉利的气场，获得宁静的睡眠和充沛的精力，应该尽量让床头朝向你的个人吉利方位（根据九宫数获得）。床应该和卧室门保持在对角线方向上，各位于对角线的一端，这样，人在床上就能看见门，并且不直接暴露在气流的冲口上。还有一点，床上切忌有房梁。如果这种情况不能避免，那么让床的长边与梁保持平行，不要让梁和宽平行。如果因为面积问题房梁不得不与宽平行，那么一定要保证睡觉时头部上方没有房梁。

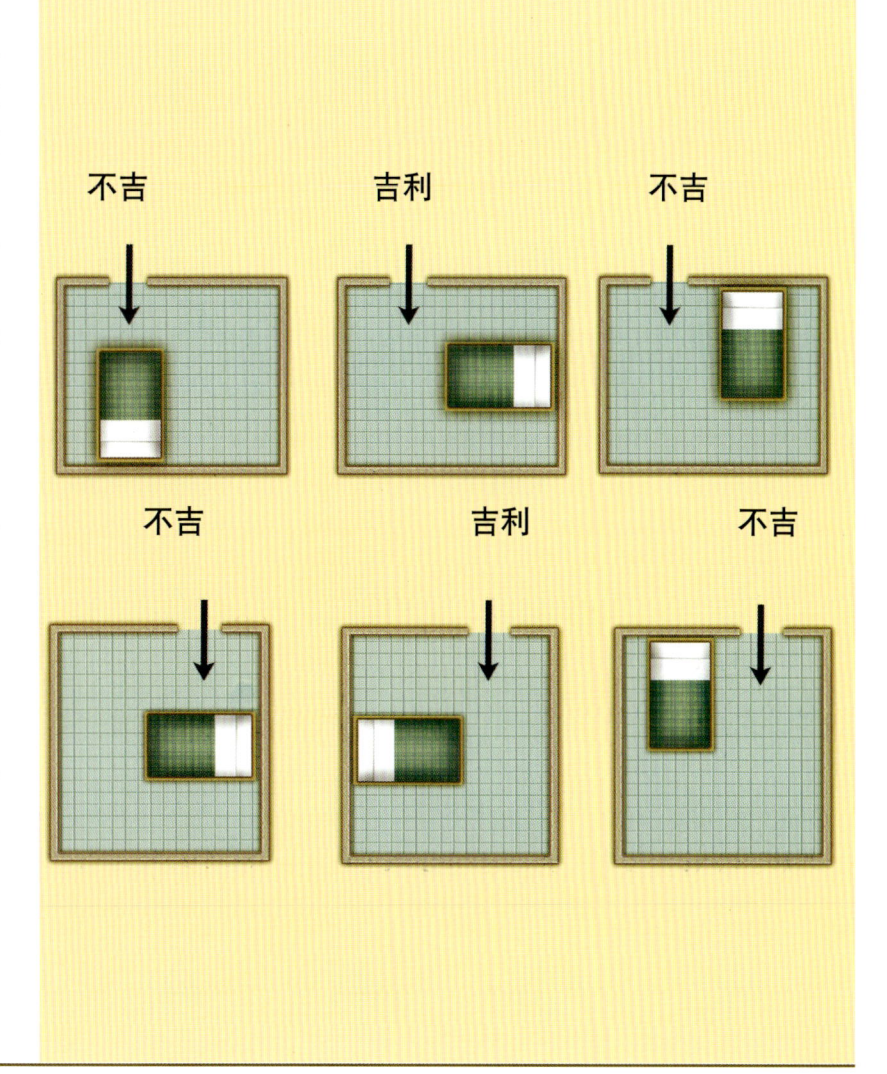

不吉　　　吉利　　　不吉

不吉　　　吉利　　　不吉

How to design Your Lucky house

■床的朝向

卧室的位置比较固定，不易更改，但是床很灵活，我们很容易就能改变它的朝向。你睡觉的姿势不仅会影响你的睡眠，同样会作用于你的日常生活。为了在睡觉时使头部朝向吉利的方向，要尽量使床和穿越住宅中心的某一轴线处于同一直线上。

N	头部朝向北方	北部的安宁能有效避免失眠，但也有可能使生活的其他方面过于平静。
NE	头部朝向东北	东北方向气流锋利，使人过于精力充沛，不易入眠。在这个方向上你很可能感到紧张，噩梦连连。
E	头部朝向东方	这个方向很适合年轻人，有利于升职、野心、实现梦想。如果你希望长高，增加活力，那么这个方位也比较理想。
SE	头部朝向东南	如果你朝向这个方位睡觉，你的创造力会得到提升，与他人交流自己的想法也会变得容易。东南方向同样能刺激生长，增加活力，但这种效果不如东方明显。

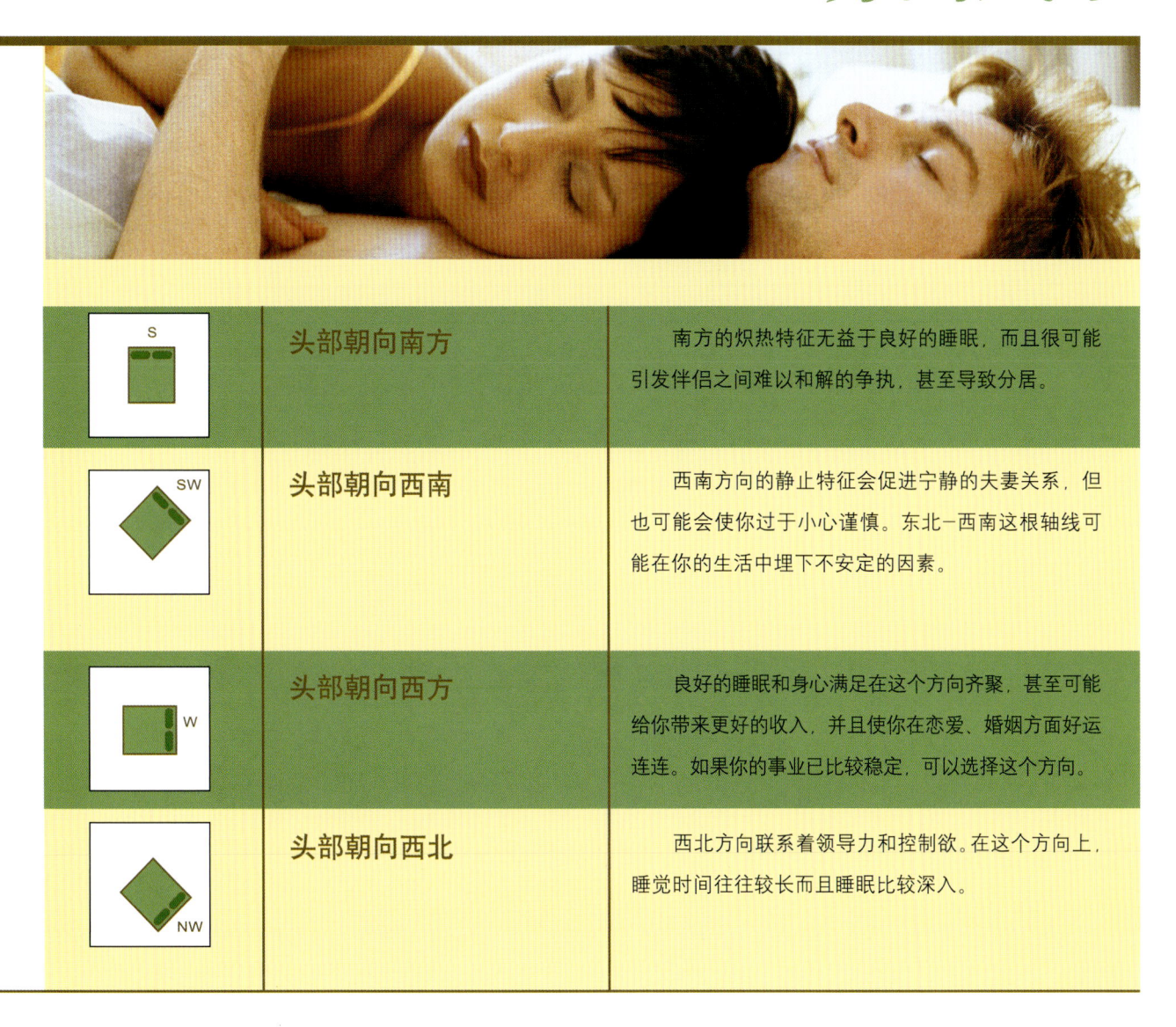

房间风水

S	头部朝向南方	南方的炽热特征无益于良好的睡眠，而且很可能引发伴侣之间难以和解的争执，甚至导致分居。
SW	头部朝向西南	西南方向的静止特征会促进宁静的夫妻关系，但也可能会使你过于小心谨慎。东北－西南这根轴线可能在你的生活中埋下不安定的因素。
W	头部朝向西方	良好的睡眠和身心满足在这个方向齐聚，甚至可能给你带来更好的收入，并且使你在恋爱、婚姻方面好运连连。如果你的事业已比较稳定，可以选择这个方向。
NW	头部朝向西北	西北方向联系着领导力和控制欲。在这个方向上，睡觉时间往往较长而且睡眠比较深入。

How to design **Your Lucky house**

儿童房

在大多数住宅中,儿童房不仅是孩子的卧室,还是供孩子玩耍的地方,如何同时兼顾这两种需要对我们是一个挑战。一方面,我们希望孩子能在这里获得良好的睡眠;但是另一方面,孩子正处于成长阶段,几乎一直处于不知疲倦的活动中,他们需要充分的刺激,所以儿童房同时也应该保证拥有充足的气流。

如果几个孩子共同使用一个房间,那么这里可能成为他们争吵打架的地方。把孩子们的床朝向同一个方向,他们之间的关系就会更加和谐。如果某段时间你和某个孩子的关系紧张,那么把你的床和他的床放在同一直线上,你们之间出现的问题就能得到缓解。

儿童房应该与早晨的气场联系起来,东南方和东方是最有益的方向。但是西方同样也比较有利,因为这里接收黄昏时的太阳能量,这个方位对好动的孩子尤其有帮助。

东方的气非常活跃,象征着未来。新的一天由东方开始,你的孩子也开始了新的生活。但也可能造成睡眠问题,因为这个方位的气过于旺盛。

东南方比较宁静,是小憩的理想之地。这个方位气流比较平稳、温和,可以给孩子的成长营造和谐的环境。东南方向的特征和东方有很多相似,但是它的效果更为平稳柔和。不要给房间引入过多外来元素使气流郁结,保持这个方向的自然状态就足够了。建议使用较深的绿色或蓝色,在设计上可多采用直线。

西方虽然不包含上述的优点,但它联联着游戏娱乐。适量地使用一些蓝色、绿色和黄色可创造和谐环境。平整的墙面和没有图案的毯子属阳,当房间里玩具散乱时,它们可以起到驱散杂乱之气的作用。西方平静,益于休息,能让那些精力过剩的好动的孩子安静地在这个方向上坐下来。如果孩子们又打架了,互不理睬,这个方位也能促成他们重归于好。这里适合使用属阳的红色和粉红色或者一点点的黄色,在形状上可采用方形。

房间风水

■ 儿童房白天应该是孩子们愉快玩耍的场所,晚上应该能让孩子们拥有良好舒适的睡眠。

How to design **Your Lucky house** 173

■儿童房基本要素

箱子 儿童房内应该有足够的箱子使房间内部保持整洁宽敞。箱子应放在孩子们够得着的地方，这样他们可以自己收拾玩具。

家具 凳子和圆桌能避免产生锐气，明亮的颜色能使人神清气爽。

地面 原木地板易于清扫，并有增强木气、避免气流停滞的作用。

照明 光线朝上照向天花板的壁灯能增强木气，台灯也比较适宜放在儿童房中。要注意不要让各种电线缠绕一地。

床 松软的被子和枕头让床变成了一个亲切、令人愉悦的地方。蓝色和西方的气相和谐。如果你的孩子有睡眠问题，将他的床头朝向北方。

窗户 布制百叶窗夜间能减缓气在窗边的流通，但又不致造成气流停滞。

墙面 浅浅的蓝色传递着和谐与宁静，几颗小星星能增添火之能量。

转转铃 轻轻摆动的转转铃能够刺激小孩的感官，还可起到放松身心的作用。可以在房间西方挂一个属阳的金属制转转铃，并将其染上原色。浅色的布制转转铃性质偏阴，能使人安静。

玩具 木头是制作玩具的理想材料，它结实耐用，而且触摸时给人以温和、愉悦的感受。

装饰画 以布料为底的装饰画可减缓气流，而又具有不反射的优点。可以给孩子选择一些符合他们喜好的积极向上的装饰画。

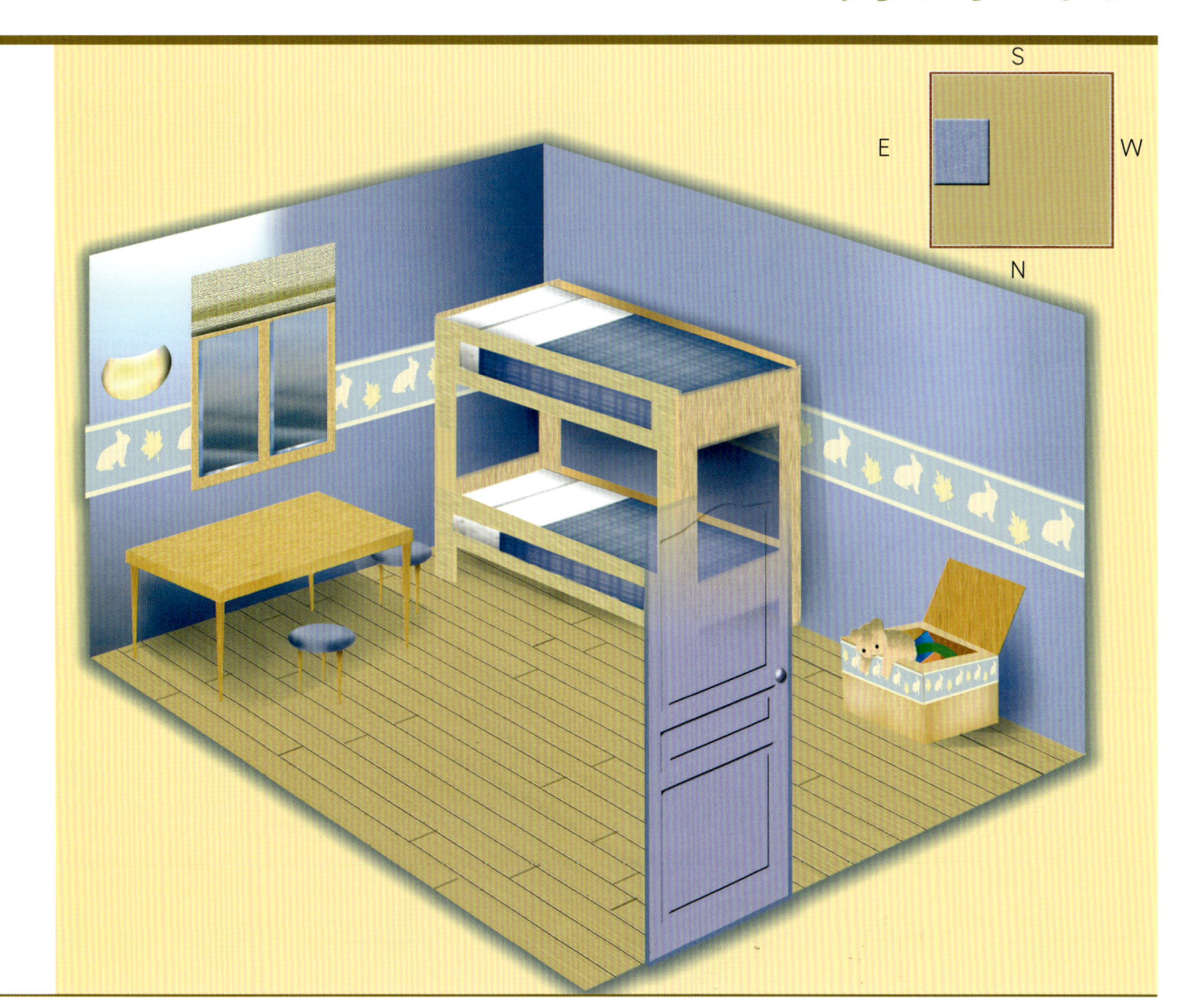

房间风水

How to design Your Lucky house

不利方位化煞方法

如果你把孩子的床朝向东北方、南方、西南方或西北方，可能会引发某些问题。同样，把儿童房安置在这些方向上也是不吉利的。在不得已的情况下，可采取相应的措施改善不良布局。

■**北方** 北方之气过于宁静，可放置属金之物增强此地的阳气。艳红色、金属的儿童转转铃或铃铛都是不错的选择。

■**东北** 土气和金气都可以和缓东北方向的不平稳气流。建议在颜色上使用锈红色和淡黄色，在材料上多使用布料或是其他的属阴面料。

■**南方** 同东北方向一样，属阴的土气有助于缓和南方的凛冽之气。颜色上淡黄色为宜，还可在床底放置一个装满煤炭的陶土罐。

■**西南方** 西南方的气比较宁静，属阳的火、金能量可加速此处气的流通。颜色方面建议使用紫色、红色或粉红色，设计上多运用圆形。

房间风水

■**西北** 西北方气场庄严肃穆，可增添属水元素进行化解。

应注意避免的情况

■**床头靠窗** 床头应该远离窗户，否则影响睡眠质量。

■**房门敞开** 夜间应该把孩子房间的门关好，并且拉上窗帘。这样可减慢气的流通，孩子能很快入睡。

■**家具过于沉重** 大型豪华家具不受孩子欢迎，会让他们感觉自己是被关在房间里的小囚犯。

■**电子设备** 为了减少不必要的辐射，孩子的房间里不要安置电视或电脑。

厨房

厨房的气场会不仅影响我们每天摄入的食物，还会影响其制作过程。所以，住宅中，厨房的位置也很重要。

有利方位

适宜厨房布局的方位有东方和东南方。这两个方向都能激发灵感，创造快乐，并且同成长、活力和发展密切相关。

厨房的对应元素是木，木与水火皆能相容。这种元素的结合使气在厨房中流通，并将厨房中的和谐氛围延伸至住宅的其他部分。

如果你的厨房和吃早餐的餐厅使用的是同一个房间，那么将其安排在东方和东南方就更为有利。因为朝阳会使这片区域充满活力。

洁净、干燥、采光充分的厨房会对你要烹饪的食物产生积极影响，注意下面这些要素：

- **植物**　在洗碗池和灶台之间放置一株健康的阔叶植物，使水火之气相容。
- **照明**　自然光是最理想的。可以适当使用灯光弥补自然光的不足，照亮阴暗角落，防止气流淤积。
- **地面**　还是建议使用木地板，木地板性温热，实用，易于清理。软木地板属性偏阴。
- **柜子**　为了气流不致郁结，并且不会对食物的烹制产生危害，厨房要时刻保持宽敞。应该把所有的厨房用具和电气设备收拾整齐，保持操作台清爽干净。
- **鲜花和水果**　盛放水果或其他新鲜食品的容器会增强厨房中的健康气流。鲜花也有这种功效。
- **家具**　在木制台面上准备食物是比较理想的。不锈钢或瓷砖可使气场偏阳，但如果你长时间待在厨房，这种材质可能会给你造成困扰。PVC板砖或合成板都容易阻塞气的流通。

房间风水

■ 厨房风水

没有科技领先的新一代电子设备，没有意大利风格的豪华家具，理想的厨房仅仅需要明亮的光照以吸引气流，滋养食物。规则的形状、宽敞的空间、清爽的空气、洁净的环境，能促进气流和缓流通，避免滞留。

厨房万不可处于住宅内不吉的方位，因为厨房中存在"火"（炉灶）的危险和"金"（刀具）的隐患。

灶台和洗碗池不可位于厨房的同一侧，因为元素水火不能相容。

在厨房中，木、水、火三种元素并存，这种和谐会延伸到住宅的其他区域。

■**新鲜空气**　为了给厨房换换空气，并防止潮湿郁结，厨房应该每天开窗通风。通风时最好直接使用自然风，尽量不要使用抽风机，它会阻碍气的流通。

■**管道**　一定要保证厨房管道的良好运行，排水要通畅。

装饰色彩和造型

为了加强东方和东南方的吉利之气，可以将厨房粉刷成暗黄色或磨砂白色，再在东方增添一些鲜绿色，在东南方增添一些蓝色或深绿色。

不规则的形状设计有利于气的流通。蓝色调的水状装饰品同样也适用于厨房，因为水之能量能增强木之能量。

厨房用具

风水认为，炉灶意味着造就生命，因为我们在炉灶上烹制的食物能恢复我们的身体机能。所以，炉灶组成了厨房里最重要的用具，应该在空间允许的状况下，尽可能地扩大炉灶占用的空间范围。

建议使用自然火供热的炉灶。最好是烧天然气，木头或煤也可以利用。建议不要使用电炉，电炉会产生磁场，容易对食物的气产生负

房间风水

面影响，进而危害人体健康。同样的，也尽量不要使用微波炉。

住宅正中间是适合厨房的布局之一。从住房中间，煮饭的人每每做饭的时候都可以看见其他房间以及门窗。当然，房主也可以在众多有利方位中挑出对他最有利的某一个。如果你做饭时面对着其他房间，孤独感便会减少，因为你在做饭的同时可以和自己的家人或朋友交流。

灶具和洗碗池

灶具和洗碗池分别代表火和水。

厨房是个充满活力的地方，灶具和洗碗池分布不佳，可能会破坏其中的和谐。只要空间允许，两者就不应该安装在厨房同侧。要让火远离水，还应注意灶具不可靠近冰箱、洗碗机、洗衣机等等。厨房的布置应该尽量做到能使水火相容。

如果厨房装置位于不吉的方位，而且位置固定，不可更改，那么你可以借助于五行元素来进行化解。

How to design **Your Lucky house**

■厨具和洗碗池的布局

方位	影响	解决办法
北方 不吉	北方之气过于宁静，不利于强健身体，增加活力。	增加金之能量，比如，使用不锈钢、平底锅以及其他的金属制品。另外，形状上可考虑圆形，颜色上可考虑红色、白色或银白色。
东北 不吉	东北方位于不稳定轴线上，可能会使煮饭的人感到混乱，让厨房变成一个难以控制的区域。	为了平稳气流，可在厨房西南方和东北方的角落里放置装满海盐的瓷碗。
东方 吉利	在这个方向上，水火之气与东方特有的木之能量和谐共生。洗碗池和灶具可以在这个充满活力的位置并存，并有效避免气流因环境潮湿而滞留。	
东南 吉利	同东方一样，木气在这里也能和水火之气和谐共存。这里的气场可能没有东方那么活跃，但同样能避免气流郁结。	

房间风水

方位	影响	解决办法
南方 不吉	南方自身的火气不益于厨房。火之能量如此集中在一个房间中甚至会提高火灾风险。	增加土之能量，可摆放一土制花盆，其中装满煤炭或其他的土质物品。颜色上建议使用黄色、黑色。
西南 不吉	西南方位于不稳定轴线上。同位于不稳定轴线上的东北方一样，它可能会使煮饭的人感到混乱，让厨房变成一个难以控制的区域。	为了平稳气流，可在厨房西南方和东北方的角落里放置装满海盐的瓷碗。
西方 不吉	洗碗池的水会消耗这个方向上的金气，而金气又与灶具产生的火气相抵触。	在厨房周围增加土气（装满煤炭的土制花盆），在洗碗池附近增加金气（装有白色鲜花的金属花瓶）。
西北 不吉	洗碗池的水会消耗这个方向上的金气，而金气又与灶具产生的火气相抵触。	在厨房周围增加土气（装满煤炭的土制花盆），在洗碗池附近增加金气（装有白色鲜花的金属花瓶）。

How to design Your Lucky house

浴室

水是浴室里的基本要素。和其他房间一样，如果浴室水气过盛，可能会引发潮湿，气流变得沉重，最终滞留。如果浴室在房间内部靠中间的位置，气流淤积的风险将尤其大，这种浴室没有窗户，几乎接收不到新鲜空气和自然光。

我们常常把坐便器也安置在浴室内，其实它是很多问题的源头，因为排水管道中水的运动影响尤其不吉。

有利方位

风水学提醒我们，在选择水的方位时应由其小心，如果方位不佳，很可能危害整个气场。马桶的排水管道、淋浴喷头和洗手池都会削弱整个住宅的气。以下情况不管其朝向如何，都是很不利的浴室布局：朝向大门，位于楼梯、厨房或餐厅附近。

东南方和东方是最为理想的浴室方位，因为这两个方向五行属木，而水能增强木气。这两个方向同样还是住房中光照较多的区域，如果有足够的窗户透光，太阳能使房间环境干燥。干燥的环境、充足的光照能有效避免气的滞留。

浴室尤其不宜位于西北方，建议不要将其纳入考虑范围。

浴室装饰

装点浴室时，首先要考虑的是保持浴室内干爽、通风以及良好的光照，避免气在浴室内滞留。

■**家具** 浴室内尽可能地少放家具，只安置一些必要的柜子、架子等。如果家具过多，只会使环境更加潮湿，可能更容易引起气的滞留。

■**窗户** 金属百叶窗有利于采光，同时能够保护隐私。

房间风水

■ 浴室应置于东南方和东方，因为这两个方向五行属木，而水能增强木气。

How to design Your Lucky house

■**植物** 叶片宽大的植物能给浴室增添生气并降低气流郁结的风险。

■**照明** 自然光一直是最好的选择。如果自然光亮度不够，要给浴室增添照明设备，保持浴室内有充足的光照，尤其要注意不易见光的角落。

■**新鲜空气** 浴室内要保持良好的通风，以驱除潮湿，降低滞气风险。浴室每天都应开窗换气。

■**镜子** 镜子会加速气的流通，给浴室以积极的影响。另外，大多数的浴室面积都比较狭小，镜子通过在视觉上复制空间,可以让狭小的空间得到无限的延伸，从而起到扩大空间的效果。

装饰色彩与造型

在东方和东南方，暗黄色和磨砂白色的墙面或家具可加速气的流通。浴室如果在东方，建议你使用鲜绿色的浴巾、百叶窗和小地毯，

房间风水

而浴室如果在东南方，则建议使用深绿或深蓝色的。平整的墙面属性偏阳，这对盥洗室影响积极。不规则形状的物件能增强水气，另外，阳性材料对浴室有利。

坐便器

坐便器应安置在不显眼的地方，并且远离浴室门，以减少排水管道对其他房间气场的消极影响。如果空间够大，座便器所在的位置从浴室门口应该不易看见。水从水龙头和淋浴喷头中慢慢流走，会增强浴室内的潮气并引起气的滞留。应确保浴室内的各种设备能正常使用，保证浴室的整洁清爽。

化解不吉

为了减少不利方位产生的不良影响，应该尽量保证水气和所在方位的主导能量和谐统一。可借助与八方相关联的各种颜色。

How to design Your Lucky house

■不同方位浴室的影响

方位	影响	解决办法
北 不吉	浴室的水和北方的水之能量汇集，会造成水量过剩的后果，形成"水塘"。北方的宁静容易引起气的滞留，使你更加内向，不愿吐露心声，并可能最后耗尽你的气力。	在浴室中放置高大植物增强木气。植物会给你提供能量，使你感到精力充沛，并能吸收潮气，产生新鲜空气。
东北 不吉	东北方向五行属土，因土克水，这一这个方向最不宜于浴室的分布。气流进入东北方状态非常混沌，不稳定，可能会对你的生活造成意料不到的变化，还可能引发健康问题。	增强属金之力，这样可使土气与水气相和谐。建议在浴室东北方放置一个装满海盐的陶瓷碗。
东 吉利	东方五行属木，水气与木气可和谐共生。但是，坐便器、浴缸和洗手池排水管道造成的影响不利于"木"的垂直生长，这可能对浴室气场造成危害。	增强属木之力，可在盥洗间中放入高大植物，木地板和木制家具同样也能产生良好效果。
东南 吉利	有益于浴室内的气流。排水管道会削减"木"向上生长的冲劲。	增强垂直向上的木气，可在房间中放置高大的植物。

房间风水

方位	影响	解决办法
南 不吉	南方五行属火，水克火。你可能会缺乏激情，并且你的优点和长处很难得到认可，容易感到自己事事受到约束。	平衡水火之力，增加木之能量。
西南 不吉	西南方向的土之能量不仅与浴室水气相克，而且还非常不稳定、变幻无常。如果你没有采取有效的措施，可能会影响身体健康。	平衡水土之力，增强属金之气。可把一个装满海盐的小陶瓷碗和一个水桶一起放在浴室。
西 不吉	浴室中的水会消耗西方的金气。这很容易导致破财。	增加属金之气，可放置红色的植物。
东南 不吉	浴室中的水气会消耗西北方的金气。你会感到迷茫、混乱，无法有条理地安排自己的生活。	增强属金之力，可放置白花植物。

How to design **Your Lucky house**

家庭办公区

在家工作益处很多，你可以按照自己的节奏推进工作，而且你有充分自由按照自己的喜好布置办公空间。空间的布局和装饰可以提高你的工作效率，提升你的工作质量，由此，你将会更成功。办公空间中所有细节都应该支持你的工作，不应该出现一丝疏漏。

有些人把卧室作为工作的地方。从风水学的角度看，将这两种不同功能的区域合并是不吉利的，因为睡觉和工作所需要的环境条件是完全不同的。办公最好另外使用一个房间。

在办公室或书房中，摆在我们面前的一大挑战是如何平衡电子设备的电磁辐射和气的自然流通之间的关系。椅子和书桌的位置以及其朝向都是非常关键的要素。

有利方位

东方、东南方、南方和西北方都是适于办公间的理想方位。

东方之气有助于提升积极性、集中注意力、利于目标实现。如果你要做一笔生意，或者着手于一项新的事业，东方是很理想的方位选择。东南方与东方相似，但相对效果比较和缓，能使沟通交流更加顺利，有助于你的公司平稳发展以及各种日常活动顺利进行。

南方的炽热之气能推动你的工作顺利进行，使你更容易受到公众认可，提升成名的可能性。如果你因工作不得不天天受到电子产品的辐射，把办公间放在这个方位是很好的选择。

西北方位能增强领导力、组织能力，容易得到他人尊敬。

房间风水

■ 选择办公室吉利方位并正确安排其中物品的摆放以达到提高工作效率的目的。

How to design **Your Lucky house**

■ 工作区

错误摆放 **正确摆放**

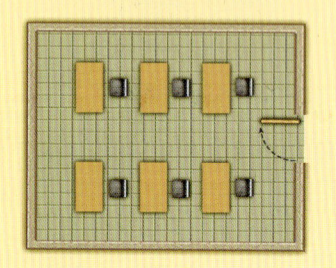

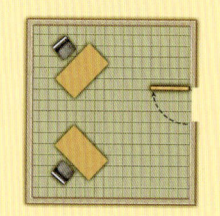

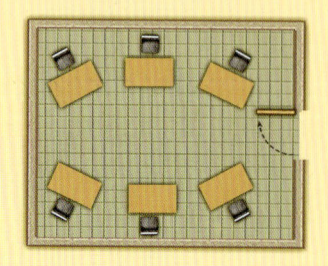

根据风水可知，每一项工作都与某个九宫数或某个方位有关。一家公司如果希望获得良好发展，首先应该确定哪些区域或职能部门关系到公司命脉，把它们置于有利的方位。

如何布局公司中的办公区域？

在公司平面图上标记出公司代表方向的九宫数字。这将确定你能顺利开展的项目种类。

根据建筑的朝向，查阅每个方向的含义或预兆，了解这幢建筑哪些方位能推动公司发展，哪些方位不利于获得成功。

办公空间分区。有可能适合于经营生意的方位并没有吉利的预兆，但是一定要确定建筑物的朝向有利于你公司最主要活动的顺利进行，并且这种活动开展的方位拥有吉利的预兆。

房间风水

装饰办公间

办公间中的物件应该能使工作的人精力充沛，但是同样，它们也应该具备缓解压力的效用，让你能按照自己的喜好开展工作。可选择一些属性偏阳的家具和装饰品，并使用一些让人宁静的属性偏阴的物品以平衡气流。

■**家具** 椅子和书桌是书房中最重要的家具，他们应该能让你在工作时保持清醒，不会让你在身体上或精神上感到疲惫或烦躁。

■**照明** 自然光比人造光更佳，不可使用荧光灯。应选择窗户较大的房间办公以接收更多自然光。

■**植物** 放置几盆阔叶植物以削减电磁辐射的危害。

■**电子设备** 选择电子设备时一定要小心，应尽量减少电磁辐射的危害。选择平板电视时，推荐使用屏幕为阴极射线管屏幕的产品。

■**文件柜及抽屉** 工作中常常伴随着大量的文件、书籍、文件夹等等，办公间中应该有足够的抽屉和文件柜对其进行整理保管，以维持房间内气流顺利运行。

装饰颜色及造型

首先找出办公间相对住宅中心的方位。应尽量保持吉利方向气的流通顺畅，可以用一些颜色强化有益气场，驱散有害气流。如果工作过于劳累，压力很大，可以使用颜色属阴的窗帘和比较柔和的设计来舒缓压力。

若办公间位于住宅东方，可适当使用绿色或深蓝色的垂直线条，这样的设计能保持活跃能量一直持续。若位于住宅东南方，应该将蓝色或绿色与暗黄色或磨砂白色结合使用而增强能量，并保持墙面平整，使其具有属阳的性质。

西北方气场庄重、肃穆，尤其适于较正规的办公室。灰色、白色、石榴红为主，带有一点黄色调的设计能使这种办公室内的气流顺利流通。另外，正方形的设计也比较适宜，因为它能增强土之能量，土气能增强西北方金之能量。

书桌

书桌和书桌上的附属物品会影响你的工作效率。一张宽大的书桌能让你高效地工作，并体会到自己的重要性，开阔你的眼界；相反，一张堆满物品的窄小书桌会让人感到孤立无援。

一般来说，相对正方形或长方形的书桌，圆形或椭圆形书桌是更好的选择，因为它们没有产生锐气的边角，能让人长时间较为轻松地工作。

木质书桌可增强气的自然流通，让你感到更加舒适。玻璃同样也有激发精气的作用，但不能像木料一样辅助需要长时间工作的住户。

书桌摆放的理想位置是能让你面对有利方位坐下的同时可以环顾整个书房，尤其是能看到书房的门窗。

坐下工作时尽量不要离电子设备太近，因为它们容易使人精力不集中，感到疲惫，危害人体健康。另外也要避免工作时背朝房门或者离房门太近。

如果家里经常要召开工作会议，其他工作人员的座位安排应该使他们在和你一起工作时感到舒适。如果你的办公室空间较大，应分出一块专门的会议区域。至于设置参与者的座位，可以参见前面客厅和餐厅部分的说明。

办公室的气场不仅仅受书桌本身影响，还受到书桌上摆放的东西的影响。一个良好的书桌布局可提高工作效率，激发创造力。为了让书桌位置有利于工作，首先应在其上确定出各个方向：找出书桌中心并确定北极方位，依此将八方位图放置其上，然后据八方位图在书桌上摆上各种物品，使它们的气与各方气场保持和谐。

比如，西方与财产、收入相关，那么平时你可以把零钱或是各种写有你名字的票证单据放在这里，亦可摆放一些金银器物。而南方与你的公众认可度相关，所以建议你把以前得到的各种奖励放在南方。西方意味着未来，应摆放一些有意义的物品，它们能时刻提醒你，你有你的目标，有你想要实现的梦想。东北方能增强你的工作动力，不管是为了获得更好的收入还是实现个人价值，建议你在这个方向放上某个物件，它能够提醒你你想要到达的水平。

房间风水

■ 书桌

西北 西北方是放置日记本或工作日程记录的理想方位。

西方 把保险箱、支票等等一切与钱财有关的物品放在这个位置。

抽屉 杂乱的物品会阻碍气的流畅运行。应保证各种纸张、办公用品整齐地放置在抽屉或文件夹中。

西南方 西南方适合摆放你最亲的人的相片或纪念品。

北方 植物（如百合）可削弱电子产品辐射对人体的影响。

南方 这个方向可摆放他人对你的工作表示认可的各种奖励。

东北 这个方向应该放一些能刺激工作的物品。可以是比较物质的，比如一个财务计划或者对未来收入的预估。

书桌 书桌摆放的位置应该让使用者在工作时能朝向有利的方向。东方的积极能量能助你迅速开开辟自己的事业。

东方 在这个方位放上你通过努力工作可以得到的东西，比如图中那辆你一直梦想拥有的车。

东南 交流东南方向适合摆放电话、传真或信件。

How to design **Your Lucky house** 195

■ 不同桌椅布局的影响

摆放位置	影响
西北	面朝东南。西北方有助于提高领导能力、组织能力，增强责任感，同时能受到他人尊敬，给人可依赖感。东南方能激发创造力，促进成长，促进交流。
东北	面朝东方。东北方能给人动力，它在这里与东方的活跃能量结合。如果你在工作中缺乏动力，或者你想给自己的工作寻找到新的方向，这种布局是你理想的选择。
东	面朝东方。东方之气在这个位置达到最大值。如果你要立刻开始新的工作，或者想要自己的事业迅速发展，办公桌椅应该选择这个方位。
东	面朝东南。这个位置的效果同前一个效果相似，但不如其强烈，能发展你的创造才能和沟通能力。

在一个房间内，存在多达64种摆放办公桌椅的不同方式，每一种都对应着不同的能量，你工作时面朝的方位影响效果最为显著。

房间风水

摆放位置	影响
东	面朝南方。你将感到精力充沛，在工作中能够实践你的各种想法。你升迁的可能性将增大，同样，你的工作将很可能得到认同。但是，如果你时常感到不安，难以集中注意力，建议不要使用这个方位。
东南	面朝东方。这种方位的效果同坐东朝东南的效果相似，但是掉转了二者的重要性。
东南	面朝南方。这个方位适合律师等用与人交流的方式工作的人。如果你为工作压力大而困扰，时常容易情绪激动，这个方位不适合你，因为这里的气流比较紧张。
西	面朝东方。西方能量与收入相连，坐西朝东能激发人的雄心、提高工作能力和效率，最终实现梦想。

How to design Your Lucky house

装修风水

■ 装饰住宅的物品可以激活吉利之气，化解不祥之气。

如何设计你的旺宅

装修风水

房屋设计中的各种元素对住宅之气都能产生一定的影响。有些元素效果明显，有些则比较和缓。然而，这些物品之间的空间，比如房间内部、走廊内部，如果堆满了各种东西，则很可能减缓气流，引起滞留。

如何控制"气"

家具决定了你在住宅中进行各种活动时的位置和朝向，因此，家具的布局应该让你尽可能地在吉利的方位待更长的时间。在考虑气的流入和流出时，门窗是非常重要的因素。另外，楼梯也能够起到引导气流的作用。住宅设计中比较活跃的要素有水、光、镜子、植物、玻璃、音响、海盐。家具、毯子、窗帘的影响相对较小。

选择你的风水家具

因为家具和装饰品对住宅之气能产生作用，所以选择能传导吉利之气家具和装饰品并把它们放到合适的位置上就显得尤为重要。当然了，每个人有每个人不同的习惯、需要或喜好，要使自己选择的家具能既满足个人需求，又遵循风水原则，就不是一件简单的事情了。因此，只有你自己能做出最后的决定，下面列举的要素可以作为参考：

■**五行和八方** 再次回顾五行元素图表以及八方位颜色圈，看看某物品到底偏于那种属性，是不是对你有利。

■**颜色、形状、材质** 可翻阅前面提到的颜色、形状、材质属性对应图表，以确定某物品是否和你想要摆放它的房间属性相合。

■**阴阳** 可借助阴阳判断某物品是否能增强你房间中活跃的属阳气流，或增强消极的属阴气流。

■**位置** 物品的摆设应该能够起到平衡气流的作用：属阳的物件应放在较消极的区域，而属阴的物件则应放在较积极的区域。

装修风水

■住宅装饰

　　装饰要素应该有助于向住宅中吸引气流并使其顺畅地、柔缓地流通，而且还应尽量避免气流停滞，推动气流在整个住宅中较平均地分布。另外，还应具有隐藏或转移气流利箭、调谐难以相容的元素等作用。

　　还有一些装饰要素可以防止气流运行过快而转变成不吉之气，比如大型植物、后门上的转转铃、窗帘、屏风等等。

　　明亮闪耀的物品能发出一些细微的气流，因此可以吸引其他气流并把它带给在其周围工作的人。比如，插有新鲜花朵的水晶花瓶、台灯、明快的画、植物、转转铃、镜子、鱼缸等等。如果把这些物品放在阴暗的角落，可以有效避免气的滞留。同样道理，如果我们希望增强八卦方位中某一方的能量，也可以考虑放置类似物品。

风水实践

下面列举了四种常见问题的一般解决方案。

■**选择哪种床比较理想** 你的卧室位于住房东南方并且你头朝东睡觉。木之能量同时统治这两个方向，你希望找到一张合适的床。

解决方案 玻璃和木料在东南方比较和谐，关于颜色有暗黄色、绿色、蓝色、紫罗兰色，关于形状有不规则、高耸或尖利的形状。建议选择一张较高的木料基座的床，将其刷上合适的颜色或者使用蓝色、绿色、暗黄色或紫罗兰色的床单或毯子。

■**高大植物该摆放在哪里** 想给你的丝兰找一个尽可能合适的方位？如果你有一盆高大的植物，它尖利的叶片直指天空，你该把它放在哪里呢？这种具有偏阳特性的植物是激活气流的理想陈设。

解决方案 尖利的叶片需要宽敞的空间，否则容易造成锐气。这种植物不可放在沙发、椅子或卧室旁边，可以找一个气流容易郁结的角落来放置它。丝兰的碧绿颜色能增强木气，但是它的形状却与火气相连，并且相对木气更占优势。所以，它最和谐的摆放位置是住宅的东北、东方、东南、南方或西南方位。

装修风水

■**怎样摆放爱的沙发**　你决定在客厅的西方放置一张沙发以增强此处的浪漫氛围。

解决方案　适合西方的形状、颜色和材料分别是圆形、红色和金属。依据这一信息，你可以选择圆形靠背或圆形扶手并带有金属支脚的沙发，这种沙发可以增强西方的能量，如果沙发颜色是红色则更佳。如果你觉得红色过于浓烈，可以只在沙发上铺上红色的毯子或使用红色的靠垫，其他作为补充的颜色可以是白色、黄色黑色或灰色。

■**灯放在哪里最理想**　一盏细长的黑色金属落地灯应该放在哪个位置才能对你有利呢？光属阳，比较活跃，代表火之能量；细长的形状增强木气，金属的材料增强金气，黑色的颜色增强土气。最为明显突出的元素应该是火之能量。

解决方案　选择一个气流比较消极光照较少的角落。住宅的东北、东方、东南、南方、西南方向都是可以考虑的方向，其中，特别建议选择东北方、东南方两个方向，因为土气和金气在这里能和谐共生。

How to design **Your Lucky house**

妙用颜色

颜色的不同组合可以改变宅中之气。另外，每一种颜色都联系着阴阳、五行和八方。

颜色轮盘中外圈部分的每种颜色都和它所在的方向相谐，并能保留住该方向上对应的能量，如果该能量有利于你，那么这种颜色的选择就是比较理想的。其他颜色则可用于增强或削弱某个方向上的能量。

有些颜色可以大面积地使用，成为"底色"，还有一些则可用在某一小块区域起到突出强调的作用。通常来说，打底的颜色应该柔和淡雅，而需要凸显的颜色则应该浓烈鲜活。风水学认为，只要能合理运用这两种类别的颜色，它们都能起到良好的效果。

在颜色轮盘中出现的颜色

装修风水

属阴
蓝色、紫色、黑色

中性
黄色、绿色、
冷色、暖色

属阳
红色、橙色、白色

所对应的色调种类较为宽泛，这些色调共同体现了相应颜色的基本特征。但其中也有一些细微的差别，比如强烈的色彩比柔和的色彩更显阳性。在选择色彩时，个人喜好也非常重要，如果你在看到某个颜色时会想起某件难过的事情，它从风水学上对你有利也不要采用。

进行装饰前，需要确定什么颜色比较适合，比较吉利。首先，参考八方图，判断到底应该增强、削弱或只需保持需要装饰方位的气流。接下来，参考P207的图表找一个合适的颜色方

■色彩的选择

颜色会影响一所住宅中的阴阳平衡。如果你想平衡一所住宅中的元素和能量，墙面的颜色非常重要。又比如，想要实现住宅中各元素的良好结合，一幅艺术作品的颜色，一组沙发的颜色或是一束花朵的颜色都能起到很大的作用。另外，选择颜色时还要考虑各个房间的功能：在办公间里属阳的鲜活的颜色就更为合适，而中性的颜色就更适合使用在用于放松休息的场所。每种颜色都有其特定的能量属性，也就是说，每种颜色都关联着五行中的某一种能量。

- ■木与绿色相关联。
- ■火与红色相关联。
- ■土与黄及褐色相关联。
- ■金与白色相关联。
- ■水与黑色相关联。

案。位于中心的黄色在八个方位都可使用。

理气派认为，八方中的每一方及其特有的能量都与下一页颜色轮盘中外环的颜色相关。在某一方位使用其对应的颜色可以保留住该方位所拥有的能量。

颜色轮盘的内环指明了其他风水流派认为的与五行相关的颜色，可以作为对应于理气派的其他颜色选择。

装修风水

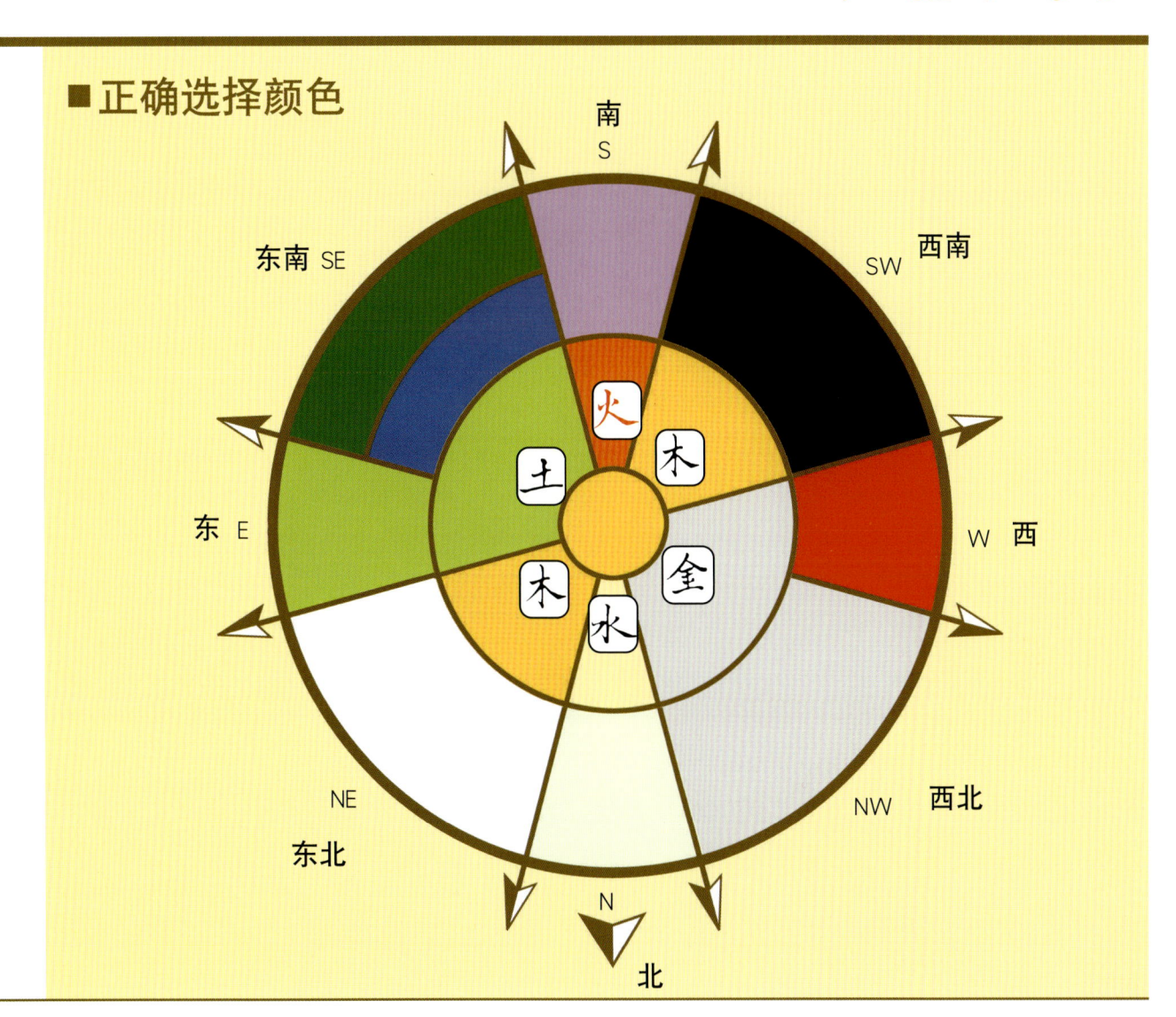

■ 正确选择颜色

How to design **Your Lucky house**

主色

▲ 祖母绿：东南方的木气关联着这种带有温暖黄色调的深绿色，传达着宁静与平和。

▲ 青绿色：它的蓝色调与属阴的特性会召唤东南方的属木之气。能创造轻松的氛围，同时也能带来精气与活力。

▲ 深蓝色：能吸引东南方之木气，适合于光照良好的房间，它有助于营造和谐的氛围。

▲ 深蓝色：（紫罗兰色）：这种颜色炎热而干燥，可召唤南方的火之能量。它如同一个火把，可激发起住宅中的热情，并增强其中的社交氛围。

▲ 桃红色：这种色调可吸引金属之力，增强住宅中的娱乐和浪漫氛围。如果你希望享受一次私密的浪漫晚餐，桃红色能创造很好的气氛。

▲ 橙黄色：橙黄色是最接近土之能量和金之能量（位于房屋中心或西方）的颜色。能加快阴暗房间内的气流运行速度。

▲ 巧克力色：西方和西南方的土气和金气蕴藏在这种颜色里。它适合运用在向阳的房间，能增强气流的稳定性。

▲ 浅灰色：浅灰色能吸引东北方向的金之能量，这个方位能使房间氛围显得比较正式，适合进行比较正式的活动。

装修风水

底色

▲柠檬黄：柠檬黄非常明亮，色调比较张扬，关联着中心的土之能量，营造清爽活力的氛围。

▲青柠檬绿：这种颜色与东方的木气联系密切，它象征着如出土小苗一样的新生事物，能使环境中充满积极的能量。青柠檬绿比较适合年轻人。

▲水绿色：这种蓝绿混合的颜色，属性偏阴，宁静平和，能召唤东南方的属木之气，增强创造力，营造轻松氛围。

▲天蓝色：这种浅蓝色柔和偏阴的性质可以起到缓和过旺木气的作用。在浴室或者厨房中使用这种颜色能够营造平静的氛围。

▲紫丁香色：紫丁香色联系着南方之气，能增强房间内的属阴之气，刺激沟通和交流。

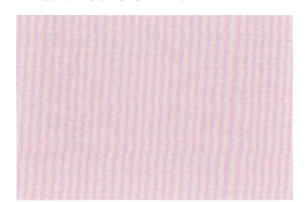

▲粉色：粉色联系着西方金属之气，如果你想营造年轻愉悦的氛围，这种颜色可以考虑。

▲暗黄色：暗黄色温和的色调很接近于中心的土之能量，但它同样还能召唤西方的金之能量。这种颜色适合在卧室使用。

▲浅棕色：浅棕色能给人以稳定、安全的感觉，它是最能够接近中心土之能量的颜色。

How to design **Your Lucky house**

造型

雕塑、绘画或是壁纸、地毯、窗帘等等物品都有其各自的形状设计，这些元素会影响一个房间中气的流通。

窗帘、帷幔

根据房间中心位置的布局，确定窗帘以及其他家具的朝向，并决定到底是要保持、增强或是削弱这个方向的能量。参看下页的图表，找出合适的颜色、形状和设计。

墙

用海绵、湿布或是其他工具在墙上刷出不规则的效果，可以召唤水之能量；而较为平整单一的墙面颜色可起到激发阳气的效果。

那些装饰用的垫子、印花、手绘图案是除了上述方法的另外的装饰墙面的方式。那些确定的、有序的、重复的样式是比较偏阳性的，那些不确定的、不规则的或者是无序的则更加偏阴。如果其中某些元素有一定的象征意义，一定要选择对你而言效果积极的。

和谐的样式和形状

当装饰某间居室墙面的时候，通过学习下表，你就会知道，如何增强、削弱或保持某方之气，怎么装饰可以使整体显得更加和谐。

装修风水

■装修造型选择

方位	增强气场	保持气场	削弱气场
北	圆 弧 椭圆	不规则形状 云状 波浪状	长条形 垂直线条
东北	尖利的形状 星状 Z字状	宽矩形 平行线 正方形	圆 弧 椭圆
东/东南	不规则形状 云状 波浪状	长条形 垂直线条	尖利的形状 星状 Z字状
南	长条形 垂直线条	尖锐的形状 星状 Z字状	宽矩形 平行线 正方形

How to design Your Lucky house

（表接上页）

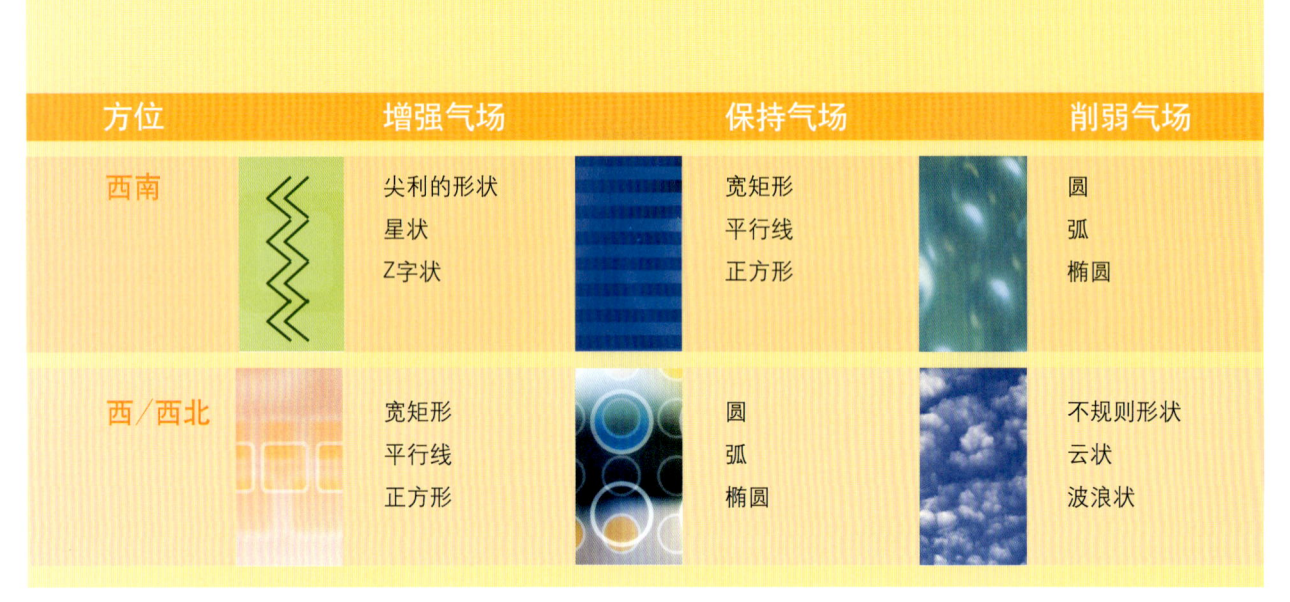

方位	增强气场	保持气场	削弱气场
西南	尖利的形状 星状 Z字状	宽矩形 平行线 正方形	圆 弧 椭圆
西/西北	宽矩形 平行线 正方形	圆 弧 椭圆	不规则形状 云状 波浪状

材料

住宅中有各式各样的家具、装饰品，它们所使用的材料对宅中之气有很大影响。各种材料属性能否相符、五行关系以及摆放位置等等因素决定到底应该如何处理宅中气场，是保持它，强化它，还是削弱它？除了考虑材料，物品的表面状况同样作用于家中的气流循环。物体表面越宽，效果越明显。

装饰住宅的时候，应尽量依照后面几页的图表选择合适的材料，要注意，表面光洁、闪闪发光的物品可加快气的流通，而错综复杂的织物结构则会减缓它的流通。要尽量避免使用合成材料或是塑料制品。

■**金属** 像不锈钢和精铁这样的材料均为属

装修风水

阳的材料，会明显加速气场循环。所以，这样的材料很适合使用在气流容易郁结滞留的地方，比如浴室，尤其是位于住宅北方的浴室。

■**木料** 一般来说，木料对气流的作用偏于中性。光洁坚硬的木料可加速气流循环，如桃花心木；而粗糙质软的木料则会减缓气的流通，如松木。木料非常容易清洁，可营造出住宅中轻松愉悦的氛围，并有效避免气流郁结。

■**织品** 窗帘、羊毛地毯、苫布等等织品一般都可起到减缓气流流通的的作用，有助于创造轻松的房间气氛。但是，如果过多地使用布料，则很可能引起气的滞留。

■**陶瓷** 没有上釉的瓷砖属性偏阴，可起到减缓气流的作用。如果希望创造安静的房间氛围，这种材料比较适宜。而釉面瓷砖表面光洁明亮，可产生与玻璃、大理石同样的的效果。

■**藤条、竹子** 这种材料通常用在家具上，有些时候也用于覆盖墙面。它的效用和浅色木料以及其他植物纤维相似。

■**玻璃** 在玻璃的众多特性中，尤其突出的是它激活气场加快气流循环的作用。如果住宅窗户、门、桌面或壁画等地方大面积地使用了玻璃这种材料，它的效果将非常突出。

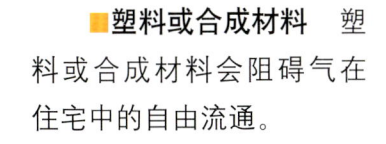

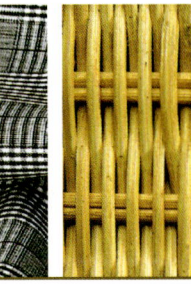

■**石料** 表面光洁坚硬的石料，如大理石或花岗岩，可显著加快气的流通，增强房间活力，但是也有可能会刺激过强。因此，并不建议在卧室使用这种材料，因为这种气流的明显加速无益于良好的睡眠。如果房间采光不好，如某些洗衣房或储藏室，地板材料建议使用石料。

■**塑料或合成材料** 塑料或合成材料会阻碍气在住宅中的自由流通。

■材料的选择

方位	增强气场	保持气场	削弱气场
北	金属 坚硬石料	玻璃	木料 藤条、竹子 植物纤维
东北	塑料	陶瓷 柔软石料 织品	金属 坚硬石料
东	玻璃	木料 藤条、竹子 植物纤维	塑料
东南	玻璃	木料 藤条、竹子 植物纤维	塑料

装修风水

方位	增强气场	保持气场	削弱气场
南	木料 藤条、竹子 植物纤维	塑料	陶瓷 柔软石料 织品
西南	塑料	陶瓷 柔软石料 织品	金属 坚硬石料
西	陶瓷 柔软石料 织品	金属 坚硬石料	玻璃
西北	陶瓷 柔软石料 织品	金属 坚硬石料	玻璃

How to design Your Lucky house

照明

光波可激活气流。虽然说人造光不如烛光或自然光，但它仍然能起到这个效用。理想的房间应该拥有足够的窗户，人造光最好只在晚上等必不可少的时候再使用。如果你的家实在是太过阴暗，如果可以的话，再开几扇窗户或是天窗，墙面使用明快的颜色，并在合适的位置挂上几面镜子，将屋外的光线引进来。

■ 用光点亮你的生活

光线（自然的或人造的）具有吸引能量的特性，是常常被运用的一种风水工具。一般来说，住宅应该通风良好、光照充足。但同样也不能光照过于强烈，可在住宅中运用多种照明工具，安设在不同的的位置，在明亮的墙面和阴暗的墙面之间找到平衡点。

根据八卦原则，如果我们想要增强房间中某一方的气场，可以在此安置一个照明装置。它可以起到激活此处能量的作用。

装修风水

光线种类

■ **白炽灯光** 可以在所有房间中应用。这种光线是单一的，可以加强能量。

■ **泛光灯** 可以聚光于特定的一点，从而刺激能气的流动。比如，在一个能量容易郁结的黑暗角落，安装一个泛光灯，对于能量的流动是十分有益的。它同样也可以用高强度的光线来照亮住宅的某些部分，比如工作区，或者相对较低的某一位置。

■ **垂直光源或者落地灯** 将气推向更高的地方。通常如果住宅中天花板较低或者天花板为斜坡，这种灯就十分有用了。

■ **低压灯** 低压灯可以产生更加明亮的光线，在气流容易郁结的地方，对刺激能量能起到十分理想的作用。

■ **荧光灯** 荧光灯能够展现特别的颜色，但同时会放射出巨大的电磁辐射，容易引起偏头痛、注意力不集中、精神疲惫。

■ **彩灯** 彩灯的使用也比较广泛。应该结合它与住宅中心之间的方位关系来选择一种和谐的颜色。

■ 避免使用荧光

对于荧光光线，我们并不推荐使用，因为它只放射光谱中较阴的那一部分光线，无论在什么季节都会使气变得贫乏，同样的事情也会在受它影响的人的身上发生。

最好用灯泡把这种荧光光源替换掉，因为灯泡在尽力模仿自然光光谱中的所有光线。白炽灯所产生的光线和卤素灯的光线是所有光线是最好的。如果可能，尽量减少荧光的使用，或者完全放弃使用。至少，也应该避免长期处于荧光的环境中。

家用电器

家用电器运行时会产生自己的磁场，由此可能损害人体能量，长远看来，容易诱发严重的疾病。由于电磁场一般很快就能驱散，建议平常还是尽量远离运行中的家用电器。

■**电动厨具** 厨房中的电动厨具所释放的电磁辐射会影响到我们平时里所吃的食物，所以最好使用煤气的厨具或者是烧柴烧油的厨具。

■**冰箱** 那些被储存在冰箱里的食物处在一个微弱的电磁辐射场中，所以最好另外选择没有辐射的干爽地方来保存食物，比如地窖。若是冬季，可直接放在室外，以此来取代冰箱。

■**电视** 电视的部件，比如显像管同样会产生一种电磁场，这种电磁场会扩散到你的周围，由于这种射线的强度会随着距离的渐远而渐弱，所以，看电视的时候最好距离电视机远一些。

■**电脑** 大多数电脑显示屏的工作原理和电视机是相同的。因为我们习惯坐得更近，所以受害的风险比电视机更高。买一个滤波屏放在电脑屏幕前，可以有效减小辐射的危害。但是不要忘了网络信号也同样是有辐射危害的。

■**传真、复印机** 尽量将这类设备安装在远

装修风水

离卧室、厨房、餐厅的位置。

■ **吹风机** 从吹风机发射出来的电磁射线是直接朝向大脑的，所以建议洗头后让头发自然干燥。同样，热风会破坏头发的蛋白质结构，从而使头发受损，变得没有光泽，并且易分叉。

■ **电暖器** 电暖器会在房间里形成一个电磁场。推荐使用壁炉、中央供暖设备或者是天然气炉子。

■ **移动电话** 移动电话会在大脑区域产生微波。这种辐射在长时间存在的情况下可以使某些特定的区

■ 尽量使用新款防辐射手机或者无绳电话，以减少电磁辐射的危害。

域变热。在电话天线的地方加上一个帽，或者使用的时候多换手，这样可以减少这种微波的影响。最后，还是尽量使用传统的电话。

■**电线**　卧室里，床底或是枕头边不可有电线经过。

植物

植物对住宅的影响可大可小，但基本都与其颜色、叶子和花的形状相关。借助这些元素的变化，植物就和阴阳、五行、八方产生了联系。

在住宅的众多装饰物中，植物是非常特别的，因为植物有生命，为活物，能够产生自己的气。这种特别的能量能激活气场，削弱甚至抵消现代建筑中"死物"的危害，比如家用电器的辐射或是塑料等物造成的郁结之气。家里如果种上了植物，就应该精心照顾，一旦植物生病，它干枯的茎秆和叶片对室内之气会产生不良影响。

装修风水

尖叶植物属性偏阳，可加速气的流通。而叶片若呈圆形或直接呈下垂状则能减缓气的流通，属阴性。像灌木一样低矮茂密的植物亦可减缓气的流通，适宜种植在较长的走廊或是大门边。形态高大的植物可增强木气，针形叶片植物或星形叶片植物可增强火气，而低矮的蔓生植物能增强土气，圆形叶片的植物通常能激活金气，叶片下垂的植物可增强水气。绿色的植物也可以增强住宅中的木气，但是，如果这盆绿色植物开了花，它所联系的能量则应对应于花的颜色了。

想要给住宅增添一点生气，鲜花是你的不二选择。它鲜活的颜色、曼妙的外形，都可改变住宅内的气场。去掉鲜花主干上的小枝，这样保鲜时间会

■ 宅中之花

不管在住宅内部还是外部，鲜花总是能营造好的风水，因为它们能吸引并激活气流。鲜花代表着美丽，象征着生命和自然。在大门边、花坛上、院子里甚至是阳台上种上点小花很有助于把气"请"进家。另外，作为植物，花朵还能很好地平衡气流、削弱锐气、削减住宅内部和外部的噪音。

在挑选鲜花的时候，形状和颜色非常重要，这是因为这两种元素能够决定它所代表的能量性质。

一株充满生气的植物或是一束鲜艳芬芳的花朵都能向室内引入气流，并且可促进所在方向对应的活动。

更长，每天都换一次水，并扔掉死去的花瓣。枯萎的花朵会对宅中之气产生不良的影响。

在风水中，干花象征着死亡。所以，如果必须要在住宅中使用干花，那么一定要选择正确的材料，比如丝绸。

装花的瓶子或罐子根据其形状和材质也会对气场产生影响。例如，玻璃花瓶可增强娴静的水气，最适宜摆在整个住宅或某房间的北方。木制的长形花瓶可激活木气，可促进职业发展，适宜放置在东方和东南方。尖细的花瓶或是口小底宽的罐子都可增强火气，有利于得到社会认可，提高声望。

■家中植物的阴阳属性

阳

龙血树（龙血树属） 这类型的植物叶片非常尖利，而且生长方向是直直向上的，这样的特征使它成为火之能量和木之能量的结合载体，所以它非常适合种植在房屋角落，或是天花板倾斜的房间内。但是要注意，一定要避免这种植物出现在卧室中。这种植物适合摆放的方向有东方、东南方和西南方。

阴

龟背竹（龟背竹属） 这种类型的植物叶片下垂，所产生的气偏阴。如果你想要削弱哪一方的气，就把这种植物放在那里。尤其适宜放在南方、西南方和东北方。

装修风水

■家中植物的五行属性

水	木	火	土	金
常春藤 （常春藤属）	风信子 （风信子属）	非洲紫罗兰 （非洲紫罗兰属）	仙客来 （樱草属）	玉树 （罗勒属）
它垂直的生长方向和繁茂的枝叶使它成为一种相对平静、稳重的植物。适合放在自然光照较少的地方，因为常春藤和其他大多数植物不同，喜阴。它在宅中比较理想的方位为北。	垂直向上生长的植物能增强木气。风信子的花颜色很多（粉红、白色、蓝色、暗黄色），应按照位置选择不同的花色。最适宜的方向是东方和东南方，风信子摆在这里气场最为和谐。	由于非洲紫罗兰独特的颜色和星星的形状，它成为火之能量的良好载体。如果你想引起他人的注意，获得社会的认可，可以尝试在东方、东南方、南方、西南方或东北方摆一盆这样的植物。	蔓生植物如仙客来等能增强土气。如果你想给生活增添点激情，可以选择一盆紫色的；如果你正在寻找爱情，希望给生生活增添欢愉，那么选择一盆红色的或粉红色的；而如果你希望生活平静闲适，那么请摆一盆白色的仙客来。	这种植物适合摆在西南、东北和西北。它肥厚圆润的叶片能增强属金之气，可增强生活的稳定性，同时促进收入的提高。适合种植在住宅西方、西北方和北方。

How to design Your Lucky house

选择属于你的花

　　针对不同的方位，选择花的颜色和形状也不同。北方适合使用颜色暗黄的鲜花；东北适合使用颜色为白色的鲜花；东方适合使用繁密的花型；东南方适合使用茎细长的或颜色为蓝色的；西南方适合使用星形的或紫色的鲜花；中心及西方适合使用短小花型或黄色的鲜花；东北方适合使用花瓣为圆形和黄色的鲜花。

▲ **铁线莲**：一盆茂盛的紫色星形铁线莲可增强火之能量，增添生活激情，促进社交生活的成功。

▲ **三色紫罗兰**：这种娇小精致的黄色花朵能增强土之能量。如果放在西南方，能使家庭氛围更加愉悦，促进家庭和睦。

▲ **大丽花**：大丽花的形状几乎就是一个球，所以它可以增强金之能量。如果在住宅西北方放一盆白色的大丽花，可增强此方位相关联的属性，如智慧、尊严。

▲ **兰花**：兰花米白的颜色和流畅的线条能增强北方的水之能量。如把红色和紫色的兰花结合使用，能唤醒沉寂已久的性生活。

▲ **山谷百合**：这种蓝白色的花朵传递出一种宁静与祥和，能增强东北的气场。把这种花放在北方，能在那里营造出平静的氛围，增强人果断决策的能力。

装修风水

▲**康乃馨**：康乃馨形状似圆，红色或粉色的能够给环境增添浪漫氛围。白色康乃馨则可营造出环境的高贵宁静。

▲**银莲花**：银莲花的形状联系着金之能量。如果你选择的银莲花颜色浓烈，则有助于守住某地的气。

▲**百合花**：虽然百合花茎秆较长，但它常常向地面倾斜下垂。百合花可以和缓宅中之气，适合放在气氛过于活跃的房间内。

▲**蕨类**：叶片很多的绿色植物（如蕨类）能起到增强木气的作用。此类植物很适合放在住宅东部，给人以新鲜清爽的感觉，并可增强宅中的生机与活力。

▲**郁金香**：郁金香的花朵蕴藏着金之能量。在西方放置一盆红色的郁金香可增添浪漫的气氛，粉色的可增添愉悦的气氛；把白色郁金香放在北方可激发人的生活动力，放在北方则可使房间更加平静。

▲**含羞草**：它小小的黄色花朵可提升住宅中心之气。把它放置在住宅中心，可以让你感到自己在生活中正处于一种良好的状态中。

How to design **Your Lucky house** 225

▲ **向日葵**：向日葵锯齿状的外形可增强火之能量，但是它的颜色又非常接近大地。向日葵有引导气流和稳定气流的作用。

▲ **菊花**：在西方栽种一些深红色的菊花有助于增加收入、拓宽交友渠道。另外还可以选择大丽花、非洲菊、玫瑰等。

▲ **雏菊**：雏菊白色圆形的花朵放在住宅北方比较和谐，可以营造宁静的氛围。放在西北可增强尊贵感，放在东北可促进果断决策。

▲ **玫瑰**：玫瑰花苞蕴藏金之能量，而一旦玫瑰花开，它的形状则使其与火气联系更密切。红花玫瑰营造浪漫氛围、高贵气质，尤其是将它栽种在西方的时候。

装修风水

家具

你住宅中椅子、床、桌子的摆放位置决定了你会在什么地方度过更多的时间。正确地放置你的家具，你就可以处于一个很有利的位置，面对一个有利的朝向。颜色、形状和家具的制作材料都可以影响居室中的能量，如果是古董的话，它的历史也同样是很重要的因素。

借助于风水学，你就能够知道如何挑选家具，因为这关系到你未来的定位。接下来，在面对现实的需要的时候，人们并不总是会考虑到风水学的标准，但是适当的结合是必要的。

在制作材料方面，木头通常是最适宜的，可以在任何方位都产生中性的影响。

新的家具会更新居室的环境，而旧家具会留存和淤积过去的能量。它们之前的作用决定了留在它们内部的能量。大多数家具会在很短的时间内吸收新环境中的能量。

锐气

在家里摆放家具的时候，一定要对它们的各种边角多加防范。如果这些边角直指着你或你的家人，就会形成我们所知的锐气。这种不

How to design **Your Lucky house**   227

吉的气流会改变你个人的气场，使你感到茫然若失，甚至更严重的，会导致你患病。

各种家具的选择与摆放

■ **椅子** 圆形的较松软的椅子是最容易让人放松的，同时在属性方面也是最偏向阴性的。直靠背的较硬的椅子则更

■家具摆放应注意的地方

家中不同房间、家具的总体安置情况会影响到整个房间的风水。过多的家具或者不恰当的家具摆放，会使家中的气变得混浊和淤滞。为了获得一个房间中最优的家具摆放位置，我们应当了解如下几点：

①我们坐的地方或者我们的床不应该突兀地正对着门，因为这样的话我们会受到非常剧烈的能量冲击。

②房间中不宜有过多的家具。

③当一个房间的形状不规则的时候，家具的摆放应当顺应这个房间的线条，从而使整体效果显得和谐。

④尽量不要选择带有锋利线条或尖角的家具。

⑤尽量使床和你经常坐的地方不要处于房梁之下。

⑥如果某一单一房间占据了整个房子的长度，并且我们想创建几个不同的环境，我们就可以用家具来把空间隔断开，这样也帮助能量进行流动。

⑦新家具可使气场焕然一新，而旧家具有他更独特的性质，因为它还蕴藏着以前使用者的能量。

装修风水

趋向于阳。综合使用各种类型的椅子可以达到气场平衡，使用各种对比色也可起到同样效果，例如，可以在属阴的软椅上放置一个属阳的红色靠垫。另外，椅子摆放的位置也很重要。

■**柜子** 影响抽屉最重要的因素是形状。高大的衣橱能吸引强大的木之能量，而矮小的柜子则可激活土之能量。

■**床** 天花板高的卧室适合使用较高的床，这种床可增强房间内的木气。如果房间的天花板较矮，可以使用蒲团垫等。

■**梳妆台** 梳妆台的边应比较圆润，这让才可避免锐气形成。不要让梳妆台的镜子在夜间对着床的方向。另外，椭圆形的镜子最好是与人脸的形状接近，这种形状能使你在化妆时候感到放松。

■**嵌入型柜子** 首先一定要避免气流在这类柜子中淤积。如果可以的话，尽量把这类柜子安设在角落或者

■椅子：有扶手更好

椅子有个好的靠背不仅能让坐的人更舒服，还能有效的保护背部。另外，风水建议，有扶手的椅子更好。

椅子不可以背靠门窗摆放。最好它后面能有一堵墙或是其他什么东西作为依托。

How to design **Your Lucky house**

形状不规则的卧室中，这样可以有效地减少房间中出现畸形角落。另外，柜子内部要保持整洁。

■**桌子** 餐厅使用的餐桌形状会影响这块区域的气流。如果你想在一个轻松的环境中用餐，建议你使用椭圆形的餐桌。如果你的客厅和餐厅是连成一体的，没有明显的界限，可以在用餐的地方摆上一张圆形或长方形的餐桌，因为这种类型的餐桌属阳，有助于使餐厅中的气流更加集中。

■**家用电器** 现今，家用电器也可以称作家具的一部分了。但是因为它们对人体有害，所以应该尽量让它们远离平时你经常待的地方，比如沙发、扶手椅等。

门

每天你都会通过家里的门进进出出，每一次你走过它的时候，都会影响气流的循环。

气可以透过墙壁流通，但如果通过的是门，气流的运行将更加通畅。大门可影响气的流出和进入，而房间内的门则可影响气在整个住宅中的循环。

你倒水时，水流会顺着壶嘴流出，这和人与门的关系比较类似，人本身产生的气可以通过门

装修风水

从个人气场流出。人的气一旦进入住宅内，就会成为住宅气场的一部分，而且，它的影响比门的气场更为持久。通过门的人越多，门的影响和重要性就越凸显。

正门

正门的方位决定了进入住宅的气流类型。另外，其朝向也会有相应的影响。设于东方并朝向东方的门会使这个方向的能量更加活跃。如果门的朝向和方位不相同，那么，它的方位影响会更为突出。后两页的图表介绍了关于不同方位的门的宜用色，以及当门的朝向和方位不同时的解决办法。

门的方位及朝向都会对住宅造成影响，根据需要，它们的效果可以被扩大或削弱。如果你家有小孩，而你希望过着简单的生活，并且同时你正承担着一个需要责任心的工作，建议你在西北方朝西北方向开一扇门，这会对你有好处，另外，还可以加固一下外门，能给你带来更多吉利之气。

另一方面，如果你家的正门正对着一个长形走廊，当你每次进入家门的时候，气流速度都会加快，这样很容易破坏室内的气流平衡。

如果你站在主门上能看见住宅的另一个出口，这种布局也是不吉利的。因为气很可能从一个地方进入，而从另一个地方流出，难以在住宅中停留。

■ **尺寸** 如果住宅的门够大，气流就能够轻松地流进流出。门的大小首先一定要保证能让家里个子最高的人顺利地通过。

如果门的位置比较吉利，那么建议你尽量把门做得大些。反之，则最好使用小门。

■ **颜色** 应该根据门的方位选择相对应的颜色。如果门的方位不吉利，就应该使用比较亮的颜色，借助他们的反射作用抵御一部分企图进入住宅中不好的气流。

■ **材料** 如果想要得到更好的采光并引入更多的气流，可以在门上装一面玻璃。

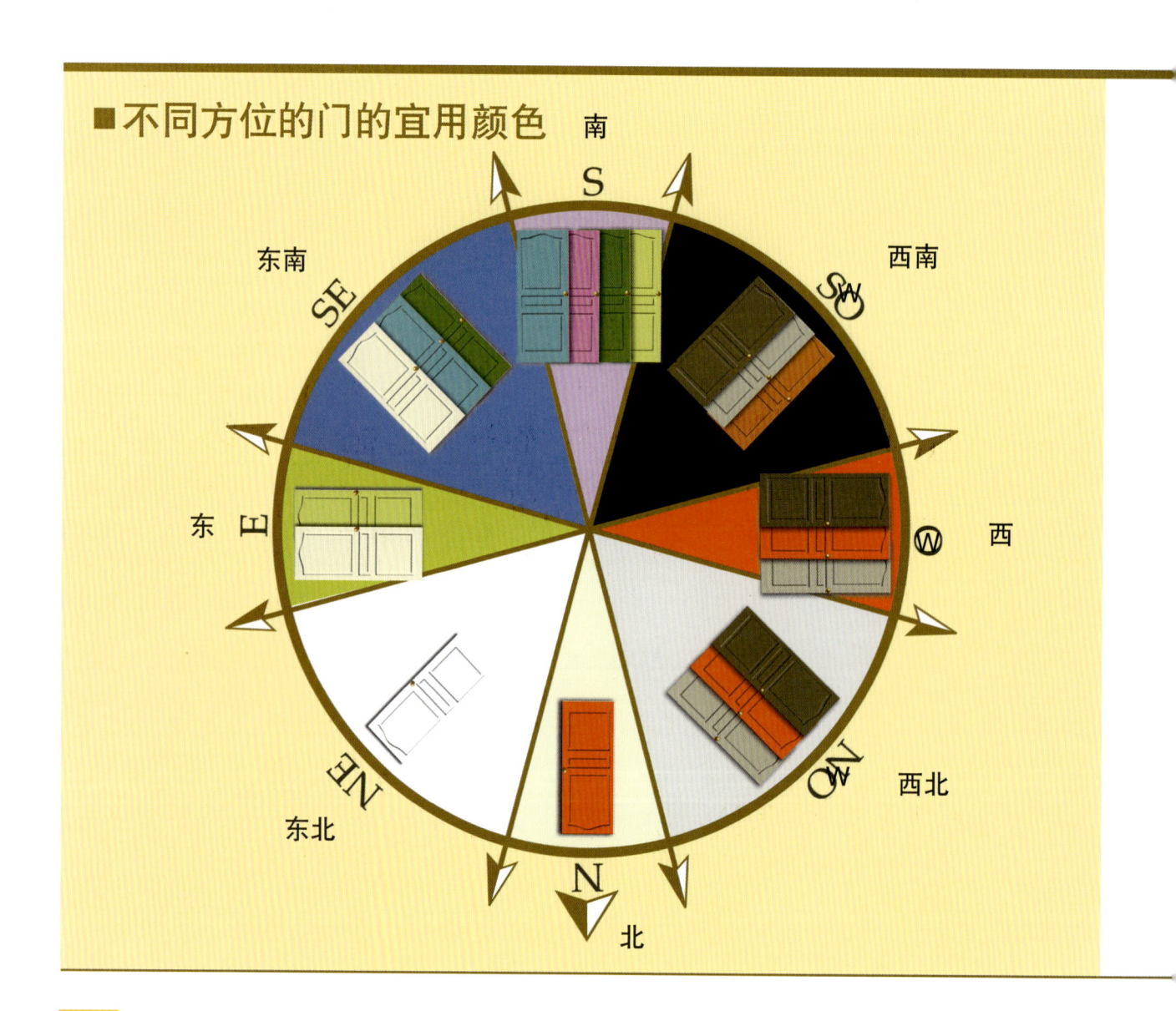

■不同方位的门的宜用颜色

装修风水

南
如果你想在平时多引起他人的注意，应该选择多在住宅南方活动。但是，这个方向也可能使你过于兴奋，时常吵架，甚至导致离婚。

建议：可以给门上一个木制门框，并给门刷上比较柔和的颜色，草绿色、深绿色、蓝色或紫色都可。黑色可以削减气流，同样地，还可以在门边放一个装满煤炭的陶土盆，也有削减气流的作用。

东南
这个方向比较吉利，尤其有助于沟通交流和事业的平稳发展。

建议：门的颜色可以是深绿、蓝色、米白色，可以使用木制门框。

东
这个方向比较吉利，尤其对于事业刚刚起步的年轻人特别有利。

建议：门的颜色可以是草绿色、米白色，可以使用木制门框。

东北
这个方向的能量比较无常，无法预知。如果在这个方向开一道门，效果难以预测。在这种环境下生活，你可能容易得病。

建议：把门粉刷成亮白色，并在门上装一个金属门环，金属的门环可以将这个方向的能量反射到另外的地方去。另外，可以在门的内侧摆放一只装有海盐的瓷碗，这也有助于削弱此方向带来的不良影响。

西南方
西南方向上的门会让你的住宅处在宁静、闲适，甚是有些迟缓的气流中。

建议：金元素的出现能使此方气场更加和谐，另外，黑色、锈红色、灰色也有同样的效果。一小瓷碗海盐可以增强住宅中的稳定感。

西
西方之气关联着欢愉、爱情和收入，但是同样可能使人懒散。

建议：门框和门环最好都使用金属的。关于门的颜色，建议使用黑色、红色、灰色。

西北
这个方位会增强人的领导能力、组织能力，使人感觉生活在自己的掌握之中。

建议：金属门框、金属门环都适合在这个方向上使用。把门刷成黑色、红色或灰色。

北
北方之气过于宁静平和，不适宜开门。

建议：为了充实这个方向的气场，可以将门刷成红色，并在门上装一个金属门环，还可以在门外装上灯或金属铃铛。

How to design Your Lucky house   233

门前阶梯

有些大门直接对着楼梯，在这种情况下，楼梯对进进出出的气流影响较大。如果一个门在楼梯上方，那么人上楼梯进门时，楼梯会减缓人的气流的运行速度；反之，出门下楼梯时则会加快人的气流的运行速度。另外，这种影响还要取决于阶梯数量、住宅大小以及周围的环境。

在城市住房中，有些套间正门位于下行楼梯的末端，在这里，气流很容易滞留下来。每次有人进出大门的时候，这股滞

装修风水

气就会流进住宅。

如果你的住宅内设有正对大门的楼梯,那么,高层房间的气就很容易在你开门的时候流出。而且,这种布局很难将屋外的气流引入房间内,容易造成室内气流不足。

> 主门是住宅中最重要的一部分,它应该比其他所有的门都要大。

应对不吉之门

风水给我们提供了以下一些应对不吉之门的办法。

■**悬挂铃铛** 在大门处悬挂金属铃铛可以激活由其他建筑引起的滞气。

■**门框和门环** 黄铜制的门环和门框很有光泽,和镜子一样,它们可以反射气流,使其向远离住宅的方向流动。如果有从大街来的煞气直指你家大门,这种方法非常有效,还可以有效避免锐气进入家中。

■**镜子** 如果你的住宅中有门冲着楼梯,可以安装一面凹面镜来反射一部分沿着楼梯外逸的气,使其重新回到住宅中。如果有门冲着较长的走廊,或者是进门时能看见住宅另一个出口的情况,也可以悬挂几面镜子将要流出的气反射回住宅中。

内门

■**尺寸** 尺寸较大的门可以使气流的出入更加通畅。客厅的门尺寸应该较大,而卧室作为

How to design **Your Lucky house** 235

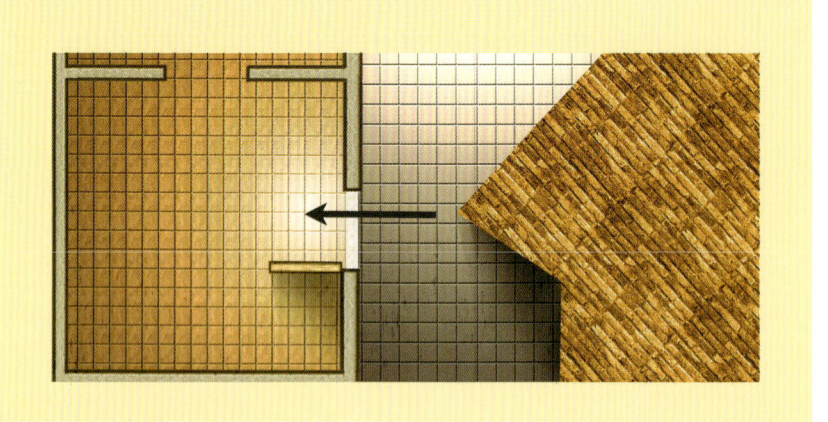

为了避免住宅受到正冲大门的锐气侵扰(如上图)，可以在两者之间摆放一个柜子，或者立一道墙，甚至可直接将生成锐气的尖角改造成平角(如下图)。

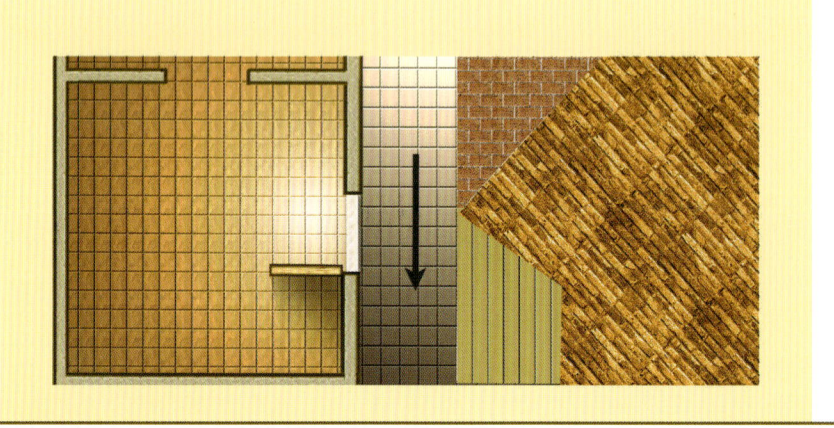

比较私密的地方，应该使用尺寸较小的门。

■ **材料** 直接切割原木制作的门是风水中最适宜，相比之下用复合板和合成材料制作的大门更为优越。

■ **方位** 一个房间的门，相对房间中心的位置不同，可以对气产生的影响就不同。这种影响与主门的方位作用是相似的，只是不如主门效果强烈。如果这些门的方位不好，可以参见前面提到的各种建议进行弥补。

■ **门的相对位置** 处于一条直线上的门会加速该直线上气的流通，造成住宅内气流循环的不平衡。

■ **开门和关门** 门应该开向房间中心，而不是冲着侧面的墙。一进门，你就可以看见整个房间，

装修风水

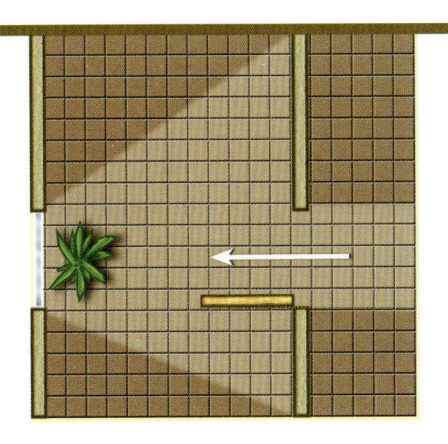

而正在房间中的人同时也可以看见你。开着的门能让气流运行流畅，所以，尽量不要关房间门，除非你很想保留住某个房间里的气。但浴室的门要随时关闭。另外，当你要睡觉时，卧室门最好也关起来。

▲ 如果房门正对着窗户，应该在窗户前摆一盆植物，这样可以防止气流外泄。

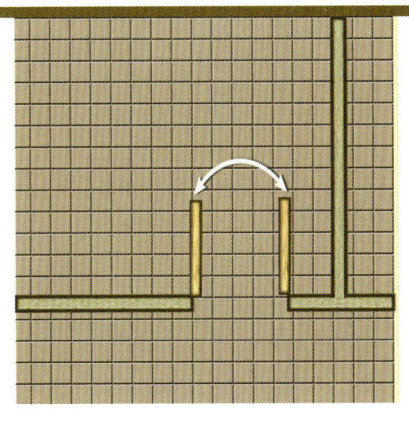

▲ 不要把门开向错误的方向，如果门开错了方向，应及时纠正，将合页的位置调向另一侧。

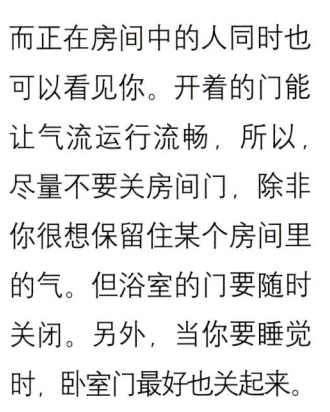

▲ 浴室的门不能和主大门靠得太近。

▲ 如果前后门刚好正对着，应该在它们之间安放一个屏风。

How to design **Your Lucky house**　237

▲如果门厅空间过于狭窄，可以安装一盏灯或一面镜子。

▲如果有超过三扇门在同一直线上的情况，应该设一面屏风来减缓能量的快速流动。

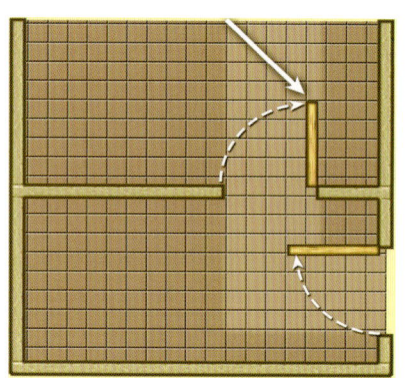

▲避免不同的门在开合过程中互相干扰，必要时可安装槽式推拉门。

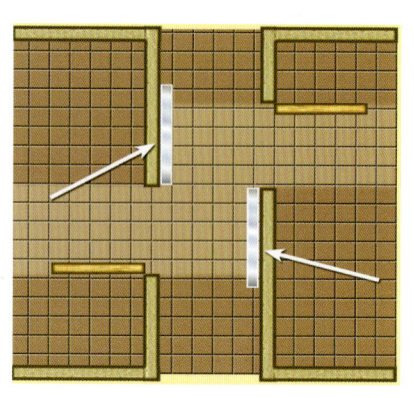

▲当门与门之前的位置不和谐，可在门对面的墙上装镜子来调节。

如何设计你的旺宅

装修风水

窗

气流同样可以通过窗户进出，但是和门不同的是，此时的气流不会再因为人的进出而改变。窗户能够使阳光进入住宅，它通过这种方式影响住宅的气场。最好的一种情况是你的住宅几面都有窗，因此在所有的方向上都能接收到太阳光。

住宅的窗户要容易开。每天至少要开一次窗户，使室内的气和室外的气做一交换，排出废气，引入新鲜的空气和能量。窗户一定要做到定期清洗，如果有裂口的、缺损的，要尽快修理或更换。

要尽量避免靠着窗户睡觉。还有，如果窗户上没有安装厚窗帘，不可以背对窗户而坐，否则，你会感到惶惶不安，时常感到紧张，难以入眠。

长边较长的矩形窗户与上升的木气相关，能让室内气氛更加活跃。东方和东南方最适宜设这种窗户。三角形的或有尖角的窗户在家用住宅中很少见，它们代表火之能量。正方形的窗户或者宽边较长的矩形蕴藏着娴静的土之能量，适合使用在南方、西南方、西方、西北方或东北方。圆形的窗户关联着金之能量，可以将气集中在住宅内，适合使用在西南方、西方、西北方和东北方。

窗帘和百叶窗

窗帘和百叶窗可以为气的流通提供便利，但若使用不当，同样可以阻碍气的流通。如果一扇窗户的朝向吉利，那么就应该增强这方的气场；但如果是情况特别（例如夜间的卧室），就应该阻挡气的流通。

窗帘的选择非常灵活。一般说来，窗帘可减缓气的流通，但是它的作用会根据窗帘的厚度等等特征而变化。

窗户的种类

大面积的窗户方便气流进入宅中。但是如果窗户的数量太多，室内的气流循环会过于旺盛，使你在家中难以感到放松。而另一方面，如果窗户太少，气流很容易在室内滞留。最理想的状态是窗户数量与住宅大小相协调。窗户的形状与五行相关联，同样对住宅也能产生影响。

装修风水

在宽敞的房间中，气的流通比较顺畅，关上窗帘可以营造温馨舒适的环境。然而，在面积较小的房间中，如果关上窗帘则很可能造成气的滞留。在卧室中使用窗帘对睡眠有所助益。如果你的床靠近窗户，或者头朝向窗户睡觉，应该挂上一个比较厚重的窗帘以减缓气的流通。

金属叶片的百叶窗可以避免气流淤结，但是给人的感觉不太舒适。百叶窗适合使用在面积较小的窗户上，因为它能有效地促进房间采光。木料的百叶窗对气的影响比较中性。布料百叶窗与金属百叶窗效果相似。

楼梯

楼梯是气在住宅中不同楼层间流通的通道，传统的直上的楼梯可以产生这种效果，并且比起其他形状的楼梯，这种形状可以使气流转得更加迅速。螺旋形楼梯会使气流拥堵，而且容易使人晕头转向，搞不清每一层的出口。石料或金属的台阶会加速气的流通，而木料台阶效果则偏中性。

从风水来看，石料或熟铁制成的螺旋状楼梯坏处多多。如果你家的楼梯是螺旋状的，应该给它铺用上属阴材料制成的毯子。

How to design **Your Lucky house** 241

楼梯的方位会改变气在住宅中各楼层之间的流通方式，还会影响楼梯起始和结束的两个区域。能量在通过楼梯的时候会加速，所以如果楼梯连着大门，气则很容易流出室外。这种现象可能引起住宅内气的缺失。一般来讲，休息、工作、睡觉都不宜靠近楼梯两端。

适宜安装楼梯的方向有住宅东方、东南方、西南方、北方四个方向。东北方向上的楼梯容易导致气流不平衡。西方的楼梯会使气场浓度过大，阻碍气流的垂直运动。而如果楼梯被置于住宅中间，则会将住宅分成两半，容易造成家庭分裂、关系疏远，甚至导致离婚。

为了减少楼梯布局不合理带来的不良影响，你可以在一段楼梯的底部或末端种植一盆

装修风水

茂密的植物，放置一个装有海盐的小碗或者是一尊雕像。在西方和西北方，建议放置属金的物件；在西南方则可以放置装有海盐的碗；在北方、东方和东南方，种植植物最为理想；而在南方，可以考虑放置一个装满煤炭的陶土花盆。

装饰品

住宅中的气流循环还要受到各种各样的装饰品、装饰画、雕塑等等物件的影响。这些物品的影响主要取决于它的形状和材料。艺术品的象征意义同样对气流循环也有很重要的影响。

■ **正方形盒子** 将其置于西南方，它就可以

■ 宅中楼梯

在风水看来，楼梯非常重要，因为它们是联系着各个楼层的重要通道。理想的楼梯应该宽大、圆边且拥有较大的楼梯平台。任何一个可能产生暗箭的地方都应该得到柔化，可以借助植物等风水工具。永远不要让楼梯直冲大门，因为这会引起消极能量的突袭，直接冲向上部的楼层，而不会经过下面的楼层。

如果楼梯正对着大门，那么应该在楼梯和大门之间加一隔板、一个屏风、一个窗帘。可以将它们放在楼梯在较低楼层的起始处。

在门上贴上门神或者是守护者的图片，可以有效地阻止消极能量的侵袭，使其远离我们的住宅。另外，镜子、转铃也能起到同样的效果。

How to design **Your Lucky house**

借助金气平衡气流。

■**金属画框和盒子**　将其置于西北方以增强金气。

■**小鸟陶工艺品**　陶制的物件有平衡气流的作用，可以将它们放在东北方。

■**动物木艺**　它们能使空间更具活力，适宜放置在东方和东南方。

■**玻璃工艺品**　将其置于北方，可使气流运行顺畅。

■**陶瓷工艺品**　可选择一些圆形的陶瓷工艺品以集中西方和西北方之气流。

■**石雕工艺**　浪漫的石雕工艺品可激活西方之气。

镜子

镜子是风水中很重要的一个工具。它一般被用来加速气流运行或者改变其运行方向。镜子不仅可以引导能量和光线向住宅中特定的方向流通，避免滞气，还可以驱散住宅中过于集中的能量或不吉利的锐气等。

风水中运用的镜子有两种：平面镜或凹面镜。平面镜能将气流反射向另一个方向，而凹

装修风水

面镜则能将一股能量同时向多个方向发散出去。大多数凹面镜都是圆的，但平面镜的形状就比较多了：长方形、正方形、圆形、椭圆形、八边形或不规则形状。

八边形在风水中意义特别，因为它的八条边同八方图完全吻合。也有其他形状的镜子和它意义相同。另外，镜子边框的材料和颜色对环境也有轻微的影响。

圆形和椭圆形的镜子同金气相连。圆形的镜子属性偏阳，可吸引气流集中；椭圆的镜子属性偏阴，会驱散气流。

形状狭长的镜子可增强木气。而宽较长的矩形镜子关联着土气，可增强住宅中的宁静闲适。正方形的镜子同圆形的镜子效果相似，都可以凝聚气流。

■ 镜子与气

镜子可以激活气流并引导其转向正确的方向，它已经成为最流行、最常用的一种风水工具之一。另外，镜子有复制物品的功能，在这个意义上说，镜子可以从视觉上扩大空间范围，使狭小的空间变得更大，使较浅的空间变得更深，这有助于改善气流循环。如果某处气流容易淤结，建议在此处使用镜子，这样就可以制止暗箭或者其他威胁造成不利影响。关于镜子的正确安置位置，应该记住，如果企图对气产生刺激，镜子就该帮助气流在原有的路径上进行迂回，以达到气不淤结的目的。若想要消除和制止消极的气，可以用镜子将其反射出住宅之外。

镜子的摆放要领

■可摆放在没有窗户、幽暗封闭的环境中，比如房间角落或浴室。在浴室中，镜子不可以正对着坐便器等卫生洁具，而且不可以面对浴室门和垃圾桶。

■镜子可用于驱散直指窗户的暗箭。如果镜子摆放正确，可以达到这一效果。

■餐厅中，镜子可以使厨房光亮加倍。

■镜子不能正对着门，尤其不能正对着正门。

■不可以在走廊尽头安装镜子，因为这样会使感觉中的走廊长度成为实际长度的两倍，显得过长。但是，如果在走廊一侧的门上安装镜

装修风水

子，则可以使走廊显得更宽。

■如果你在一个长形笔直的走廊两侧都安装了镜子，气就会在两墙之间来回运动，渐渐地失去原来的速度。另外，这种镜子还能让走廊显得更宽。但如果家里的走廊不是直的，而有不止一个拐弯的地方，则可以安装一些凹面镜以便看清拐角另一端的空间，而且气的运行也会更加顺畅。

■如果想在一个房间营造活跃的氛围，比如客厅或书房，镜子能起到很大作用。因为镜子可以给你创造出一个使人精力充沛、创造力无穷的环境。

■卧室中镜子不宜过多，因为镜子能使气场活跃，不利于休息。

■如果你的住宅中有L形房间，可以在此安置一面大镜子，在视觉上补全缺失的那一部分空间。这种反射作用可以激活房间中的气流，悬挂镜子的那一面墙看起来会显得更远。

■大镜子可以扩大小房间的视觉空间。反射的影像会投射出气并在房间中循环流通。

■如果你家楼梯直对着正门，可以在大门背后挂一面凹面镜，这样气流就可以被反射回去不致于外泄。同样地，你还可以在大门旁边悬挂镜子，这样开门的时候就能看见住宅内部了。

妙用风水32招

妙用风水32招

在生活中，风水的运用无处不在，它可以帮助你改善生活环境，提高生活质量。例如，在办公室中，你和同事的座位朝向相同，一个在前，一个在后，这样的布局优于你们俩面对面地坐下办公。如果你的座位面朝墙壁，则应该在墙上挂一幅风景画。如果你在工作中不得不使用电脑，可以在电脑旁放一盆仙客来，用于吸收不益于人体健康的电脑辐射。如果你希望避免他人在你背后制造流言，可以在桌子上放一个公鸡的或是鹦鹉、巨嘴鸟等等鸟类的雕像。

在家里，如果要进行一次很重要的聚餐，比如圣诞节聚餐，不要忘记了这些规则：如果你家餐桌是木料的长方形餐桌，桌布则应该使用白色，餐巾应该是蓝色；而如果你家餐桌是金属的圆形餐桌，则比较适宜的是赭石色桌布和红色餐巾。另外，尤其要注意的是，餐桌上五种五行元素应该齐备，缺一不可。接下来，我们看看应该如何运用风水改善生活，以下是妙用风水32招。

1.双床垫应当是一整块

每天，你都会和你的另一半在卧室的同一张床上休息，因此，注意以下这些风水规则很重要。如果你们的床使用的是双床垫，那么床的靠背一定要是一整块。另外，夫妻床使用双床垫对夫妻关系的良好发展是很不利的，因为它象征着分离、决裂，尽量不要使用。

这种情形也容易导致夫妻不和：床位于屋顶横梁下、两扇门之间，或床尾直冲大门。

2.栽一棵橘树

中国南方气候温暖宜人，适宜种植。这里的人们常常在家门口或办公楼门口种上一棵橘树，这样可以招财进宝。由风水看来，凡是健康茂密的植物（尤其是菊花、竹子、兰花和梅花），都可以给家庭带来好运。如果你决定要种一棵橘树，而且你居住的地方常年不结冰，那么建议你将它朝向东南方种植，因为这个方向是住宅中象征财富的那一部分。

3.朋友聚会时用圆形餐桌

风水还可以帮助我们营造舒适愉快的聚会氛围，保证这些活动的成功举行。只需要你参考以下建议：

■不要让客人坐在桌角。
■不要让客人坐在屋顶横梁的下方。
■让男客人和女客人挨着坐，这样可使阴阳调和。

聚会中，圆形餐桌比矩形餐桌更适合。不可使用L形或T形的餐桌。

一般习惯使用圆形餐桌，因为这样能使每个吃饭的人都处在和谐的气场中。风水学认为，曲线能使所有的人感到放松，从而避免争吵。另外，圆形是个很特殊的符号，它象征着上天之气，可以避免能量转向消极，伤害人体。

妙用风水32招

4. 挂牡丹图

杨贵妃,中国历史上最美的女子之一,深受皇帝宠幸。据说,她的花园里一年四季都栽种着牡丹花,香气四溢。

女性的房间里挂上一幅牡丹图会带来吉运。图画中的牡丹开得越娇艳欲滴,越能将财富引进屋来。当然,如果能种上真正的牡丹是最好不过的了。

同时,牡丹关联着夫妻关系和性生活。所以,如果夫妻俩结婚久了,想要找些新鲜感,激发尘封已久的激情,牡丹是你的不二选择。

How to design Your Lucky house

5. 不要把扫帚放在显眼的地方

所有的家庭里都有扫帚和拖把，但是风水学建议你将它们保管妥当，不要放在一眼就能看见的地方。尤其不能放在厨房里，因为它们很容易就能将粮食和财富"扫"出家门。

6. 挂照片的讲究

表达家人高兴喜悦的照片能给住宅增添巨大的能量，但是在家里悬挂照片的时候，要注意以下几点：

■不要将家人的照片挂在直冲大门的位置。
■不要将家人的照片挂在直冲浴室的位置。
■不要在家里挂三个人的照片（因为风水认为，照片中间那个人将来会离开其他两个）。如果家庭成员一共有三个，三人照相时最好站成三角形。

7. 移动家具，激活气场

如果一所住宅毫无生气、气场淤结，那么注意，你该给这个家里注入新的能量了。有一个最简单的办法，开门开窗，掸除地毯、窗帘上的灰尘，然后把家具挪动45厘米左右。这样，气流受到推动加速了循环，你也可以利用这个机会好好做一次大扫除。这个方法虽然不能从根本上解决家中缺乏生气的问题，但是的确能使住宅重新获得属阳之气，激活住宅内的气场。

8. 挂幸运鸟的图

据说鸟儿是上帝的使者，蕴藏着风的强大能量。因此，为了吸引更多的财富进入家中，妙招之一就是在家中悬挂鸟儿的画像或照片。根据道教传说，凤凰是百鸟之王，是众鸟的守护神。另外，也可以根据不同需要进行选择，比如鸭、鹅或是天鹅象征着爱情；鹤象征着长寿；雄鸡象征着事业的成功；喜鹊能带来喜讯。

9. 地面上采用方形图案

另一个很简单的风水妙招是在地面上使用正方形图案设计。可以借助于席子、地毯（一定要使用质量好的手工制作的产品，料子可以是丝绸、羊毛或棉花）、垫子、镶木地板等等，它

妙用风水32招

们都能给家中增添土之能量。

另外，圆形的图案同样能给家中注入源源不绝的财富，还能使家庭气氛更加和睦。

10.双象有益于身孕

传统上，一对吉象能促进家庭增添后代，建议把它们放在夫妻房双人床边。象鼻一定要是下垂的，因为象鼻上举容易造成夫妻不和。

How to design Your Lucky house

11. 制造动听的声音

如果环境中各种声音混杂，这会影响到你的个人气场，并因此影响心情。微弱的声音（阴）会让你周围的能量变得沉寂宁静，而强烈的声音（阳）则能激活你所在的环境，使你自身充满能量。

为了使环境中的声音拥有积极的能量，建议你一定要选择自己喜欢的声音和铃声。在此推荐传统的金属铃铛声音，因为这种铃声每次响起的时候都能刺激整个气场。

另外，还比较适宜的声音有轻微的落水声、时钟的滴答声以及金属大钟的撞击声。

12. 制作花台

如果你想通过自然的方式向住宅内引入吉利之气，建议你在窗户或者阳台上做一个花台。这种方法可以使将要进入住宅中的气能量更强。在选择要栽种的植物时，要注意浓烈的颜色创造的气属性偏阳，活跃刺激；而暗淡的颜色则会引入闲适的属阴之气。

但并不是说，任何质地的花台都可以随意选用。金属的花台适合搁在住宅西南方、东北方、西方、西北方或北方；木制花台适合放在北方、东方、东南方和南方；而陶土花台则适合于南方、西南方、东北方、西方和西北方。花台不要用塑料制作，因为塑料会扰乱气场。

13. 用穿戴物加深夫妻感情

风水告诉我们，如果夫妻俩想要更加团结、更加恩爱，很重要的一点就是把一件拥有另一半气场的物件带在身边。可以是一件与他（她）建立了永久联系的穿戴物，如一个手镯、一件衣服、一个戒指等等。这样，两人的气相互融合，产生出两人共有的气，这种能量非常有利于夫妻关系的发展。另外，风水学中还提到，为了和谐夫妻关系，可以在住宅中易于看见的地方放上两人都很高兴的照片，适合的方位是住宅或卧室的西南方、西方和南方。

14. 用植物营造舒适环境

有些植物能非常有效地清洁住宅环境、减少噪音和空气污染。

妙用风水32招

- 粗肋草
- 菊花
- 龙血树
- 非洲菊
- 常春藤
- 虎尾兰

如果你住在城市，你应该知道茂密的或是树状的植物同样可以减少空气污染和噪音。植物可以吸收声波，使环境更加宁静、轻松。

15. 东方置水助仕途

如果你希望工作从一开始就顺风顺水，自己能够充满自信和激情去迎接各种挑战，那么你应该尽量寻找东方之气。

另外，如果你感到自己的事业遇到瓶颈，停滞不前，东方之气会帮助你重新开始。

为了吸引东方之气，可以在这个方向放置一个装有水的小盆。水可增强东方之木气并提升其能量。需要注意的是，水每天都要换，并让它每天都能接收到早晨的阳光。

你同样可以在办公室的东边摆几盆植物。植物蕴藏着木气，能创造出大量的能量。

如果你可以自由选择座位的方向，那么首先根据你自己的九宫数找出对应的方向，把你的座位朝向这个方向安置，这样吸收到的气会更加吉利。

16. 住宅中多使用圆形和螺旋形

风水一个最重要的基础就是利用能量，利用包围着我们的天地之气。人有能力引导气，使它们进入正确的循环中去，而所有的圆形或螺旋形物品对你都有好处，它们能够有效地避免气流淤结。住宅中最好不要有尖利的物品，如叶片边缘很锋利的植物、方形餐桌、天花板横梁、柱子等等。

17. 挂水晶球调节过重的阳气

我们都喜欢让温暖的阳光进到房间里来，但是如果房间里过于明亮，则可能遭遇阳气过重的不良后果。这样可能导致脾气暴躁，让人感到压力重重。为了削减过多的阳气，我们可以在阳光最集中的窗户前面挂一个水晶球。这样让人感到压抑的光线转变成了绚丽的五彩光，室内的气场会更加健康，充满活力。根据风水学，房屋内阴阳能量的平衡非常重要，任何一种占了上风都会造成不利的影响。

18. 善用风水工具

激活住宅中不同区域气流循环的方法多种多样，每一种都能改善我们生活的某一方面。把不同的物品放在合适的位置，整体风水就能得到改善。这些方法大概能分为以下几个方面：

■明亮的或者有反射作用的物件，如灯、镜子、玻璃制品等等。

■鲜活的或者有再生能力的物品，如绿色植物、鲜花、鱼塘、鱼缸，或者就是简简单单的体现自然的相片。

■激发气流循环的物件。比如，一汪清泉、一个小风车磨坊、一个转铃等等。

■长形空心物件，如笛子（最好是竹笛）、金属撞钟、能发声的旧式壁钟。

■根据中国的五行概念使用各种颜色，使之达到平衡和谐。

19. 改善各个方面的方法

■**家庭关系** 办法之一是在住宅东方或东南方栽种能产生木气的绿色植物或花朵，但要注意，植物不能疏于照料，只有健康的植物才能有益于人，干枯病态的植物会产生大量煞气，使家运流失，霉运不断。植物不要选择带刺的，大型圆叶植物非常不错，因为它可以吸收大量有害的电磁辐射。

■**子女** 风水学建议在住宅西方和西北方放置撞钟。它的形状一般较长且空心，这样的性质能使气流在它的内部运行流畅。但是如果住宅窗户很少则不适合放钟，因为撞钟会使气过于集中，容易导致父母和子女之间发生矛盾。

■**事业** 在住宅或书房的北方摆上一个养有热带鱼的鱼缸。鱼缸不宜过大，因为太多的水可能导致你的计划破产。

妙用风水32招

How to design Your Lucky house

■改善住宅风水的简单工具或方法

方向	增强气场	保持气场	削弱气场
北	银制或铁制的圆形罐子，可以在其中插上一株红花植物	常春藤或其他长白花的植物，如丁香。另外，使用玻璃、水晶的小雕塑也不错	种植高大植物
东北	蜡烛	摆放栽种有白色花朵的熟土花盆	装有海盐的白色瓷碟
东	水源	高大植物	蜡烛
东南	水源	高大植物	蜡烛
南	高大植物	蜡烛	装满煤炭的陶土花盆
西南	蜡烛	装满煤炭的陶土花盆	装有海盐的白色瓷碟
西	装满煤炭的陶土花盆	栽种有红色花朵的圆形铁制花盆、常春藤或其他长白花的植物	金属钟表或金属铃铛，玻璃、水晶的小雕塑
西北	装满煤炭的陶土花盆	栽种有白色花朵的圆形铁制花盆、金属钟表或金属铃铛	常春藤或其他长白花的植物，如丁香。另外，使用玻璃、水晶的小雕塑也不错
中	保持宽敞	保持宽敞	保持宽敞

妙用风水32招

How to design **Your Lucky house**

20. 蔓生植物化解毒箭

在风水中，这些建筑元素被称为"毒箭"，它们能形成煞气，危害你周围的气场。住宅中，有些尖利笔直的设计直指家中某一个具体的点，这就是"毒箭"了。当"毒箭"直指住宅大门，则可能导致不幸，健康受损、机遇流失、家庭不和等各种背时之事纷至沓来，家庭会多灾多难。比如，住宅中能够明显看见的房梁会损害宅中之气，阻挡财运进入家中。

为了避免住宅中的毒箭伤害到里面的人，建议你用植物掩盖那些最为凸显的利角。蔓生植物可以改善气流循环，缓和毒箭的消极影响。

另一个方法是在屋顶悬挂撞钟，用来和缓房梁和屋柱突兀的边角所产生的负面能量。

击打撞钟的棍子要是空心的，因为这样气流才能在它们之间自由流转。古人常常用到一种石制打击乐器，即磬，它的去煞效果非常好。声音的振动能使气变得积极有利。

21. 青蛙物件招好运

青蛙是中国文化中最受重视的象征物之一。青蛙一进屋，象征着意外之财将要到来。可以将一个小型

妙用风水32招

的青蛙物件放在家里（例如花盆上）。如果你家住宅大门直冲西南方或西北方，放只青蛙能带来好运，因为这两个方向连接着属金之气，意味着金银、财富。

22. 桃花树做医生

中国文化中认为种植桃花树能改善病人的身体状况。根据风水学，如果有家人生病了，那么应该在他（她）的房间东方挂一副桃花图，或一张桃花的照片。桃花树象征着永生，猴王就是吃了它的果实而长生不老的。另外，它还可以向室内引入健康活力的气流。

23. 守宅神狮

用狮子作为守护神在中国非常常见，人们认为强大的狮子能守护住宅和生意。狮子常常被成对地出现在正门两侧，阻碍煞气冲进宅中。北京紫禁城正门外就有一对石狮，还有，在很多道家寺庙外也有成对的石狮，这都是将狮子作为守护神的例证。

24. 养吉利之鱼招财

中国文化中，色彩鲜艳多姿的鱼，尤其是红色的鱼能够招财进宝。鱼的数量最吉利的是九只，其中八只红色的或金色的，第九只则应该是黑色的，用于驱散不吉。另外比较吉利的鱼是日本鲤和龙鱼，这些鱼类都能带来很吉利的风水。龙鱼是一种热带鱼类，主要生活在印度尼西亚、泰国、马来西亚、婆罗洲的热带雨林中。这种鱼养的时候最好三只或五只一起养，并且在鱼缸里不能再有其他的鱼。

25. 建造风水花园

住宅前的花园能起到保护的作用，将住宅和外部的煞气隔绝开来，而花园中各种各样的树木、花草能将充满活力的能量引入室内。所以，花园最好是分布在入口的位置，这样，源源不断的能量很容易就被引入之内。

为了使花园中各种不同的元素（形状、颜色、材料等等）很好地结合，建议你参考四大神兽的方位模本。比如，在屋后种一排树，能召唤玄武之力，保护住宅；在右侧则应该种植一棵高度较高的树，这象征着青龙之力；在左侧应该种植矮小的树，象征白虎；而前方则应该铺上一片开阔的草坪，能召唤朱雀之力。

为了突出花园中的某一部分，可以使用一些特定的雕像。比方说，为了旺盛事业运，可以在东方立一个高大的木制雕像，在它周围种满绿色植物；又比方说，你希望增强家庭团结和睦的氛围，则在花园西南方立一个泥塑，在它周围种上黄色的花朵；最后，如果你是想让感情生活更加有活力，在花园西方立一个主题比较浪漫的雕像，基座用没有尖角的金属基座。在周围种上红色的花朵。

26. 驱除浴室煞气

对风水概念中那些充满危险的地点，一定要使用风水工具对其进行控制。如果我们放任不管，它们很可能伤害到住宅里的所有人。以下是一些简单的建议：

■增强住宅南方的浴室中的土之能量（比如放置一个陶土罐子），因为各种盥洗用具可能会导致家人或朋友的背叛。

■增强住宅西南方或东北方浴室中的金之能量（比如放置一尊雕像）。否则，夫妻之间可能会产生矛盾。

妙用风水32招

■水之能量（比如放置一个鱼缸）可用来削弱位于住宅西方或西北方的浴室煞气，否则，儿女之间容易产生矛盾。

■增强住宅北方的浴室中的木之能量（可种植物）。否则，北方浴室中的不吉之气会导致工作上的不顺利。

■火之能量可用来削弱位于住宅东方或东南方的浴室煞气。否则，住宅中的居住者很可能患病。

27. 放置玉净瓶

玉净瓶是能够招来好运的又一个物件。这种梨状的祥物是一个很强大的风水工具，可以驱散引发疾病的戾气。据说，观世音菩萨出现的时候一般都带着玉净瓶。

28. 只在白天晾晒衣物

风水专业人士建议我们不要在夜间晾晒潮湿的衣物，因为衣服在夜间能吸收大量的属阴之气。所以，人们一般习惯在白天把衣服晾在露天的地方，这样，衣服就能吸收太阳的属阳之气，而不是缺乏生气的属阴之气。

29. 供财神

传说有不少象征财富的神仙，最有名的是财神爷。供财神爷的方位是有讲究的，正对大门的高供桌是比较好的位置。财神爷能给家里带来吉利和福气，让倒霉的事远离你和你的家人。

30. 借玉之神力

如果我们时常感到紧张，精神恍惚，情绪不稳定，想要改善自己的状态，就需要增强我们身上的土之能量。玉石正好有这种独特的功效，它是一种坚硬的矿物，在漫长的形成的过程中吸收了大地的精气。很多人家中都收藏了一套十二生肖的玉器，每年都拿出对应的那一个摆在家里。玉石是很好的趋吉避凶之物，成人常常作为礼物送给刚出生的孩子，或是送给年迈的老人，以表达自己的尊敬。

31. 设法让自己快乐

尽量用积极愉快的回忆填满你的家。笑容，满足，都能产生积极向上的能量，延伸到住宅的每个地方，浸染住宅的每个角落。在住宅中摆上各种各样能让你开心、快乐的物件，它们能一天24小时给你好心情。

每一个来过你家的客人都会将他自身的气带到你家。如果他在你家感到开心，这股积极的气将会对你家产生良好的影响，尤其对孩子非常好。宠物也能产生一定的积极效果。

32. 适时更新气场

为了经常更新气场，很重要的一点是不要在家里堆放旧家具或不能使用的家电，以及各种电线，否则家里就会形成各种阻止你事业成功的障碍。同样的，破了的杯子要扔掉，有缺口的盘子不能用来装食物。另外，那些对你来说意义不大的破旧装饰物，不要犹豫，该扔就扔了，它们会对住宅的风水产生不利的影响。

妙用风水32招

How to design **Your Lucky house**

风水学词典

风水学词典

在接下来的部分中，我们将给你一部风水学词典。在这部词典中，你能够遇到此书中没有提到的很多风水学的知识。如果你一步一步地跟着学习下去，你就会对这些内容有很深的体会和认识。

如果你还没有充分学会怎样获得你在家中、在办公室的九宫之气，我建议你在个人方位的入口处找寻。

这里你将同样会遇到关于风水圣兽的解释：玄武、青龙、朱雀、白虎。同样也会了解到关于装饰的、关于房间布局的、关于住宅内家具摆放的一个接一个的问题。

颜色、石头、植物等等和住宅相联系的因素、方位概念，在这部分也有各自的一席之地。作为本书前面内容的补充、完善和拓展，希望这部分内容能让你生活的各个方面都可以得到改善。

268　如何设计你的旺宅

风水学词典

扇子 在接待室或者入口区域十分有用，因为可以将有生机的能量引向住宅之内。但是要注意的是，如果扇子是放在墙上作为装饰物的话，一定要用胶粘固定，而不要用钉子钉。

通道 风水学一向主张向住宅接近的通道要和缓，不可过直。理论上通道一定要是曲线、圆弧形，因有这种轨迹可以形成通向住宅的和缓的气。另外，不要应用笔直的小径，取而代之，用一些风景装饰和柔化一下。所谓曲径通幽，就是这个道理。如果住宅临街，还要用栅栏或者篱笆对住宅进行保护。如果有专用车道，也不要让车道笔直地冲向建筑本身或者住宅的大门。

事故和灾难 这些都是"不幸"的代名词。尽量避开这类地方，因为它们会带来坏运气和不顺（如丢东西、失业等等）。如果实在无法避开这类地方，就尽量少地在这种方地方开展活动。绝对不要将厨房、卫生间、儿童卧室朝向这个方位。

鱼缸 如果在家中能有一个鱼缸，里面养有各类水草、各色的鱼儿，这对住宅中的气来讲是一种绝佳的刺放激。也可以在商店或者餐馆的收银处放鱼缸，这样可以增加财富。在住宅中可以依据八卦，将鱼缸放在所需的位置。如果鱼缸里的水能保持清澈，鱼儿能保持活力，那么鱼缸的聚气作用会是十分明显的。

活动 风水学建议，将所有的家庭活动(进餐、睡眠、工作、学习等)，根据八卦，安置在住宅当中最为适宜的地方进行。住宅的平面图可以根据洛书幻方分为九个区域，每一个区域都代表一个方位，一种卦象和一种确定的活动。

玛瑙 是一种具有保护作用的石头。可以让人从燥热中得到冷静，同样也可以缓解一些轻微的脾胃疾病等小恙。可以让人更加敏感，加强人与人之间的沟通。

水 五行元素之一，在古代，有很多风水学家都认为水是构成世界的元素之一。风水属性为：与冬季相联系，处于北方，呈墨色，流体。这样，这种元素不仅仅以水本身的姿态呈现出来(比如水池、河流、湖泊等)，同样也会通过其它所有具有相似特性的、波状、流体的事物体现出来。这种元素同样能够以起伏不绝的群山、城市，不断的车流，连续不断、轮廓柔和的建筑群联系起来，因为它们都具有水元素的特质。比如，一座高大的全玻璃幕墙的建筑，就会被认为是一种水元素的另类表现形式。如果将我们的感受比作海洋，那么，从我们存在于世开始，就不断地在学习如何和水元素相处。如果我们找到了属于我们自己的路，我们的行动就会落地生根，水就会给予滋养。

How to design **Your Lucky house**

水同样也是沟通、思想交流的因素。音乐、艺术和文学都受到过水元素的影响。在商业领域，水可以提供交流、促成买卖，处理文本邮件等。另外，水放置在公司门口可以对商务活动有很大的促进作用。只有当水处于住宅后部或者以笔直的河流状态流动非常之快时，才认为是有害的。在元素的相生顺序上，水是木成长的必要条件；在相克顺序上，水克火。在卦象上，水符合坎卦，它的符号是由两条阴线夹着一条阳线构成。五行属水对于人来说，最好的方位是西方和西北，无论如何，都要避开来自西南和东北的能量。对于五行属水的人体内部来说，最易接受的颜色是深蓝和黑灰。由于金生水，所以金色和银色也相对有利，它的数字是一。

地下水　任何场所都应该拥有良好的地下排水系统。如果没有的话，地下的水就会淤积，形成一个有害健康的环境，对人造成不利影响。

海蓝宝石　这种宝石会对眼睛、皮肤、嗓子、牙齿和肝脏不适产生很好的效果，能够推动内心的平和、忍耐、和谐和理解。

紫翠玉　这种玉有利于肠胃疾病、肝病、眼病的治愈。可以推动爱情，推动发展和增加忍耐力。

地毯　为了让家中产生有利的能量，应该精心挑选一款地毯，最好是自然织品，背面用黄麻做底。

相生的气息　这是最好的预兆之一。如果能在住宅的所在地遇到这种气息，那将是即有利于安居又有利于繁盛的好事。这种地区充满了活力，就像源泉一样，向四周不停地传播着它的吉瑞。此地适于安置工作室或者卧室。

仓库　和八卦的艮卦相关联，一个公司的仓库应该总是在朝东北的方位，即和安全、稳定相关联的地方。对于保存货品，牢固的箱子是很理想的。如果存放材料的仓库并不是被公司长期占用，那么就尽量能较长时期地利用这种仓库。

黄色　这种颜色加上黄褚色和土黄色，代表土元素一族的能量。在住宅中有利于创建平衡的环境，能够使与文化、爱情、夫妻相关的区域变得活跃。黄色可以稳定、传达亲密和热烈，是阳光的颜色，处于较明亮的色域。与知识、聪颖、长寿、秋季和成熟相关的光线。黄色可以凌驾于其它任何一种颜色之上，比其他颜色都耀眼，具有欢

风水学词典

快、乐观、礼貌和引人注意的特质。

■黄色的装饰建议 对于厨房、起居室和餐厅是十分有利的颜色。同样地，如果在房间中采用黄色作为装饰，那么在这些房间里非常适合开展智力活动，比如办公室和工作室，黄色可以起到活跃气氛的作用。具有香子兰颜色墙壁的房间更加舒适，可以使心情更加舒畅，使每天的不快都很快消失。然而，过多的黄色可能会激发嫉妒和骄傲。

紫水晶 可以使梦平静，减少偏头痛的困扰，远离恐惧，放松皮肤，净化血液，推动思考、信仰和变化。

琥珀 这种非常吸引人的树脂，可以用来减少嗓子痛、发烧发热和听觉的感染。同样也可以用于眼疾和哮喘。另外，可加强和推动知识、财富与安居。

爱情与婚姻 根据八卦的理论，生活中的这个方面是由艮卦来掌管的，属于西南的卦象。所以，比较理想的夫妻卧室就是在住宅中的西南方。如果不可能朝向这个方位，那可以通过放置镜子来延长住宅以达到理想的方位。在八卦中，这个区域的基础是土、敏感、纯真的本性、慷慨和接纳之心。

■如何使这一区域的气变强

这个区域的气可以通过其他的与爱相关的、人为的物品得以加强。比如思念之人的照片、纪念物、夫妻用品等等。有太多的具有象征意义的成对的物品可以对此区域进行加强，从印度神明到阴阳象征，再到一对海豚等等。这里同样可以应用积极的刺激，应用生活中这个方面的气，一些个人物品，甚至是个人手工的物品等等。这个区域以八卦中"坤"卦或者与"坤"有关的东西为基础，例如使用圆形的家具和其他物品。对于供人端坐的椅子，比如圆形而柔软垫子，在此处就非常的适合。

色调温暖的色彩有利于给房间营造舒适感。黄色、栗色、

How to design **Your Lucky house** 271

橙色、红色和所有的土色，这些颜色都可以激发土元素。

在地板方面，地毯、铺地细砖、栗色的材料，经过检验得知，都是很自然的，可以加强和土地的联系。相反，栗色并不适合于家具或者墙漆，因为这会明显使房间变暗，若长期如此，还会滞留忧郁的情绪。

对于夫妻房间的环境来说，最好的颜色就是沙色、君子兰色和黄色。橙色同样不错，因为这种颜色会使身心愉悦。

土元素同样还可以用石头、水晶和泥土制作的容器来加强元素特性，这和颜色的使用原则相同。在八卦区域中，并不仅仅适用于夫妻的房间和夫妻关系，同样还和我们与朋友、同事的交往有着很深的渊源。

人和土地的关系也会符合夫妻关系的特点。根据这一点，我们可以将土地当作我们生活中的伴侣，重新审视我们之间的关系，学习如何亲切地与土地相处。如果做不到这一点的话，它所象征的内部的稳定性会处于危险当中，就会对人产生不良影响。

护身符 护身符是铭刻在木头上或者简单地被画在纸上的。护身符或者辟邪物习惯上用来招来好运、趋利避害。大部分画着龙和虎、阴阳代表物或者八卦的八角形象。

有一些采用动物的形象的物品也可以被认为是护身符。比如龟，是长寿的代表。各种颜色的鱼，代表对运势的刺激。这些形象在风水学的护身符中占据着很特殊的地位。

暗箭 这是一个经常出其不意、让人猝不及防的概念，也指经常袭击一个地方或人的消极能量。

角 在风水中，人们倾向于运用圆滑的线条、自然弯曲的图形和柔软的材料。他们认为，任何的尖锐的角都会产生类似于刀锋般的能量，或者箭一般的尖锐的能量，这必然会在我们周围的环境中导致不和谐。这种锋利的感觉同样也可以来自一些家具、建筑的拐角和低垂的屋顶角，它们同样可以产生暗箭。特别是，暗箭直接指向住宅入口或者窗口时，不利的威胁尤为强烈。

为了削弱角的危害，人们常常采用引入与其相反元素的方法，或者利用木属性和土属性综合的方法来进行防治，也可以将这些锐角隐藏在帷幔或者栏杆的后方。

旧物

通常，风水学的规律不推荐在住宅当中储存旧物，特别是在"夫妻房中。比如从旧物市场上买来的无用的东西，肮脏的布围，或者其他充满粉尘的物品。那些物品，满载着沉重的历史，只能按照一个古老的方式提供着自己的能量（比如从祖母那里继承来的物品，只按着符合祖母的规律提供自己的能量）。如果要谈摆放位置的话，此类物品只能够放在符合它能量发挥方式的地方。一个被旧物品塞满的房间，诚然可以被回忆装饰得很好，但是也会让新物品无处落脚，会减少运动和一些夫妻关系发展的必要条件。

风水学词典

家庭的守护者

- 虎：象征勇气和恐吓，可以驱赶所有的不利能量。
- 象：拥有最强大的力量、能量、智慧和知识。
- 马：和象相同，是佛家七宝之一。它从来没有获得过神兽的美誉，但是，在中国，人们因其轩昂的外表而十分喜爱这种动物。
- 狮子：是能量和威严的象征。在门口放置石狮子的做法十分流行。

四神兽 根据中国的占星术，天是由四种神兽构成的：青龙占据东方，朱雀占据南方，白虎占据西方，玄武占据北方。这种天兽的安排方法也被应用于很多具体事物的位置安排，比如住宅，比如家具。

先辈 在中国的传统中，人们很尊敬已逝的先辈。为了表达这种对先辈的尊敬，人们为会逝去的先人们精心选择墓址。另外，人们坚信，死去的人们生活在一个精神的国度，对后辈们的生活环境起着举足轻重的作用。

于是，家人们对先人的墓址进行选择的时候，总是精而又精，竭尽所能也要挑一个最好的地方。还要根据风水学的标准，谨慎地思量阴宅的朝向和安放。

古董 风水学十分注重年代久远的物品，比如曾先后被多个人持有的物品。这些物品会在主人与其发生接触的时候吸引主人的能量。很多这样的家具和物品保有它们自己特有的能量特质，所以，当这种历时已久的物品进入一个房间的时候，人们有时可以察觉到一些异样。

如果可以，不要在孩子的房间中摆放古代的家具，因为不能让孩子们在成长过程中遭受过于沉重的能量的熏染。

同样的道理，也不要在卧室中放置古代家具。住宅中睡觉的地方也是十分重要的，如果可能，不要受到任何奇怪能量的影响。

电器设备 电视、收音机、音响设备、电脑等等都有非常突出的象征含义，能够建立一个具有刺激性和创造性的环境。但是，建议将电器设备放在远离卧室的地方，因为电器设备能够产生电波干扰。

由于它们产生声音、画面、颜色的能力，电器设备可以根据八卦给我们的指引，非常出色地刺激能量。但是，一定要注意电器设备所产生的电磁辐射，比如电脑、传真、电视机、微波炉对我们的器官来讲都是很有害的。为了能够使我们在电器运行的时候能够获得真正意义上的保护，我们应该与电器保持至少两米的距离。

How to design **Your Lucky house** 273

树 树拥有着很强大的场，是非常出色的自然转换器。所以树的位置显得十分的重要，他的理想的位置是在住宅之后，就像人的背部一样。另外，植树的方位还有如下原则：

- 不要让树矗立在住宅入口，因为这样会阻碍能量的流动。
- 把树按着直线或者曲线的方式种植，将住宅围起来，就像树丛拥抱着住宅一样，这样就可以达到吸引财富和运势的目的。
- 不要让树的落叶触及住宅的窗口或者墙，它会将住宅内部的气带得很远。
- 枝繁叶茂的树木可以作为对从门、窗进入的暗箭和尖锐物品的很好的屏障，因为这些树木可以减弱暗箭的威胁作用。
- 如果住宅前方的南部有独枝的高大树木，那么此时木元素就会给居住者带来不利影响。我们应该通过多种元素的综合运用来克服这种状况。
- 尽量让绿色阔叶、圆叶的树围绕住宅。

灌木 如果以栅栏的形式被放置在适宜的地方，就会将消极的能量锁在住宅之外，以阻挡暗箭的侵袭，这样住宅就不会遭受不利能量的影响了。有些住宅外的通道过于直接地朝向住宅，而灌木恰恰就有柔化这种冲突的作用。另外，灌木也可以起到平衡一幢建筑周围的植物作用。

弧形 如果一幢建筑是以这种形状为主要的建筑风格，那么会显示出金属的特性。在用于贸易和金融的建筑中

274　如何设计你的旺宅

风水学词典

放弃使用弧形和圆顶是很明智的。

住宅中的不同区域 根据风水学理论，一座住宅的平面可以根据洛书的模型分为九个区域。每一处区域都与一个方位、一种卦象和一种活动相关联。所以，我们可以利用这个规律，预言出住宅中的哪些区域适合于哪些活动。有些人的生辰数字是不和的，有一些卧室的方位是不和的，我们可以用九区理论找出存在于住宅当中的种种不和。

如果我们住宅的布局和理想的模型并不符合，就应该在这个区域安放一些能调节矛盾、缓解冲突的物品。

工作区 为了事业能够更加繁荣，公司中的每一个工作区都应该位于有利的位置，以下是布置工作区的要领。

●和住宅相同，应该处于九宫图中代表它们的方位。这将会使指明，究竟哪项工作在该区域可以最终被完美地完成。

●根据建筑的在九宫朝向，记录下建筑中关于位置的预言，这就能够知道建筑中的哪些位置比较理想，尽量避免不重要的工作占据较好的位置。

反射光 如果一座相邻建筑的反射光指向我们的门或者窗，就会形成影响我们的暗箭。为了减小它的影响，建议用围帘挡住视野，或者简单地放一挂窗帘以求中性化。

建筑 风水学在建筑方面的最主要功能就是确定在哪里进行建设、如何平衡宇宙的能量流动、如何平衡人与环境的关系。

如果一座住宅的位置、朝向、建筑材料、建筑风格、内部布局等各方面都是以增强房间中的能量为目的的，这样就对宅主有益。

艺术品 一幅优美的画卷为住宅吸引好的气，使房间居住者变得有深度、乐观、有活力，可以激发思考和灵感。

How to design **Your Lucky house**

在选择颜色的时候，最好不要采用过深的颜色，比如暗红色、深绿色、灰色、黑色，因为这些暗色和低沉压抑的颜色联系在一起，只会带来困苦和问题。

无序混乱的构图或者过于抽象的图画会给人带来意识和情感上的混乱。

用艺术品装饰住宅或者办公室，不存在任何的黄金法则，但是，最好用能激起人愉悦回忆的物品或者图画，或者能产生积极和真诚感觉的艺术品。

这样，每次注视的时候这些艺术品的时候，我们内心就会充满灵感和积极的能量。鉴于艺术品的装饰作用，在选择艺术品的时候要谨慎，要关注它们的真正含义。用一张表情狰狞的头像作为门口的装饰，对于接待客人来说并不合适。

电梯 电梯会加快能量的流动，所以电梯不适合在住所或者办公室门口的正前方，否则每次打打开电梯的门，所有的能量都会从它的内部涌出，让我们的能量变得紊乱。

卫浴间 不要将卫浴间放在住宅的中心位置，因为建筑的中心和建筑的能量的中心是一致的。

- 浴室的门要保持关闭，马桶的盖也要保持闭合。
- 在木元素方面，我们运用香料、肥皂、芳香剂和一些小巧的绿色植物。
- 在火元素方面，建议使用空调、熏香和完美的照明。
- 在水元素方面，建筑的北面是和水元素相联系的，对于清洁来讲是一个绝佳的方位。
- 对于风水来讲，卫浴间的位置是非常重要的，因为卫浴间是住宅中污秽最多的地方。类似于人体，住宅的入口等于人的嘴，通过大门，住宅会接纳"食物"。再比如后门，"排泻废物"通过它被排出住宅。正是因

风水学词典

如何悬挂镜子

挂镜子的时候,应该注意一下镜子是以何种方式反映我们的图像的。别让镜子过小,比如家具上的、门上的镜子等。镜子不能有破碎或缺损,否则不能照出我们完整的、原来的形象,那么在这个地方,我们的自信心就会明显不足。镜子挂得过高或者过低,都会视觉误差以致精神上的不适。最好不要挂太多的镜子,否则会给居住者带来不安。

为这个原因,废物的位置也充当着一个重要的角色。

- 如果可能,浴室和马桶应该尽可能远离住宅的主门。如果卫浴间离入口较近或者刚好正对着入口,那么大量的能量在进入其他房间之前都会流失。
- 为了不使卫浴间中的污秽之气进入其他房间,卫浴间的门要常关。
- 从健康的角度来看,不推荐住宅采用这种设计:卫生间的门正队着卧室门。下水道中不好的气味会弥漫到整个卧室。在我们睡眠的时候,我们会吸进由卫浴间传出的气味,这对我们的健康是有百害而无一利的,长此以往,我们的健康状况一定是每况愈下。

- 另外一个方面,卫浴间里面有各种水管,用水的地方也很多,若将卫浴间置于卧室中,这无疑会让卧室变得很潮湿,比如,淋浴的蒸汽会通过卫浴间蔓延到卧室当中。我们睡觉的时候呼吸过湿的空气,也是很不利的。所以,条件允许的话,还是将卫生间置于卧室外面为好。

How to design **Your Lucky house**

座位 最好的座位是扶椅，扶椅的靠背代表着玄武、青龙和白虎的环绕。相反，小凳子是最不能为我们提供保护和信任的座位。在中央位置的椅子搭配方桌的布局，象征着土、木两种元素的结合，能带来好的气。

座位不能背朝窗口或者大门，否则处在这种座位上的人会觉得缺乏安全感。我们应该面朝门坐下，以便知道谁要进来。同样，也不要将椅子摆得离墙过远，因为这会给我们一种孤立没有保护的感觉。

风水学词典

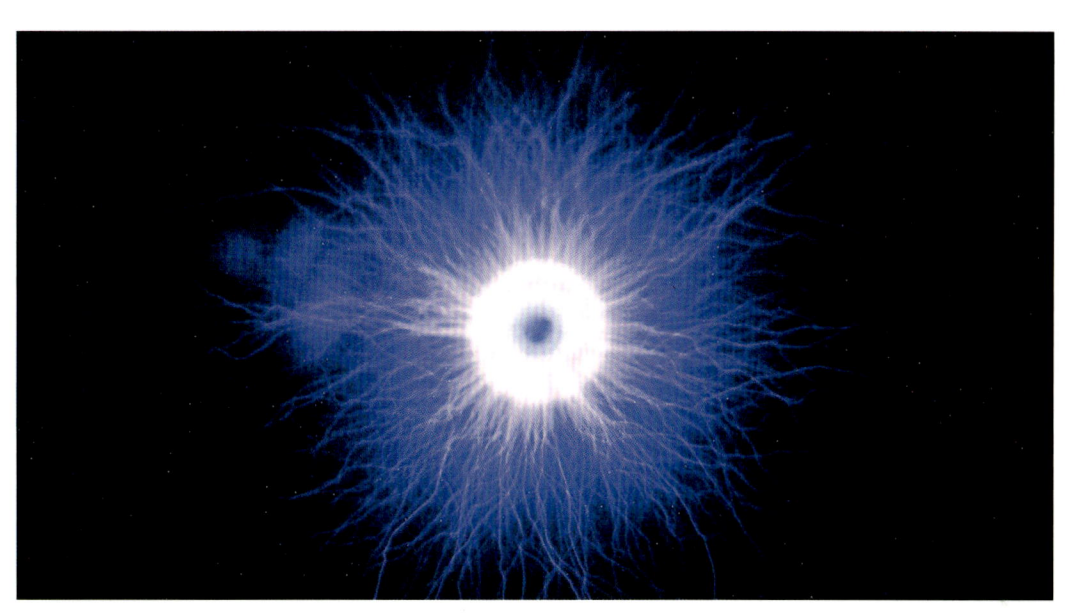

天体能量 为了确定人类在宇宙中的位置，那些最早的中国星相家专注于研究源自天体的能量。根据季节和天体运行的规律确定了天体的运行产生的能量对于地球上的气的影响。

这些能量的运动是符合一定周期的，所以能量影响土地、住宅的规则是随着时令在发生着变化的。不久之后，人们又发现了九种不同的能量或者太阳力量的形式，每一种都占有九宫之数中的一个，每一种被标以数字的能量都和五行、八方、精气相关联。

蓝色 这种颜色和水元素相关联。被认为是最深邃和深沉的颜色，具有阴性的特点。

气场 这是一种由人或者其他生物产生的能量的源泉。气场会围绕在人的身边，是一种很精细的能量场，比如一个人的非凡的魄力。这种看不见的能量层可以通过人的思想和行为反映出来，因为它是根据一个人的人格特点变化的。

人的气场是由头部上空的气场和围绕身体的气场构成的，其他的气场还有：情感的场（和人的情感状况相关），思想的场和精神的场。

朱雀 这种鸟代表来自南方的风。朝向朱雀方位的住宅将会获得很好的运势，因为南方代表夏季、热量。

How to design **Your Lucky house** 279

如何设计你的旺宅

风水学词典

八卦 卦象是由或断或连的三根线段组成，八卦的概念简单来说就是八个卦象。

八卦图呈八边形，由文王八卦的八个卦象组成，它们各代表一个方向，合称八方。但是要注意，八方图中，南在上，北在下，东在左，西在右。

八卦中的每一方对应一个特定的卦象、数字或其他有关连的象征物（颜色、季节等等）。

根据风水学可知，每一种卦象或方位都代表人的某种希望或生活的某个具体方面。如果需要改善生活中的某个具体方面，应该把具有激活气场效用的物件放在对应的八卦方位上。

在增强某一方位能量的时候，一定要注意整个气场的平衡。如果某个方向或某种元素的能量过于突出，它们可能会削减其他方向或元素的能量，使气流循环变得不稳定。这条原则既适用于整个住宅，也适用于单独的房间。

让环境中的各个元素协调统一是非常重要的。下面说说八卦对我们生活中多个方面会产生什么样的影响。

• **家庭及子女** 家是我们的根。我们能从家庭中，从那些至亲至爱的人身上获得力量，获得创造的灵感。如果家中气流混乱，家人时常因为相互约束而争吵，这会不利于个人创造力的提升。

例如，如果家长对孩子要求过分严格，那么孩子就将自己的大部分精力放在如何完成家长的要求上，因此，这个孩子就很难获得个人发展的空间和时间。各种苛求剥夺了孩子的自由和创造力。如果是相反的情况，家庭丝毫不关心孩子，这可能导致孩子失去做事的兴趣，容易感到沮丧。适度的关爱，没有望子成龙、望女成凤的苛求，给孩子足够的自由空间，并给他以必要的支持，这才是家长应该做的。

• **名望、有用的人** 一个拥有一定的财产、在事业上已经比较成功的人，一般来说，都已经开始帮助他人。但是，有些人，一旦事业成功了，发财了，就忘记了自己的根。这样，他的世界已失去平衡。但那种一心一意帮助别人的人，时常会忽视自己的基本需要，同样也是

	南		
东南	财富 办公室	名望 餐厅	恋爱与婚姻 卧室	西南
东	健康与家庭 厨房	名望	创造力 儿童房	西
东北	教育与知识 书房	仕途 浴室	生命价值及 旅行 门厅	西北
	北		

How to design Your Lucky house 281

不可取的。应该提倡这样一种生活方式：不仅帮助别人，同样关心自己。这样人的精气不容易耗竭，从长远上来讲，他们能够帮助更多的人，体现出更大的价值。

● 知识和智慧　知识和智慧教会我们如何认识理解我们所面对的万事万物。八卦中的山卦（山卦是关于教育和知识的卦象）中反映的"平和"教会我们自知，教会我们与另一半相处时需要耐心和理解。

当一个人开始领悟生命的规则，认清自己位置的时候，他需要极大的宽容和忍耐去面对不可预知的未来。这样，人和社会在不断的矛盾中相互促进，共同发展。

阳台　住宅的这个部分对激活气场很有用处。尤其要注意的是，阳台不是杂物间，不可以杂乱地堆放各种各样的东西，否则会严重阻碍住宅内气的流通。阳台上适合种些花草来激活气流，尤其是如果你家阳台朝向不佳，每天接收阳光的时间很短，采光不足的时候，种些植物是很不错的选择。

阳台不宜位于住宅入口上方。虽然的确有挡雨的作用，但是它总会在不经意间给人以视觉上的压迫感，并且这样的布局使在大门附近流动的能量很难进入室内。

竹子　竹子的种类有很多，但是所有的竹子都有一个共同特征：强韧。这一特征常用来象征人的品质。如果一个人能够做到坚韧不拔，能屈能伸，他就永远不会被困难打倒，他的身上将永远充满力量。

最古老的书

易经是中国最古老的书籍。相传是由伏羲——中国最早的帝王（公元前2953至公元前2838）——在五千年前所著。历史上，无数的学者、帝王、政治家、军事家在决策之时，经常会参阅易经。道家学说就是围绕易经发展起来的。风水大师算命卜卦之时，常常也要参阅易经的内容。

易经认为，天地间的能量可以简单地划分为阴和阳，主张各对立物品之间的相互作用产生气，由此而产生世间万物，形成宇宙。易者，变化也；易经，变化之经义。

风水学词典

白色 白色是金属、西方、秋季、圆形这些元素的象征体。但白色同时意味着悲伤，意味着变迁，意味着亲人的离去。

装饰建议：使用白色可以让室内显得更宽敞，但是如果使用的过多，可能导致家人间情感冷漠和不孕不育。

水晶球 雕刻过的水晶在阳光的照耀下会产生出绚丽的小彩虹。水晶球是现代风水学建议使用的众多工具之一。一般都把水晶球挂在窗边以抵御尖锐的气流，同时还可以平衡八卦各方位的气流。效果最好的水晶球当然是由整块的水晶雕刻而成的，但市面上也有用水晶碎末拼凑压制而成的，这种更容易买到，也相对便宜，但效果逊色很多。

盆栽 盆栽一般都是修剪过的，受到精心照料的小型植物。盆栽一般是树木修整而来，一开始就要经过修剪，使其能够长成小型植株。

扶手转椅 人坐的地方与其心情状态和个人发展息息相关。如果能在办公室中找到合适自己的位置办公，将大大有利于提高工作效率。要注意的是尽量背靠墙而坐，而且往座位前方能看见房门。

How to design Your Lucky house

如何设计你的旺宅

风水学词典

电线 电线是不吉之气的传导体，最好不要在电线密集之地建房或购房。

街道 在风水中，车水马龙的城市街道好比奔腾前行的河流，会产生有害之气。所以，尽量不要住在几条街道之间，不要住在窄小的封闭的胡同里，也不要住在街道尽头，尤其是当住宅门前有一条直路直指住宅，这种房屋万万不可居住，因为这种"暗箭"造成的后果不可估量，是风水中最为凶煞的情况之一。

在两街（如"T"字型，一条主干道，数条与之垂直的通向住宅区的分岔路）交点处建造的房子也不宜居住，非常不吉。

胡同 住在胡同里的确非常安静，没有交通的噪杂。但这并不意味着住宅能够接收到积极的能量。相反，在这种住宅中，气从自由开放的一端流入，但却找不到流出的出口，最终，它只能沉积下来，形成滞气。居住在胡同里的人通常会在有这样的感觉：生活没有方向、没有未来，不知道如何摆脱困难，想要最终取得事业上的成功对他们来说是一件很困难的事。

床 床的朝向是非常重要的，它会在一定程度上影响我们的生活。

我们每天都有很长的时间在睡眠中度过，所以，应该将床摆在气场优越的位置，

风水好的床

- 要注意你每天早晨一觉醒来最先看见的是什么，应该是令人愉快的事物，因为这对我们的一天都很重要。要避免睁开眼就看到柱子、房梁、凸角甚至是对窗的利角（在这种情况下可以挂上一个窗帘），它们会产生暗箭，伤害到人。
- 床最好不要正对太阳，因为过旺的阳气会扰乱睡眠。镜子也是同样的道理，如果离床太近，可能会使气场过旺，导致夫妻关系紧张。
- 不可以睡在房梁下。如果卧室内的房梁不可避免，那么尽量不要让房梁将床横切而过，可以把床的长边和房梁平行。而且房梁一定不能在睡觉的人头顶上方。

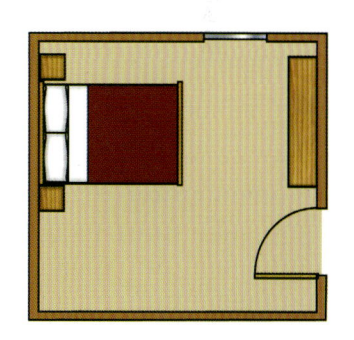

反之，我们可能会感到精神混乱，身体虚弱，而这一切又将会反映在我们的事业和财富上。

最好是能将床头朝向最吉利的方向，这个方向可以根据生辰数字或者个人卦象推算得出。另外，床的位置还最好和卧室门在一条对角线上，位于对角线的另一端。这样，睡在床上的人既可以看见门，又不会受到直冲进门的能量的侵扰。

如果卧室门并没有在房间的某一个角上，或者卧室的形状不规则，则不能让床尾直冲大门，睡觉的人脚对着门，因为这种姿势暗示着死亡。

不光是家具的位置会影响气流循环，家具的形状、质量同样有这样的效果。例如，许多旧式家具的设计就考虑了风水的建议。有些旧式的床床头和床脚都非常高，在这种床上休息过的人，都能有很强烈的被保护的感觉，感到非常舒适和愉快。

另外，建议不要使用金属制成的床，因为这种材料会驱散大地的磁场。

路 直冲住宅而来的路不吉利，而如果此路正对着住宅大门，则情况更为糟糕。另外，路太窄也不好，因为这样气流很难进到家里去。一个比较好的解决方法是在小路尽头装两处光源，这样能驱散因为窄小而产生的滞气。

电磁场 建议不要在卧室里安装电气设备，因为电器产生的磁场会打扰我们休息。如果你喜欢在卧室里看电视、听音乐，一定要记得在睡觉之前切断电源。根据风水学可知，电气设备或电子产品蕴藏火之能量。另外，中医中提到，如果火气比例失调，会影响我们的心脏和神经系统。所以如果使用电器产品过于频繁，使用时间过长，可能引起头痛、焦虑以及性冷淡。

地球磁场 尽量不要影响自然磁场，特别是卧室或卧室附近的自然磁场。比如说，做床的材料不可使用钢材，它会对卧室磁场造成不良影响。

性格 根据出生的日期和时刻我们都有个人对应的

用风水调和性格

如果有人出生年份和出生时刻对应的数字相同，他的性格可能会比较极端。比如，有人两个时间对应的元素均为金，在火元素面前他也很难改变，强烈的情感对他没有丝毫的影响。所以，他的性格可能会过于冷漠了。

建议这种人尝试在属性为火的住宅（尖顶或有火炉的房间）中居住，看看感觉到底如何。这样，也许火元素能平衡过于旺盛的金之能量，但也不能火气太多，容易使其感到压抑。

另外，如果一个人出生年份和出生时刻所对应的元素相克，则应该削弱破坏一方的能量，增强被破坏一方的能量。比如，一个人拥有的元素分别为火和水，那么应该用木之能量（用树木、鲜花或红色的物件）增强火之能量。

风水学词典

卦象和五行元素。决定我们每个人性格的先决条件是这些元素的共生关系。根据这些元素的内在关系，可能产生如下几种性格特征：

- 在五行图中我们看到，所有的元素都处在相生相克关系之中，其中有些元素之间是相生的。比方说，如果一个人出生年份对应为木，出生时刻对应为火，这种结合就尤其吉利，这个人的性格会比较稳重，对自己会感到自信、满意。

- 如果一个人出生年份和出生时刻对应的元素相同，那么这个人所表现出的对应元素上的特征会非常集中明显。比如，两个时间对应的元素为木，这个人就会比较现实，生活会比较简朴；或者某人对应的元素为金，这个人个性偏冷，但思维清楚敏捷；如果另一个人对应的元素均为火，他将是一个热情澎湃的人。

- 如果某人出生年份和出生时刻所对应的五行元素相克，这是非常不吉利的结合方式。举个例子，一个人的出生年份和时刻分别对应着木和金，他就可能总对自己不满意，并将这种情绪发泄到他人的身上。

烛台 如果你想尽快找到你的爱侣，建议你在住宅的西南方放置一个水晶烛台，如果你的卧室也在这个方向，则布局更佳。水晶烛台能够将阳光和水晶结合起来，并有效地激活气流，促进气流在住宅内的循环。

事业 事业由坎卦支配，关联着北方。另外，它与夜晚和冬季相关联，这是一个相对安静的时期，能量比较内敛。冬季同样还是我们回想过去、思考成败之时，认清我们想要得到的，并为新的一年做好计划。北方比较适合设置书房或办公室。根据八卦可知，如果我们想要在事业上有所成就，我们就应该激发北方之气。刺激这个方向气场的物件有水、黑色、深色调、随意的形状和水晶。

公路 公路产生的气流非常迅速，抵御公路之气比较困难。如果一条街直冲你的住宅而来，或者住宅位于两条街道之间的位置，都非常不利，会首当其冲受到有害气流的影响。但是，我们可以在公路和住房之间种植一排硬叶植物以削弱其不良的影响，如圣栎树、松树、冷杉、雪松、柏树等等，然后再种上一排小型灌木。

How to design **Your Lucky house**

家 住宅的形状和位置对于吸引有益气流进入室内、通畅室内的气流循环、平衡室内各房间的能量非常重要。以下是关于住宅风水的一些建议：

- 想要住宅拥有吉利的气场，最好住宅的边角都比较圆滑，住宅形状比较规则，并且各个房间的空间分布比较均匀。
- 环境中的主要元素（金、木、水、火、土）不可以和住宅的元素相克。比如，住宅的五行元素为木，那么，环境的五行元素为金就非常不利。这种情况下，可以用其他元素对这种冲突进行化解。
- 必须避免直冲住宅大门而来的暗箭。
- 卧室和客厅应该占据有利于个人的最吉利方位。
- 住宅中的楼梯不可以直接对着大门（可以在两者之间放一扇屏风）。同样的，浴室、盥洗间也不可正对大门。

联排别墅 这种克隆式的住房结构错杂凌乱，几乎不会产生好的气场。但是我们可以通过在住宅周围及其花园中增加自然元素来驱散煞气，比如种植成排的茂密树木。

八卦中心 八卦中心没有卦象也没有代表的生命特征。这里结合了多方之气，同时，中心之气也会分散到四周各个方向去。

八卦中心会影响到我们内心的稳定、平衡，以及活力和健康。因为中心连接着八卦的各个方面，所以它也被当做团结之地。中心所对应的元素为土，颜色为黄色和土色，形状为正方形和长方形。

陶瓷 陶瓷对应着土之能量。所以，当金气被火气破坏，或者火气被水气破坏之时，陶瓷是很有效的调和物。

镇物 镇物，顾名思义，镇守之物。是摆在住宅内或外保护住宅使其免受消极之气影响的器物。可以是一尊摆在门外的雕塑以镇守大门，也可以是花园里的一座塔。

288　如何设计你的旺宅

风水学词典

凸面镜与凹面镜的风水效果

朝外凸起的曲面
凸面镜扮演接收者的角色，将好的能量都带入室内。

朝内凹进的曲面
凹面可使能量分散，甚至使那些直指住宅正中的气流大大削弱。

气 气是蕴藏在每一个生命体或非生命体中的能量或精气。气可以是有益的，也可以是有害的，同样也可以偏于中性。一般说来，"气"这个术语是指位置分布较好的住宅周围萦绕的能量，它的运行应该呈波状、柔缓而平和。当气呈直线迅速流通时，容易转化为煞气，有害无益。

气一般都通过大门进入建筑物，最好使气能够在内部每个房间缓缓地均匀流通，而不会滞留。

为了激活室内气场，使气流的运行达到理想状态，我们可以采取以下措施：

- 吉利之气总是从正门进入。所以，这个位置应该在视觉上令人感到愉快和谐，并拥有良好的光照。如果气流一进入房间就被墙壁或墙角阻挡，那么气流就会断在这里而进不到其他房间了。

- 门的朝向应该顺应气流循环的方向（朝内）。避免住宅中出现相对的门窗和楼梯朝向正门的情况。

- 房间中家具不可太多，也不要露出太多的死角，否则气流容易受阻，导致财运流失、夫妻不和。

- 健康的气永远不会呈直线运行，因为直线运行的方式容易使气流速度过快，所以，房间布局中非常忌讳入口和出口位于一条直线上。

在风水中，气为生命提供能量，有多种不同的表现方式。

- **大气能量** 人是通过呼吸使这种气进入和流出。一般来讲，这种气同空气一起穿过大门进入室内，并通过另外的出口流出。在这个环节中，空气的运动非常重要，如果没有空气的流通，能量也不会流动，很容易产生滞气。

- **光之能量** 生物通过眼睛和皮肤吸收太阳光中的能量。在建筑中，太阳光可以穿过窗户和玻璃墙进入内部。除了太阳的自然光，人造光同样能带来光明，只是人造光的能量大大逊于自然光。

- **食物能量或热能** 这种形式的气可以通过食物的消化或热源获得。

在寒冷的季节，我们所穿的衣服和建筑里的供暖设施将这种能量保留在我们身边，使室内气流循环不致过

How to design **Your Lucky house**

> **气的运用**
>
> 中国文化中有很多关于如何运用气的说明。
>
> 针灸：利用人体脉络调节人体气场。
>
> 气功：运用人体经脉系统，借助成套的运动使气流在全身运行通畅。
>
> 推拿按摩：这种按摩术使气流重新在人体内开始循环，使人体经络更为通畅。
>
> 太极：同许多其他的运动一样，太极也运用气的知识，借助运动通畅气流。
>
> 风水：研究住宅及其周边环境的能量运行并对其进行调节，使其中住户能身体健康，事业有成。

快而从环境中流失。

住宅在寒冷的冬季能够保持温暖，充满生机，很大程度上是因为屋内有人的存在。在很多古代书籍中有提到，食物的能量或热量会从煮饭的地方向周围的环境扩散。

● 运动之气　这种能量一般随剧烈运动的载体而流动，如河流、街道、公路等等。在住宅中，经常使用的通道也会受到这种气流的影响。

气的运行方式与水流相似。河水流走时会带走大量的沙石，同样还会带走大量的肥沃土

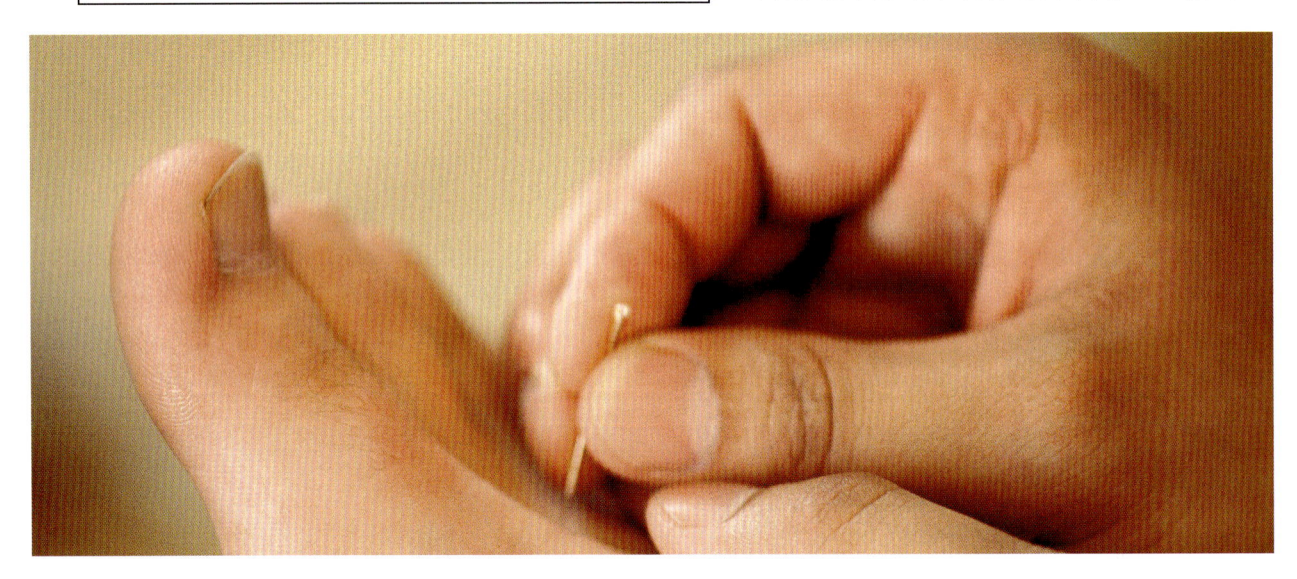

风水学词典

壤，造成水土流失，而气的流动则可能带走财富和能量。

- **人之气** 每个人都会产生不同的能量，这种能量我们一般称为"精""气""神"。"精"是生命之能；"气"则代表潜能，代表穿越天地，存在于身体和精神层面的能量循环；"神"则象征思考，象征着观察、甄别、阐释等等。

上天之气 这是生命能量的众多特征之一。上天之气是天界宇宙间的能量，它由上至下、由外至内不停运行。上天之气代表色为黄色、红色和紫色（太阳之力）。

壁炉 安装在客厅的壁炉是一个强大的火气来源，但有时由于其能量过于强大，可能导致它所在的区域气的"燃烧"。为了中和这种过于旺盛的能量，可以引入水元素，如在炉边放置一个水晶物件。

土气 这个名称就说明了它是各种不同能量中的一种，土气是大地中所含物质非常丰富的一种能量。与土气相关的颜色，应该是在祖母绿和绿松石绿或者紫色和靛蓝之间的颜色。人可以通过地面上的植物吸收土气。

天（乾)卦 乾卦的能量拥有最重的阳气，对应元素为金，在八卦中对应的人物是父亲。乾卦人最适合的颜色为金色、灰白色、白色或其他金属色等。幸运数字为6和7。

山顶　由风水学可知，气候上的一些因素如风、寒冷都会护住有害之气，因此，坐落于山顶的房屋常常会暴露在煞气之下，尤其当这座建筑周围没有任何树林的遮盖，或者背后没有靠山的时候，受到煞气干扰的可能更大。

五种能量　在中国传统文化观念中，一切皆为能。各种材料、颜色、形状、方位、数字、行为都是某一种能量的外在表现。这种能量可产生五种不同的运动：向外、向内、上升、下降、旋转。这些能量用五行来表示，即为金、木、水、火、土。

五行学说由相生相克关系构成，决定了自然界一切事物的属性，而对于五种能量的研究正构成了五行学说的基础。

五行　风水学基于五行而存在。根据中国的宇宙观念，每个人都可以属于金木水火土五行之一。每种元素都可以事物的形态、颜色、代表季节、代表年份、代表月份、代表日期以及数字等形式展现出来。五行元素之间存在相生相克的内在关系。在中国传统文化中，五行的定义非常重要，它构成了中国风水学的核心。

五种能量的象征意义

	火	土	金	水	木
季节	夏	季节转换过渡期	秋	东	春
方位	南	中心	西	北	东
数字	9	2、5、8	6、7	1	3、4
颜色	红色	黄色	白色	蓝色 黑色	绿色
味道	苦	甜	辣	咸	酸
气味	糊味	芬芳	锈味	腐臭味	潮味
器官	心脏	胃	肺	肾	肝

风水学词典

五行相克关系

五行元素之间有控制与被控制、破坏与被破坏的关系，被称为五行相克关系。

五行相克关系与五行相生关系有内在的联系。

木克土，因为树木可稳住崩土。
火克金，因为烈火可熔化金属。
土克水，因为堤坝可阻断水流。
金克木，因为刀具可砍伐树木。
水克火，因为大水可熄灭火焰。

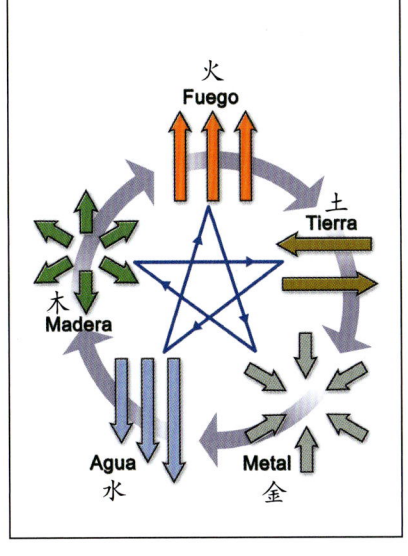

五行相生关系

自然界中的各种元素都遵循一定的法则而相互作用、相互联系，这个过程被称作相生关系，它组成了中国风水哲学的核心。

木生火：木干暖生火。
火生土：火焚木生土。
土生金：土矿藏生金。
金生水：金销熔生水。
水生木：水润泽生木。

木生火。火的引发的扩散象征着木的消亡，而正因此，火迅速旺盛起来并达到鼎盛。

火生土。当五行相生关系达到它活动的最高点时，火能量会向上爆发，最终形成了土。

土生金。大地运动形成了丰富的矿藏，如果金之能量过于微弱，则可能是因为土地没有给它足够的能量。

金生水。金在熔铸过程中产生了缓缓向下流动的水之能量。

水生木。木受到水的滋养会迅速成长，并拥有强大的生命力。

圆形 在风水中，圆形代表金之能量。这种形状是绝对的、完美的，因为它既没有起点也没有终点。在大多数文化中，圆形都象征着守护。圆，代表天空，精神的天空以及思想的天空。

圆也是道家用以阐述阴阳的形状。道家借助于圆，再一次就完美的含义进行了阐释——相对的两极同时也融合为整体。

另外，在我们的文化中，还经常使用圆形来化解消极之气。比如，我们常常在在正门外挂花环，不仅能起到装饰作用，同样有避煞之功效。还有，曼陀罗图和冥想图也一般呈圆形。

城市 像东京、香港这样的城市，其规划都遵循了风水法则。城市的规划要完全遵循风水是一件很困难的工作，因为这其中有太多的因素需要考虑，才能达到气场流通的自然平衡。

要看一座城市的风水好不好，方法其实同看住宅风水的方法是一样的。每座建筑之前（或大门处）的空间应该有大片的植物，这样才能抵御城市中过旺的阳气冲煞建筑。

厨房 厨房是为全家人提供饮食的地方，所以，厨房的方位是否能带来"健康"、"和睦"至关重要。风水还建议厨房要用有良好的光照，这样才能引入积极之气，渗透到食物中去。厨房空间应该宽敞，形状要规则，通风要良好，环境要整洁，这样，内部的气流才能和缓的流通，而不致形成滞气。

因为水火不相容，所以炉灶和洗碗池不可同置在一方。为了你的家人的健康舒适，厨房一定要建在合适的位置。

修建厨房的一条风水法则是：不可建在正对大门的位置，因为从大门进入的气流很容易从洗碗池的下水道流走。另一方面，厨房一定要保持干净整洁。

厨房意味着丰收、财富，因为，如果厨房里食物满仓，我们就能从中得到能量，以提高我们的工作效率，

风水学词典

就更容易获得事业的成功。同样的，这一影响还涉及到财富方面。

厨房中气场越旺盛，食物本身及其烹饪过程的质量就越高。厨房中如果能量不足，食物的能量就容易缺失。

风水好的厨房不应该靠近浴室，因为这两个地方的功能犯冲。另外，浴室通向外部的管道太多，厨房如果靠近浴室，气场则很容易流失。

在设计厨房的时候，厨房背部靠墙是很重要的。如果可以的话，炉灶应该向外摆放，这样煮饭的人在烹饪的同时能够看见进入厨房的人。如果不方便改变厨房的布局，可以在厨房背部挂一面镜子。

在选择厨房家具的时候，没有尖角是标准之一。圆润的形状能让空间变得更宁静、更舒适。

如果厨房光照充足，可以放置一些芳香味的植物以调剂厨房中的气流。如果气流循环较快，它甚至还有和缓气流速度的功效。

厨房中使用的颜色应该使人振奋，激发人的食欲。黄色和橙黄色可激发食欲，提升能量。早晨，在这种色调的厨房中做早餐吃早餐是一件惬意的事。冷色调的颜色如浅蓝色、紫色、薄荷绿或丁香紫色最容易让人食欲不振。

厨房中不宜过多地使用红色。因为这种颜色五行属火，与炉灶共同作用会使火气过旺。黑色或灰色可以用来强调厨房中某些特定的部分。白色可以让食物显得更加新鲜光亮，但有时也可能会让厨房感到有点寒冷，引起不适。

山丘 风水对丘陵和山峰形状的研究非常详实深入，主要是根据能量和五行研究其形状，以了解它对环境产生的作用。

山峰、丘陵根据其形状、轮廓大致可分为以下几类：
- 木形山：柱状山体
- 火形山：带尖利凸起的山体

- 土形山：绵延平坦的山体
- 金形山：圆形山体
- 水形山：波状或不规则山体

颜色 每种颜色都有其对应的五行元素。
- 木：绿色
- 火：红色
- 土：黄色（米黄色、褐色、红棕色等同色系颜色）
- 金：白色（银色）
- 水：黑色（水关联着冬季和北方）

颜色可影响住宅的阴阳属性。属阴的颜色有绿、蓝、灰；属阳的颜色有红、黄、紫、橙黄。

阴暗房间（属阴）的风水可使用属阳的颜色进行改善，将墙壁粉刷上属阳的颜色，即可向房间内引入活跃积极的气流。

房间的颜色要与其功能符合：工作室应该能激发灵感，适合使用鲜活的颜色（阳）；而卧室则应该使用中性浅色调，有助于放松和睡眠。

柱子 高大的柱子因其笔直的线条很容易在环境中产生煞气。在风水中，柱子是一种煞物。

餐厅 在风水中，餐厅不宜处在比厨房或客厅低矮的位置。圆形餐桌比长方形或正方形餐桌更吉利。另外，餐厅窗户的朝向应该与餐厅朝向不同，这样才更有利于激活气流。

餐厅和厨房最好靠在一起，二者远离的情况一般只适用于聚会或特殊聚餐的情况。为了避免餐厅内的座位产生等级区别，就要让每个座位背后都有"靠山"。桌子应为圆形或椭圆形，光照应该充足。所有的这些细节组合在一起，才能营造出舒适的就餐环境。

窗帘 住宅周边建筑物直指住宅会产生暗箭，伤害住户。一个最简单、经济的化煞方法就是使用窗帘。

如果站在一所住宅前门能直接看见后门，这时也需要窗帘作遮盖，否则，气流从前门进入房间以后，会直

风水学词典

接从后门流出，不会分布到各个房间里去。

如果住宅内的楼梯直指大门，在二者之间也可以挂上窗帘，以免气流过于猛烈，直冲高楼层。

兑卦 根据八卦可知，这个方由兑卦掌控。在这个方位建议设置子女的办公间或卧室。

这是个宁静的时刻，繁忙工作后的小憩时间。可以看看画，激发自己的创意灵感。白天的紧张、压力这时都该给宁静"让位"。创意常常会伴随轻松的心情出现。"子女"的概念不仅指真正的儿女，还具有其引申含义，比方说，你脑海中产生的新计划。

为了增强这方的能量，你可以自己动动手。

这个方向属金，所以可以使用属木的物件增强此方的能量。比方说，可以运用植物、木料家具、长形结构和其他拥有向上能量的物件装饰这个方向的房间。

这个方位关联着我们的出生，所以，这个方位适合摆放全家福或先人的照片。但是注意，照片与人之间的关系应是积极的，悲伤的回忆只会让人背上沉重的负担。

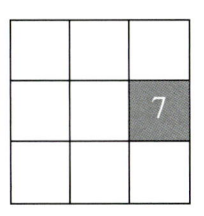

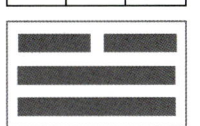

出于尊敬，即使你和某位长辈的关系不好，也应该谦卑恭顺。

我们居住和工作的环境可能会给我们的日常生活提供支持。所以，在这一方向还可以摆放一张大桌，以便家人或朋友时常聚会。

另外，因为木生于水，所以属水的器物也可激发此方能量。比方说，可以在这个方向开一处水源，或简单地放一个水罐，撒几朵鲜花在上面。

还可以使用拥有水之能量的图画。另外，蓝色用在窗帘上、靠垫上、墙面上能起到激活此方气场的作用。

How to design Your Lucky house

水晶 天然水晶有吸引吉利之气进入室内的作用。建议将其面向窗户悬挂，因为这样强烈的太阳光线（阳气较重）能够被分解以后再进入室内，这样的能量比较柔和、平稳。水晶属水，是调和不可共生的元素的好材料。

十字 在自然界中可以遇见很多呈交叉状的线条。水平和垂直运动相互交错，蕴含对立的含义，正如水与火、生与死、阴与阳……

交叉的十字指向四方，很多物质世界的联系由此建立，如坐标，如地理学中使用的四大方位等等。

方形 在风水中，正方形和长方形均为五行元素土的象征物。它们稳定的形状能给人以安全感，并营造宁静的氛围。

图画 在风水中，图画的空间分布非常重要，一定要给它们找到一个正确的位置。图画会通过颜色、尺寸、画中内容等等因素影响宅中之气。

要注意绘画或其他摆件中固有的象征意义。比如，如果不慎将一套中世纪剑的收藏摆在与家庭相连的八卦方位，剑凛冽的气场可能导致家庭不和。

又比如，办公室中，在工作者的视野中最好有某一个物件能够使他感到精神振奋。如果你想在办公桌后面挂一幅画，则可以选一幅宁静的使人情绪稳定的画，这样的画面能默默地给你支持。卧室或儿童房中所挂的画应该有安神的功效，也可以挂一些与其中所进行活动相呼应的画。

四大神兽 风水经常会运用到四大神兽：青龙、白虎、玄武、朱雀。它们分别对应不同的方向，蕴藏不同的能量，对环境的布局也有不同的要求。

每个神兽都拥有自己的颜色，关联着不同的季节和方位：

- 玄武：黑色、冬季、北方
- 青龙：绿色、春季、东方
- 朱雀：红色、夏季、南方
- 白虎：白色、秋季、西方

风水学词典

四角 四角是八卦图中次于主要方位（北、南、东、西）的另外四个方位：西北、东北、西南、东南。四角都有其自己的卦象。

如果我们想改善生活中的某一具体方面，就需要激活这一方面对应方位的气场。有多种利用风水改善生活的具体办法，以下就四角和四个主要方位简要做一列举：

- 北方（事业）：在此添加水源，如鱼缸、水龙头或是装有水的罐子，这些物件对事业都很有帮助。
- 南方（名望）：在此添加光源，如电灯、蜡烛，它们都是属火的物件，有利于名望的提高。
- 东方（家庭、健康）：在这个方向种植一些圆叶植物，气场会有显著改善。
- 西方（生育、子女、创意）：应该在这个方位放置属金之物。这样，有助于开发孩子智力，如果你还没有孩子，那么增添金气则有益于生育。
- 东北（成为有用的人）：在这个方向悬挂转转铃，有助于结交朋友特别是结交诤友。
- 东南（财富、成功）：安装一处水源，吸引吉利之气。
- 西北（教育、知识）：用一块形状规则的水晶或石英来装饰这个方向的房间。
- 西南（爱情、婚姻）：用成对的器物装饰这个方向的房间：两颗心、一对蜡烛等等。如果为红色会更好。这样，你们的爱情能够长长久久。

How to design **Your Lucky house**

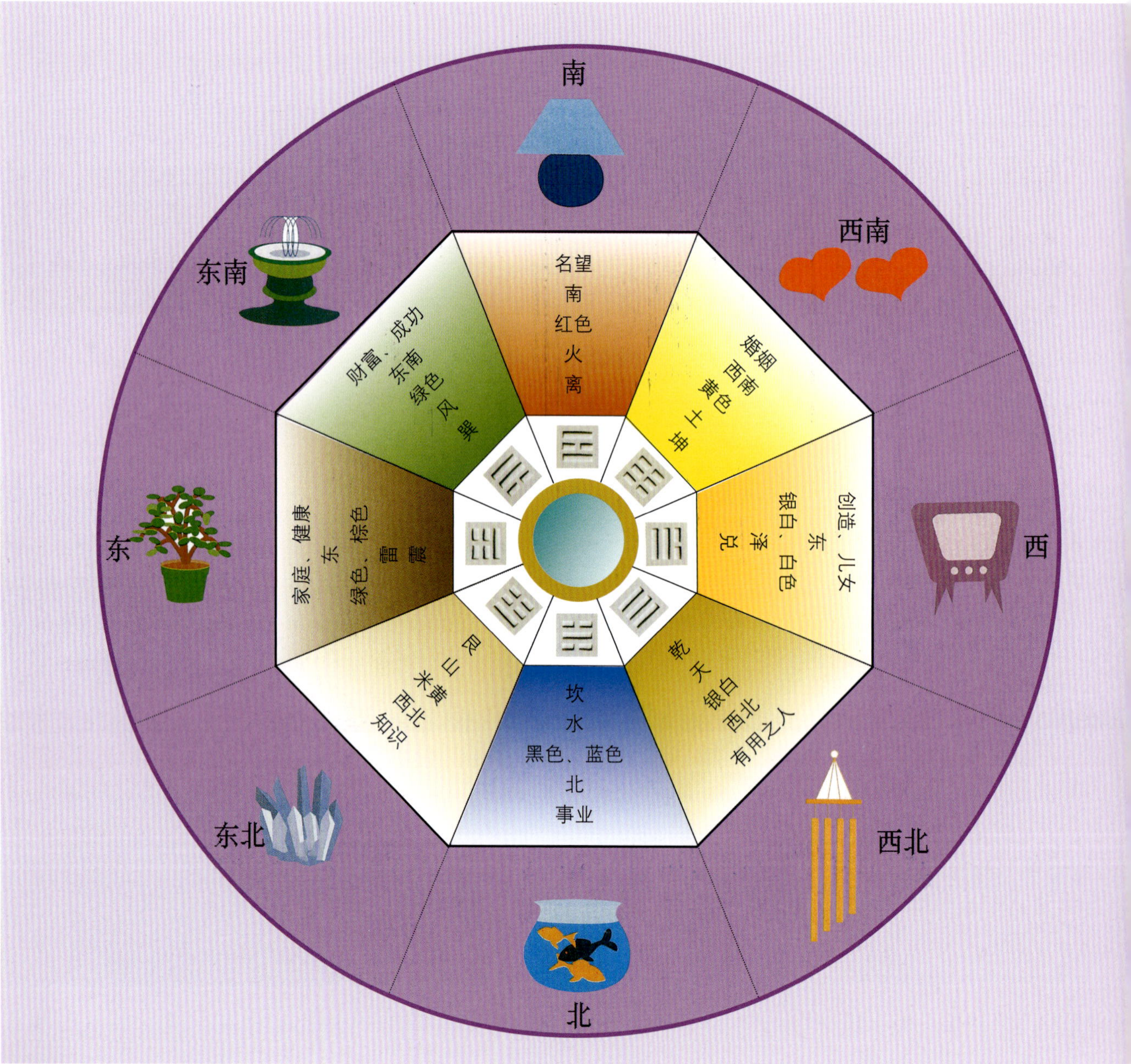
南
名望
南
红色
火
离
西南
婚姻
西南
黄色
土
坤
西
创造、儿女
东
银白、白色
泽
兑
西北
乾
天
银白
西北
有用之人
北
坎
水
黑色、蓝色
北
事业
东北
艮
山
米黄
西北
知识
东
家庭、健康
东
绿色、棕色
雷
震
东南
财富、成功
东南
绿色
风
巽

■ 如何激活住宅中各个角落的气场

南方——名望——火

该放什么？光源（电灯、蜡烛、火炉）。

为什么？光源能产生属阳之气，属火，象征名气和声誉。

放哪里？可以将光源放在这个方向的任何地方，天花板、墙壁、桌上都行。根据五行相生相克关系，水克火，所以不要在这个方向放置属水的物件。

西南方——爱情、婚姻——土

该放什么？成双成对的物品，比如两颗心或者一对蜡烛。如果物品为红色则更佳。

为什么？红色象征着激情，属火。掌控此方之气属土，火生土，则摆放属火物件佳。成对的物件象征着夫妻生活的幸福快乐，而独个的装饰品则意味着孤独，三个或以上的成套装饰品则可能招致其他人搅乱你们的二人世界。

放哪里？在卧室西南方放置一对蜡烛或两颗心，在客厅的西南方也可以放上成对的装饰品。

西方——创造、儿女——金

该放什么？属金之物。

为什么？属金的能量影响子女，所以在住宅西方放置金属物品能使儿女事业有成，生活幸福。

放哪里？不宜放在卧室里，容易破坏风水。

西北方——有用之人——金

该放什么？空心金属撞钟。

为什么？如果我们希望遇见自己的贵人，那么应该激发西北方向上的气。清脆悦耳的金石之声可促进气流在家中和缓、平稳地流通。

放哪里？如果住宅正门位于西北方向，那么可以将金属撞钟悬挂于大门附近。还可以挂在花园、书房或客厅西北方。

北方——事业——水

该放什么？鱼缸。

为什么？这个方向对应五行元素为水，要增强这一元素，可以在此方放置鱼缸。在鱼缸里，可以放上2条彩色的鱼，一条黑色的鱼或8条彩色的鱼，一条黑色的鱼，这两种组合方式都比较好。

放哪里？可以放在客厅或书房的北方，不可放在卧室里。鱼缸尺寸不宜过大，因为过多的水容易使计划破产。

东北方——教育、知识——土

该放什么？玻璃物件，水晶或石英制成的镇纸。

为什么？关联教育和学识的东北方，对应于五行元素土。为了在学习、研究方面获得支持和帮助，可以在西北方向放置属土之物，如玻璃器皿。

放哪里？书桌适合安排在东北方，这个方向集中了有益于学习、研究的能量。

东方——家庭、健康——木

该放什么？圆叶植物。

为什么？为了保护你及家人的健康，应该激活东方之气。可以在这个方向种植健康的植物。

放哪里？可以在东方的房间中放一棵玉树。尤其当客厅也位于东方时，则最应该把玉树放进客厅。

东南方——财富、成功——木

该放什么？水源。

为什么？水生木，应该在此开辟水源。除了夫妻房，东南方任何一个房间中都可以开辟水源，或直接在东南方的花园中开辟水源也可。

放哪里？最适合的地方是位于东南方的书房、客厅或花园。

如何设计你的旺宅

风水学词典

装饰 当我们遇到住宅内气场不和谐的问题时,风水理论可以帮助我们用装饰元素进行化解。

如果住宅中的装饰物都能被放在正确的位置上,室内的气流就能和缓、均匀地流通,并向所有的房间延伸不滞留。

装饰物还有遮挡或驱散暗箭、调谐不相容元素的作用。下面说说最主要的装饰风水规律。

• 有反射作用的明亮发光物,如,等、镜子、鱼缸、转铃、水晶等等,将它们放在黑暗的地方可以有效避免气流郁结。同样,因为它们有激活气流的作用,所以可以将它们放在我们想要激活的方位。

• 发出悦耳声音的物件,如金属撞钟,一阵微风过去,它们就发出叮叮咚咚的的悦耳声音,可以使人心情舒畅,心宁神静。另外,铃铛、锣、木琴等效果也不错。

How to design **Your Lucky house**　303

• 墙面的颜色如果运用得当，可以起到平衡气场的作用。

排水 风水学常常提到，家运财运可能会从下水道流失。建议下水道（浴室中、厨房中）一定要盖起来，性能完好，没有堵塞，否则囤积的水会引发煞气。

• **卫浴间的排水** 浴室或盥洗间一般都有很多管道。若位置不对，比如正对住宅大门，可能会使整个住宅气场缺失。

• **厨房排水** 厨房的排水系统对风水有损害，但不太严重，尽量将其隐藏起来就可以了。

元素的和谐 根据五行理论，五行元素之间存在相克，所以，在现实生活中常常会发现建筑上的某一元素与其周边环境中的某一元素相克，或住宅的朝向与个人的卦象相违背等诸如此类的情况。

为了调和这种元素相克的关系，引入第三种元素非常重要，这种元素可以通过颜色、材质、形状表现出来。

可作为调谐元素的可分为两类：一种用以增强被破坏的元素的能量，一种用以削弱施加破坏的元素的能量。

斜坡 给住宅选地的时候，和缓波浪状的土地风水较好。如果坡度太陡，则不适宜建房，尤其是坡度陡、平地少的地方更不适宜。

如果要在斜坡上建房，后墙应该朝向上方，正面朝

如何摆放家用写字台

家用办公室中最重要的物品莫过于写字台了。对于写字台，建议将其放在离主门较近的厅中，并且办公桌和办公室的门要保持在对角线的两端，这样能量就会先经过办公室的空间和空间中的所有家具物品后，再到达写字台。如果不能将写字台放在这种最有利的位置，就只能退而求其次，但是，无论如何都不要让写字台和门正对。

另外要注意的还有门和窗口的相对位置。如果门和窗口恰好正对，气将会由门进入，由窗而出，这样就无法让气在卧室中流动了。

根据风水学的原则，办公室里的椅子应该有靠背，而且在工作时，这些椅子不要以靠背朝向窗口，而是应该将其朝向墙体。

同样，办公桌应该位于能够看清整个办公室（包括门）的位置，除了可以控制空间以外，这种桌子的方位有助于集中精力工作。

在写字台前，应该有足够的自由空间，这样一来好的主意就会围绕在办公桌的周围。如果办公桌周围的环境非常狭窄，我们将会有被束缚的感觉。如果觉得被墙或者装满书的书架阻碍了视线，人会产生茫然的感受。

风水学词典

向下方，这样住宅后方的气能够缓慢向上流通。斜坡坡度不可以太明显，否则气流容易像住宅下方流失。

办公室 风水的所有基本原则都不仅适用于住宅，同样也适用于办公室的设计。

为了能够给气创造一种良好的流通环境，在摆放桌子和屏风等屏障物的时候，要保证任何人都不会朝向尖锐的角。

为了抵御毒箭的伤害，我们可以用围帘、屏风或者有减弱毒箭作用的植物。

在用风水学的原画布置办公室的时候，我们应该避免使用独立的柱子。

办公室内部的门不应该直接朝向街道，也不应该在走廊的末尾，因为走廊也会像暗箭一样，让充满煞气的能量冲向办公室的内部。

如果办公室有裸露的房梁，那么要用假的穹顶把房梁掩盖起来。在梁的正下方，由于受到房梁的影响，工作者会感到压力巨大，无法集中精神工作。房梁会影响创造力，能够引起头痛。如果办公室的空间呈L形，最好用具有相克属性的元素进行修正。

用水元素激活办公室内东南方向的角也可以有助于商业活动（与财富相关联），比如用浴缸或者可旋转的人造盆景，这些都可以代表持续流动的能量，可以带来财运。

挑选桌子

挑选一张形状等各方面都不错的桌子也相当重要。比如，长方形的桌子更有利于商业活动，圆形的桌子更适合于艺术创作。如果是写字台的话，建议是正方形或者长方形的，但是，桌角要圆滑一些。这样，就可以避免尖锐的角产生煞气了。

桌子的表面不应该很亮，不能过多地反光，以免引起眼痛，同时也不该用过于鲜艳的色彩，深色的桌面可以突出白色的纸。玻璃桌子同样会产生消极的能量，因为在使用玻璃桌子的时候人会进入不平静的状态，透明的桌面能够使人产生东西要坠落的错觉。最好在一件深色的、坚固的桌子上工作。

对办公室进行装饰

在对办公室进行装饰的时候，一定要对所使用的画和物品的象征意义给予特别的注意。最好用可以激发创造力的东西把桌子围起来。

在挂照片或者图画之前，要搞清楚这些画会产生什么样的影响。

有活力的区域

对于办公桌，我们同样应该运用八卦的原理对它进行分析。比如，最好的位置要留给电话，因为和外部的联系是事业成功的基础。电脑需要一个很大的、活力充沛的空间，所以最好将它放在连接在写字台的桌子上。家人或者配偶的照片应该在"爱和夫妻"的角落。如果在工作中和其他人产生了一些不愉快，可以通过在办公桌的东南部放一块石英，会有助于问题的解决。

为了气能够自由地流动而不淤滞，要尽量保持工作区的整洁。如果保持办公室的外部即干净又整洁，那么在办公室的内部也同样可以很容易地保持整洁。平时注意把不用的纸或其他物品及时地清理出去。

　　在工作区中，尽量应用自然光，这比人工灯光更有利于目标的实现，虽然在一间办公室里一盏中央的大灯足以照亮整个区域，但是，风水学上的效果是远不及自然光的。

　　因为眼睛需要通过变化进行休息，所以，在房间中多放几盏灯，但不要过度，过度了就要眼花缭乱了，同时房间里的热量也会随着灯的增多而升高。

　　办公室中的装饰色彩会对工作人员的工作产生影

风水学词典

响，所以装修时要选择能助于相关活动的色调。但是墙的情况就不同了，在墙上使用的颜色不应该太刺激、太引人注目或者是红色系的色彩，这会产生压迫和压力。另一方面，灰色系或者蓝色系的颜色又过于放松了。

为了能够找到最适宜的颜色，我们要结合每个人自身的人格特点。通常，黄色调有助于精神的集中，可以帮助我们有效地完成脑力劳动；浅橙色会提升情绪、传送能量。绿色和松石绿可以为过于紧张的人提供适度的放松。对于长期坐在电脑旁边的人来说，绿色能够对视觉进行放松。最后，浅蓝色系能增加人表达的欲望。

储藏室 储藏室是住宅中使用较少的区域，我们可以将其布置在住宅中不太有利的位置。

钻石 具有保护作用的石头，带有和平与力量的性质，能持久地散发积极的能量，象征贞洁、完美、明亮。

钱 钱具有金属的属性。根据风水学的原理，它的流动可以被它所处的建筑的因素影响，所以很多银行和贸易场所都修改建筑的形态以顺应气的产生。比如，一幢被布置的很好的建筑，周围完全按照风水学的方法进行布置，就很容易吸引钱财。如果地势有些低，这种就会很容易地将钱财引进来。

根据八卦原理，钱和财富是在空间的东南方位，可以通过放置一些治愈的物品对它进行修补。

方位 有五个主要的方位：东、西、南、北、中，基于这五个方位可以再衍生中东北、东南、西北、西南几个方位。

风水学的基础就是方位，是研究对于每一个人、每一幢建筑有利的方位。

每一个方位都会产生一种不同的能量，对应着特定的元素、卦象、特质、数字、季节颜色、状态等等，可影响健康、安居、财富等。

个人的方位 这种方位是根据卦象，对于个人来讲最有利的方位。

方位不同，环境不同，对人产生的影响也不尽相同。

个人方位的吉与凶

个人五行	北	东北	东	东南	南	西南	西	西北
水一	▲▲	◆	▲	▲	▲▲	◆	▲▲▲	▲▲▲
土二	▲▲	▲▲	◆	◆	▲▲▲	▲▲	▲	▲
木三	▲▲▲	▲▲	▲▲	▲▲	▲	▲▲	◆	◆
木四	▲▲▲	▲▲	▲▲	▲▲	▲	▲▲	◆	◆
土五	▲▲	▲▲	◆	◆	▲▲▲	▲▲	▲	▲
金六	▲	▲▲▲	▲▲	▲▲	◆	▲▲▲	▲▲	▲▲
金七	▲	▲▲▲	▲▲	▲▲	◆	▲▲▲	▲▲	▲▲
土八	▲▲	▲▲	◆	◆	▲▲▲	◆	▲▲	▲▲
火九	◆	▲	▲▲▲	▲▲▲	▲▲	▲	▲▲	▲▲

▲▲▲是非常有利

▲▲是有利或者中性

▲代表虚弱

◆代表非常不利

风水学词典

如果一个方位符合八卦的卦象，那么对人会产生有利的影响，如果不合，则会产生破环境的消极作用。

布局 为了能够让能量在空间内更好地进行流动，我们需要对空间进行合理的布局。不只是包括住宅，还包括办室。合理布局包括两方面，一是要空间简洁而整齐，这样就不会让气淤滞下来；另一方面就不要让气过快地从空间中流走，这样就不能充分发挥气的作用了。

对房间进行布局的时候，我们一定要参考九宫图的法则，根据每个区域的适性来为区域定位。使能量和活动相得益彰。

根据八卦的原理，卧室应该在"爱与夫妻"的方位，办公室要在"职业生涯"方位等等。

卧室 卧室是人停留时间最多的地方，通过在卧室休息人们可以恢复精力，儿童可以成长。所以，一定要慎重安置卧室。

对于卧室来说，最理想的位置是"休养生息"之地和"长寿"之地。另外，距离住宅的主门越远，它对家庭成员的功效能发挥得越好。

卧室中不要摆放过多的家具，以保证能量的通畅流动。

在卧室中，要用偏阳的元素来进行装饰，这里我们给出了一些建议。

- 柔和的形状相对比尖锐的形状要理想得多，因为尖锐的形状可能会形成暗箭。
- 不要在床附近安放过于高大的植物。
- 在卧室中要对摆放的书籍和艺术品加以关注，因为它们的内容会对卧室的环境起到一定的影响作用。
- 不建议在床下存放物品，要保证床附近气流的充分流动，才有益于我们睡眠质量的提高。
- 卧室里的建筑设计会影响到睡眠的质量。比如一道道的门会将气切断，卧室里设卫生间会产生污秽的气息等等。
- 不要将床头靠着墙放，否则会引发不安并让能量流失。
- 如果在卧室里有裸露的房梁，那将是很不利的一件事。用天花板把房梁掩盖起来。如果做不到把房梁掩盖起来的话，就尽量不要把床放在房梁下面。
- 电器设备会扰乱我们的梦境。请将这些电器设备移出卧室，尽量远地远离床。
- 金属床对于卧室来说，是有百害而无一利的。
- 颜色对于人体的影响无疑是重要的。在卧室当中，颜色的能量会影响卧室里的整个环境和我们的安居状况。在卧室里要尽量使用温暖、舒适的颜色，不仅能够提高睡眠休息质量，还可以增进夫妻的关系，比如，红色、橙色、深黄色等。

儿童房 儿童房通常即是孩子的卧室又是孩子的游戏房。白天要充满孩子的活力，夜晚又要求十分静谧，尽量满足儿童房的这两个特点。对于很多父母来说，让孩子夜里能够沉沉睡去，获得良好睡眠的卧室是最理想的。儿童房的能量应该和小孩子的身体特质相吻合，能够满足他们成长、需要刺激与活力的需要。

如果有两个或者更多的孩子共处一室的话，那么这个卧室很可能会变成他们之间的"争夺之地"。将所有孩子的床都朝向一个相同的方向，那么他们之间的关系就可以得到一定程度上的改善。如果你自己和你孩子的关系并不融洽，或者已有一段时间的紧张，那么就在一定的时期内，把你床的朝向调整得与你孩子的一致，直到问题得到解决。

如果你的孩子们是共用一室的，你要保证他们中的每一个人都能够拥有自己的私人空间。

龙 根据中国传统，龙是天子的象征，是四神兽之一，它代表力量和善良、勇敢和决心、慎重和坚持。它的图像对于鸡年出生的人很有利。在中国，人们相信龙的气息是可以带来财富和繁荣的能量。

龙脉 龙脉实际是藏风蓄水、大富大贵的风水宝地。因为龙脉也分很多种，实际的地形也千变万化，所以看龙脉要有足够的理论和实践经验，有的风水师可能穷尽一生都不一定能找到你认为可以出帝的"龙脉"，通常能找到大富之地就非常不错了。

龙马 在中国，有一个成语叫做"龙马精神"。比喻人非常有精神，马虽然不是神兽，但是在中国，由于它外形俊朗健康，被中国人广为喜爱。所以在古代，人们都常都会在住宅中贴上龙和马的墙画。

排水系统 水是我们日常生活中的必需品，用过之后，我们会用排水系统将其排出。应该特别注意卫生间中排水系统的方位，一旦选择不佳，会对

代表八福的动物

龙龟可以吸引八种不同的福气。在中国神话中，龙代表了阳性能量、肃穆和勇敢。

龟，相反，符合阴性能量的特质，和坚持、谦虚相联系。两种动物结合可以形成一种完美的品质的结合。

风水学词典

能量的流动产生不好的影响。如果排水管、洗衣机、淋浴间处在不良的方位,很可能会将住宅中有利的能量排走。稍差一些的方位包括正朝门的方位、楼梯附近的方位、餐厅和厨房的附近。

如何摆放床

　　卧室的位置或许对于我们住户来讲已经很难再加以改变了，但是床的朝向改变起来通常是很容易的。睡觉的位置不仅影响你休息时候身体状况，还会影响你日常的生活，尝试让床位于经过房间中心的轴线上，这样你的头部就会朝向一个有利的方位。

风水学词典

教育和知识　我们生活中的这个方面不仅涉及到智力水平，同样包括我们对事物深层次的认识、对事物的直观理解。与这个方面对应的五行元素是土。

所有对应于土或对应于火的物件都可以强化这个方向的气场。在颜色上，黄色或土色都适宜这个方向。

对应于这个方向的自然表征为山，即为宁静。有时，为了理解领悟并参透某些知识，我们需要暂时的放下手中的工作。此时，这个方向上应该有某个区域能让我们小憩片刻，能让我们靠在最喜欢的椅子上思考某些萦绕于脑中的问题。

同样地，表达自然宁静画面的绘画也能起到辅助作用，比如一幅黎明时分的宁静画卷。

在这个区域可以摆放一些象征智慧的物品，比如书籍、格言、大师、圣地或圣物的相片，如象——在印度文化中象象征着智慧，还有猫头鹰——在希腊神话中关联着雅典娜，即智慧女神。

建筑　一幢建筑想要有好的风水，位置非常重要，好的建筑方位可避免令宅中之人受到暗箭伤害。风水好的建筑主要有如下一些方位分布：正面朝南，能够较好的利用阳光的能量；西北方有山丘或另一幢更高的大楼保护；或是在两侧有河流和丘陵保护。

建筑自身的五行元素能否和环境中的五行元素协调共存，也是判断其风水优劣的要素。

根据建筑的主导五行元素，可以将它们分成五大类：

- 属木：这类建筑高达笔直，像柱子或高塔。另外，木制的建筑同样也属木。
- 属火：这类建筑屋顶明显倾斜，外形设计多尖角。
- 属土：这类建筑外形四方平整，或者它是由属土的材料（如砖）建成。
- 属金：这类建筑带有明显的曲线、弧线设计。
- 属水：这类建筑一般不规则、不对称，或者用大量的玻璃制成。

一般说来，一所房子的形状设计越平衡、规范，获得好风水的概率就越大。

电　根据风水可知，任何家用电器都应该远离休息的地方。电器所产生的电磁波可能会加快不吉之气的流通速度。

电杆和电线都是产生煞气的暗箭。为了中和抵消这种煞气，可以适当使用调和元素，如火，或用几种元素进行综合调整。

电器　不要将属性相克的电器放在一起，这对住户来讲有一定风险。所以，在厨房里，不要将冰箱、洗碗机、洗碗池和炉灶放在一起。

电磁烟雾　很久以前人们就已认识到了电磁辐射的危害。在我们生活的环境中，存在大量电磁辐射，人们已明显地感到了它的危害。这里说它是"烟雾"，其实

风水学词典

就是指电磁污染。

威胁元素 是指住宅或其周边环境中引起气场不均的消极之物。如有威胁元素存在，可以引入其他元素以破环威胁元素，或用其他元素与其进行组合以抵消不良影响。

调和元素 调和元素常用来调和两种不可相容的元素。它的用处在于增强被破坏元素的能量，削弱破坏元素的能量。根据五行理论，五行元素之间存在相克，所以，在现实生活中常常会发现建筑上的某一元素与其周边环境中的某一元素

风水建筑

位于香港的香港汇丰银行总部大楼很好地遵循了风水原则。大楼的主要楼梯设计比较特别，从正门开始的上行楼梯能使气流顺利地进入大楼内部；而下行楼梯的设计阻碍气流流出，象征着财富易进难出。

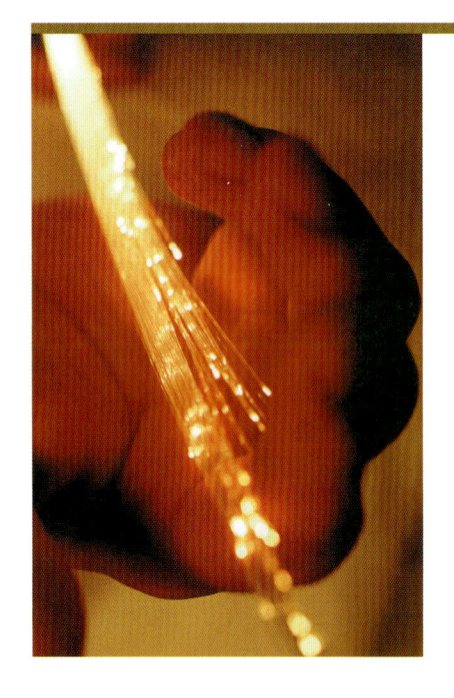

相克，或住宅的朝向与个人的卦象相违背等等诸如此类的情况，此时调和元素就能派上用场。

个人五行元素 这是风水中最重要的一部分，能用来判断一所房子风水的好坏。个人五行元素与每个人出生的时间对应，能反映出人的性格。了解一个人的五行元素有很多种方法，最基本的一种就是知道出生年份然后查阅资料。一般来说，个人五行的能量会在环境中直接出现，并辅助人的事业与生活。

位置 生活、学习、工作的地方最好有积极的气流运行。风水好的住房有充分的光照，并受到良好的保护。住宅不可建在风大、潮湿雾重或者地面倾斜多石块的地段。

风水比较好的位置应受到四大神兽（青龙白虎玄武朱雀）的保护。

公司 在东方国家中，如果某公司要迁新址，一般都会遵循风水观点。下面我们来看看关于迁址的一些规则：

• 街角或通往火车站、汽车站的通道附近能量都非常活跃，很适合在此建立公司。没有出口的街道或桥梁附近都不适合设立公司。

• 公司位置一旦确定，首先要找出附近的暗箭并采用一定防御措施，化解暗箭。

周边环境 在经典风水学中，水流的角色非常重要，因为它与财富息息相关。在城市中，街道代替了水流通过的河道。建筑既不可以受到煞气的冲撞，也不可以接收不到任何气流。如果建筑旁的街道有转角，或者街道向前延伸时宽度越来越窄，气流就很难进入建筑内。如果街道上的气流运行过快，直冲向住宅，同样也是很不吉利的。另外，如果办公的地方设在没有出口的胡同内，也会对人产生不良影响。

要注意，建筑正门不可受到尖利的凸角（源自临近建筑的暗箭）威胁。

同样，如果建筑入口附近的树木太靠近大门也很不吉利，因为树木会遮挡建筑入口，会使建筑的来访者逐渐减少。临近的其他公司类型同样需要考虑，最好不要将公司建在屠宰场、电站附近，因为它们的气场都很不吉利。

风水学词典

大门 建筑的大门是给人留下第一印象的地方，因此，注重大门的风水非常重要。大门的大小应该和整幢建筑的大小和谐统一。

大门应该从内从外均可打开。对于到访者，进入建筑的时候不用退后几步，能够直接进入，这样的设计比较让人愉快。旋转门的设计是为了防止室外不吉之气进入室内，但实际上有一个既简单又不失美观的方法，即在正门两侧分别种一棵树，既美观，又有指示的作用。

厨房操作台 风水非常重视厨房内操作台的朝向。同炉灶一样，操作台的方位设置应该使做饭的人看得见进入厨房的人。

五行中，水火不相容，所以操作台和炉灶都不可以与洗碗机、洗碗池、冰箱放在一个地方，也不可处在一条直线上。

能量 根据风水学可知，我们随时都被运动着的能量包围着，这种运动可能是向心的（能量向内收缩，逐渐变小），也可能是离心的（能量向外扩散，逐渐变大）。风水学用这种运动的概念来解释气流循环，并利用人的内在能量使之和谐。

入口 能量从这里进入室内。最需要注意的是，不能让住房的大门将屋外的暗箭引进室内。

屋前有呈波浪状绵延的街道缓缓经过正门外，中途没有障碍、街角或墙壁，这是富贵的象征。大门应设在吉利的位置，假使大门方位不吉利，则应该在大门两侧各放一座守护神的雕像，或者给大门装上金属门环。

根据八卦经义可知，住宅中大门上适合悬挂八卦镜。

楼梯 气流通过楼梯向住宅的各个楼层扩散，所

How to design **Your Lucky house**

注意辐射

很不幸的是，辐射污染包围着我们，我们无法回避。但是，有一些办法可以帮助我们削减其不良影响：

镜子可以反射电磁波，使电磁波在房间中四处散逸。所以，不要将镜子放在卧室中，否则会搅扰睡眠。

卤素灯的各种变体会增强辐射污染，所以在公共场所和休息的地方尽量不要使用这种灯具。

不可以通宵开着卧室中的电视机，睡觉之前应将电视机电源切断。

以，楼梯对与住宅风水也是很重要的，风水好的楼梯应该较宽、圆滑，呈曲线上升，没有尖角。楼梯的起点不可以对着正门，否则可能导致气流过于凌厉，形成煞气。

形势派 形势派是风水中最古老的派别之一。它依据建筑或环境的外部特征，尤其是形状来选择能量充足且平衡的建房地点。形势派重视土地、山峰的形状和河流小溪的方位朝向。

形势派源自中国南方，在这里，山峦起伏，流水潺潺，风景明丽。

为了驱灾辟邪，古人在修建房屋之前，常常会很仔细地研究环境中的各种形状以及它们的朝向。

著名风水师杨筠松在公元九世纪确立了"形势派"的名称，并发展了关于建筑结构和布局的理论，后来成为风水实践的基础。

根据形势派的理论，住宅外部有山环绕，它则可免受风的危害。住宅不可以建在明显倾斜的斜坡上，否则，土地会有流失的危险。同样的，还要避免将建筑建在山谷深处，因为山谷中有洪灾泛滥的危险。

风水学词典

五行内部的调和

木：当火之能量受到水之能量威胁时，可使用属木的物品进行调谐，如植物、木制雕塑、木地板或柱状物。

火：当土之能量受到木之能量威胁时，可使用属火的物品进行调谐，如壁炉、红色花朵及蜡烛。

土：当金之能量受到火之能量威胁时，可使用属土的物品进行调谐，如陶瓷、正方形物件或是形状平整的东西。

金：当水之能量受到土之能量威胁时，可使用属金的物品进行调谐，如锻铁、金属制品、弧线形物品。

水：当木之能量受到金之能量威胁时，可使用属水的物品进行调谐，如水龙头或玻璃制品。

形势派的理论不仅适用于乡村，同样适用于城市。

理气派 根据理气派的理论，八个方位中的每一个方位都与一种特定的能量相连，并且影响着一个房间或一处住宅中的其余所有方位的状态。

理气派使用伏羲八卦、幻方等等工具对住房风水进行评估。

理气派区别于形势派的一个显著特征是：不太注重建筑及环境的形状，而更加注重精确的测算。

现今，风水大师常常将两派（形势派和理气派）理论结合运用。首先，分析环境特征，选定住宅位置。然后，利用风水罗盘，观测各个方向的能量在如何影响住宅，结合考虑住户的自身能量，得出该住宅的布局原则。

How to design Your Lucky house

装修办公室时的色彩选择

在装修办公室的时候，综合考虑要使用的颜色、形状及材料非常重要。

颜色的选择要结合五行理论和该企业的企业文化。黄色调可激发人的智力活动，给人以愉悦的感受。黄色蕴藏的能量属土。绿色调联系着木气，象征财富和成功。绿色越鲜活，越能代表成长、繁盛。红色对应南方，属火，色调明快，使用时要注意适度，且只可用在某些特定的区域。

封闭之墙 这是风水中的又一条法则，可以从心理学上解释。背对着封闭墙体而站，它能给我们安全感，感到背后是受到保护的，没有危险，这样的墙体能使人平静安宁。

反之，如果背后的墙体没有封闭，则会使人产生不安全感，感到恐慌，因为人看不见背后究竟在发生什么。

其实在现实生活中，很少有人真正会遭到背后而来的攻击，但背后没有受到保护的人，时刻都处于警惕之中，这会消耗大量的能量，分散注意力。

背后封闭这一原则对所有的活动都很重要。比如，工作的时候背后就应该靠墙；睡觉的时候也如此，床头的位置应该靠墙。

最后，对整幢住宅来讲，如果能背靠山峦风水则好，这样，住宅就用有了依托之地，会更加平稳、安全。

镜子 镜子在风水中是一个重要的工具，它所成之像究竟如何，对于我们个人影响较大，所以，家里不适合摆由几块小镜子组合而成的镜子，碎裂的镜子会将人像分成若干小块，从心理上来讲这没有任何助益。如果一个人每天早上起床第一眼从镜子里看到的自己是分成了若干小块的，这可能会影响心情，情绪波动。

风水学词典

因为镜子是由玻璃制成的，它尖利的棱角可能会诱发暗箭，因此，镜子的角不能指向重要的地方。给镜子加上边框是有效避免暗箭的方法。圆形或椭圆形的镜子不会造成暗箭，可发出和谐的属阴之气，而正方形的镜子产生的能量属阳。一面顶角朝上的三角形镜子从形状上讲属火，从其倒影的结果来讲属水，这种结合不吉利，可能会造成家庭的不安定。另外，三角形镜子的三个角也需要引起重视。

镜子的位置不可过高也不可过低，应根据家人的身高放在合适的位置上。同时，一定要考虑到孩子，因为他们喜欢看见自己的样子，了解自己。

镜子可以反射任何类型的能量，不管是积极的还是消极的，因此，镜子的引导作用非常显著。但并不是说在哪里放镜子都可以，在需要宁静的地方少放或不放镜子，比如卧室。

镜子常用的风水功效有以下几点：

• 从视觉上扩展住宅的宽度和深度，使气流的循环更加顺畅。

• 四方形柱子会向所有的方向发散消极之气，而适当地安装镜子可以削弱这种负面影响。我们可以在这种柱子上挂上镜子，将负面消极之气转化为积极正面之气。

• 镜子可以将屋外的景色引进屋里来。

• 驱散房屋内外的毒箭。

螺旋形 螺旋形是如此迷人，甚至连人类基因也采用了这种形状。

螺旋形在自然界中随处可见，漩涡、旋风、蜗牛、还有一些花等等都采用了这种形状。

螺旋形联系着生命和水流，给人以向外或向内的运动感受。所以，螺旋形能代表能量的循环。

理想环境

不管是城市还是郊区，围绕建筑的环境对建筑的气场非常重要。环境的各种特征，不管是地理的还是建筑上的，都可影响到建筑的风水。按照环境的主要外形特征划分，可以将其分为以下四种：

属木：环境中一般包括树木、林地、山丘、柱、高且窄的建筑。

属火：环境中一般包括倾斜房顶或尖顶。

属土：环境中一般包括平原、台地、平方等。

属金：环境中一般包括圆形丘陵或拱顶建筑。

利角 很多建筑上都有指向我们的尖利边角，它们可能引发暗箭，因此，要注意避免类似的建筑布局。即使在住宅内部，也可能会有比较锋利的凸角（比如方形柱子的四边），要注意保护自己，可以在旁边摆几盆植物用以遮挡。

季节 四季（或者说五季）的周期变化是五大能量（即五行元素）不停运动的标志。春季形成的某一能量在夏季得以增强，在秋季逐渐缩减，最后在冬季消失。

每一季节都对应着一种方向、一种颜色、一个元素等等。木气象征着春季，是万物复苏、大地回春之时，大地一片绿色，太阳在地球的东方；而夏季是一年的正午时分，此时太阳高悬在南方天空，非常炎热；秋季是收获的季节，人们用属金或银白色的器物劳作；冬季是一年的结束，所有的一切都是阴暗的、寒冷的（北），太阳隐匿起来，雨水变得活跃。

水池 对于风水来说，水是非常强大的能量载体，

风水学词典

可以改善财运，有助事业成功。如果住宅附近有一个水池，将大大有利于住宅风水。但是，在细节上你仍须注意以下几点：

- 水池的大小应和房屋大小相协调，呈曲线形也可，环绕住宅也可，或者就在院子或花园中选一块吉利之地挖池也可。
- 水池中的水要保持洁净，而且不可收到暗箭、毒箭的侵扰。
- 在水池中养几条彩色的鱼，可以激活池中之气。

书架 书架上的书应该按照大小、颜色归类摆放，尽可能在架子上呈现出一排排整齐的书籍。

只要书架整齐了，整个房间的氛围就会明快很多，这很有益于看书学习。

东 东方对应的卦象为震，由一条阳线（连续线段）和两条阴线（间断线段）组成，象征坚强和意外获得。东方对应的家庭成员为少男，颜色为绿色，元素为木，数字为3。

根据八卦法，东方对应于家庭和健康。

事业有成 根据风水观点，一个人生活中的方方面面不是一个一个孤立起来的，它们之间都有密切的联系。风水可以借助这一条件为事业的成功起到助推的作用。

如果想要获得事业上的成功，应该关注八卦方位中的"财富与成功"这一区域。在你的住宅或是你的办公室中，这一个区域现状如何？是整洁明亮，还是杂乱不堪？要保护这一方位的风水，保持整洁宽敞非常重要。

因此，在此方位放置一些象征财源广进、大富大贵的器物是有必要的，另外，也可以放一些健康的茂盛的植物。

镜子的安放

在厨房里挂一面镜子,可以"复制"桌上的食物,还会使空间扩大,是家庭更加兴盛。

在公司收银机或点钞机附近挂一面镜子,能使收入翻倍。

在自然光不充足的地方,比如在浴室中。浴室中的镜子不能面对卫生洁具,也不可面对浴室门。

用以激活八卦某个特定方向的气场。

镜子最好能把整个人照下来,有些镜子照不着头部或腿部,这种镜子不要使用。在风水中,这种镜子是不祥的预兆。

风水学词典

季节	颜色	五行元素	方位
春季	绿色	木	东
夏季	红色	火	南
夏秋过渡期	黄色	土	中
秋季	白色	金	西
冬季	黑色	水	北

How to design **Your Lucky house**

高低不齐 根据风水观点，环境中高低参差不齐的情况是有害的，可能会诱发煞气（尤其参差不齐的物体正对住房时）。我们可以栽种灌木丛抵御煞气。

名望 根据八卦法，名望受制于离卦，位于南方，在家庭中，名望关联着中女，属火，数字为9，季节为夏季，颜色为红色。离卦卦象为两条阳线夹一条阴线，蕴藏着胜利、光明和热情的能量。

这个方位联系着自知、公众认可、名望、荣誉等等，能让我们认清自己，摆脱他人评价的束缚，不再受外界评价的影响。

如何增强此方位的能量？

生活的这一方面对应于夏季这个繁花盛开的季节。根据个人喜好，可以在这个方向摆上毕业证书、艺术品或是一副鲜花盛开的画作。

我们还要注意办公室中的种种细节，例如摇晃的椅子，因为它意味着职位的不稳定、不安全；或是一张视觉突兀的写字台，因为它代表着我们容易陷进自己的计划中不能自拔。

家庭 八个卦象被认为是一个家族，始于天（父亲），止于地（母亲）。中间断开的线条指阴、女性；连续的线条指阳、男性。家庭中的每个人均对应于一种基本的能量模式，具体的说就是不同的卦象，下面逐一说明。

风水学词典

- **父亲(乾)** 乾即"天"。其卦象由三条阳爻（连续无间断的线段）组成，象征着力量和持久，位于西北，对应家庭成员为父亲、丈夫。这个方位适合设置书房或客厅。它所对应的季节时令为秋末冬初，元素为金，数字为6。

- **母亲(坤)** "坤"即为"地"。其卦象由三条阴爻（连续无间断的线段）组成，象征着保护、顺从，位于西南方。它所对应的季节时令为夏末，颜色为黄色，元素为土，数字为2。

- **长男(震)** "震"即为"雷"。其卦象由一阴爻（中间断开的线段）和两阳爻（连续无间断的线段）组合而成，象征着坚定和不可预知的力量，位于东方。它所对应的季节时令为春初，颜色为绿色，元素为木，数字为3。

- **中男(坎)** "坎"即为"水"。其卦象为两条阴爻（连续无间断的线段）之间夹一条阳爻（中间断开的线段），象征着雄心、领导力、推动力，位于北方。它所对应的季节时令为冬季，颜色为蓝色、黑色，元素为水，数字为1。

- **少男(艮)** "艮"即为"山"。其卦象为一阳爻（连续无间断的线段）在上，两阴爻（中间断开的线段）在下，象征着稳重、可靠、有首创精神，位于东北方。它所对应的季节时令为冬末，颜色为黄色，元素为土，数字为8。

- **长女(巽)** "巽"即为"风"。其卦象为两阳爻（连续无间断的线段）在上，一阴爻（中间断开的线段）在下，象征着高超的智力和强大的内力，位于东南方。它所对应的季节时令为春末夏初，颜色为绿色，元素为木，数字为4。

- **中女(离)** "离"即为"火"。其卦象为两条阳爻（连续无间断的线段）之间夹一条阴爻（中间断开的线段），象征着成功、闪耀、热情，位于南方。它所对应的季节时令为夏季，颜色为红色，数字为9。

- **少女(兑)** "兑"意为"泽"。其卦象为一阴爻（中间断开的线段）在上，两阳爻（连续无间断的线段）在下，象征着愉悦和满足，位于西方。它所对应的季节时令为秋季，颜色为白色、银白色，元素为金，数字为7。

卦名	自然象征	家庭关系	方位	五行	出生数字
乾	天	父亲	西北	金	6
坤	地	母亲	西南	土	2
震	雷	长男	东	木	3
坎	水	中男	北	水	1
艮	山	少男	东北	土	8
巽	风	长女	东南	木	4
离	火	中女	南	火	9
兑	泽	少女	西	金	7

风水 这两个汉字意思是"风"和"水",古代中国人用这两个字指自然界中最主要的两种力量。的确,在"风水"这一概念刚刚萌芽的时候,意味着一处没有风并有充足水源的地方。而今,研究风水学目的在于平衡我们居住和工作的地方的能量。

风水法则涉及到了的中国多种文化,从它的创始宗教经义(道教经义)、科学(天文学、地理学、磁学)到占星术、萨满经义,无所不包。

风水学主要用来寻找合适的建房地址,研究住房和环境的关系、住房和人的关系。

暗箭 暗箭是指直冲住宅或办公地的锋利边角或线条。最为凶煞的一种是直指大门的暗箭,很容易诱发煞气。

尖角屋顶、笔直的树木、高塔、电线塔、十字路口、凸角、突兀的横梁等等都容易形成暗箭。

化解暗箭的方法很多,比如用灌木丛或成排树木遮挡,或利用镜子改变暗箭的方向。

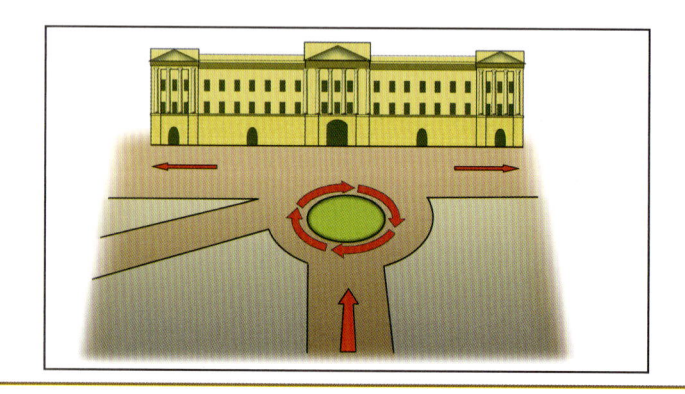

风水学词典

花 艳丽的花朵能带来好的风水。以下五种花在中国传统文化中最受喜爱：牡丹、菊、莲、玉兰、兰花。

牡丹属阳，是象征春天的花朵，且象征爱情和女性之美。

菊花象征秋天，意味生命的消逝。

莲花含有多子多孙的寓意，是夏季的花朵。在住宅中传达平和安宁之意，象征精神的崇高。

玉兰象征甜美，兰花传递爱意，象征高尚的品德。

在大门附近的花坛中或是庭院里、窗台上种上花，能将气引进家中。花朵是平衡气场很好的工具（尤其是当存在不相容的元素时），还有和缓房屋内外（屋角、柱子、走廊、街道等）尖利边角的作用。

花朵盛开可以为昆虫提供食物，同时，昆虫也帮助花朵传播了花粉。甚至是已经被摘下、无根的花朵也能完成花朵本身的宿命，没有了根，它们仍然继续着生命循环，从盛开到凋谢。

虽然放在住宅中的花朵释放的能量不如在大自然中自由生长的花朵释放的能量强大，但是它仍然能为住宅营造良好的气场。

荧光灯 荧光灯只发出光谱中的部分颜色，会使房间中气场缺失，进而影响到住在里面的住户。白炽灯和卤素灯都更为适用。

照明灯 房间中的光源分布应该平均，使房间的每个角落都能接收光照，这样气流就不会滞留在房屋死角中了。在住宅中所有照向上方、下方的光源之间，应寻找出一个平衡点，这样气流才不易混乱。

形状 形状规则的物品比形状不规则的物品风水

How to design **Your Lucky house**

好，对称的物品比不对称的物品风水好。形状之间的平衡很重要，另外还要懂得如何把形状和尺寸、布局、颜色、光照、温度甚至线条的柔缓（属阴）或刚硬（属阳）等等各种特征综合起来考虑。

不完整的形状（如半圆形、梯形或"L"形空间）可能导致室内气流运行不畅。

想要让建筑拥有好风水，很重要的一点就是建筑本身的主导五行元素（形状）同环境的主导元素能够和谐共存，也就是说，两者的元素在五行关系中应当是相生的。

高耸垂直的形状（如树）代表木之能量，如高耸的小山、柱状结构、工厂烟囱、摩天大楼等等。

尖利的形状像火焰一样，向上涌动，它代表着火之能量，如山峰、斜顶或尖顶建筑。另外，教堂的尖顶也是非常典型的属火建筑。

平整的形状关联着土之能量，如平原、台地或四四方方的建筑。

圆形关联着金气，代表事物有圆形丘陵、有弧线或拱顶设计的建筑。

水无形，十分不规则，随处可见，尤其在起伏的不规则丘陵上，或是较圆润的不规则建筑上。

洗涤池 风水建议，洗涤池的位置最好设置在靠窗的位置。还有，洗涤池不可和灶台靠得太近，因为它们分属水、火两个不相容的元素。

火 火是风水基础理论——五行中的重要元素，对应的颜色为红色，季节为夏季，方位为南方。

木生火，火克金，水克火。另外，由于火能生土，所以，土也是消耗火能的元素之一。

在环境中，带有尖角的器物一般都蕴藏火元素，比如山峰、倾斜屋顶、尖角屋顶、教堂尖角、烟囱等等。因为这类设计都比较尖利，所以可能会诱发煞气。

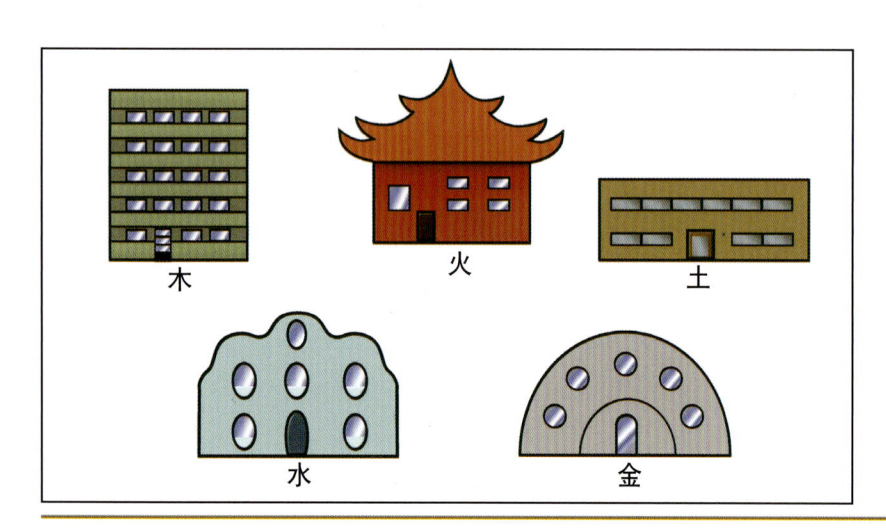

风水学词典

在住宅中，厨房的炉灶和烟囱是属火的代表物；另外，光线也大多属火，不管是自然的还是人造的；还有，红色的玩偶、艺术品或其他装饰物也具有火之能量。

火关联着离卦，它的能量是爆炸性的，就像卦象中所展现的那样，简单一条阴爻就将另外两条阳爻分离开来。

火象征着太阳、光、热和干燥，代表外表坚定不屈而内心软弱空虚的一类事物。火元素还关联着名望。

火元素的能量同样凸现在我们内心，它可能会让我们成为学识渊博的人。火对应的方位为南方，数字为9。

如果一个人五行属火，那么适合他的颜色为绿色，因为绿色是木气的颜色，木生火，属火之人会常常需要这种能量。

依水花园 在香港，一些比较重要的餐厅一般在入口或门厅的位置设有一个小型的花园，花园中有池塘、假山等等。在银行或商业大楼楼梯旁也常常出现潺潺的流水，有的人可能认为这此设计仅仅起到装饰的作用，其实其真正的目的在于引导气流进入建筑内部，也就是说，这样的流水能够带来好的风水，并有化解煞气的效用。

但如果设在房屋后方的水源过大，可能使屋后失去保护。水非常灵活，习性乖戾，由这样的状态流出，水原本的保护作用则会消失。

水源大小应该和住房大小相协调，如果是在建筑后方的一大片花园中设置水源，很容易找到合适的位置。

风水学词典

车库 车库的位置离住房越远越好，最好居于住房北方。如果车库和住宅在一幢建筑中，车库最好位于地下，并且车库大门要处在隐蔽的位置。

车库中要保持干净整洁，所有的工具摆在应该摆的位置上，尖利、危险的工具要妥善保管。

车库不可以位于卧室旁边，也不可以处于卧室下方。因为车库不仅常有噪音，而且安全隐患也相对较大，汽油可能会渗透墙壁影响卧室中的人。根据能量的观点，靠近车库的房间容易引起人的不安情绪。如果由于建筑设计的失误，你家的卧室正好位于车库上方，可以用属土的物件和装饰卧室，比如用黄色调粉刷墙壁，或是摆上黄色的陶工艺品，以达到抵御不良之气的目地。

灰色 用灰色可以将自己的住宅与外界环境隔开，以达到保护住宅的目的。

灰色一般要和其他颜色组合使用，明亮颜色在灰色的衬托下会显得更加突出。

建筑大门，可能威胁到建筑的风水，应该使用调谐元素加以中和。

水源 水源是引导气流进入室内极有效的风水工具。如果水源靠近建筑大门，周围鲜花环绕，水源则能将积极的气流引入门厅。

在金融大楼或银行门口也常常设置水源，这样能加速资金运转，意味着财源广进。

根据八卦法，在住宅中，水源应设置在象征财富的区域，也就是，住宅或房间的南方。

湍急的河流能量强大，如果住宅正好建在这样的河边，可能造成不良影响。这种情况下，在房屋前设立一处水源，在大河能量到达住宅时，水源会引导河流的能量环绕住宅，这样河流的强大能量便得到了控制。河流之气呈曲线缓缓流动，进入室内，给室内添加新的气流。

另外，也可以在房屋后面设置水源。如果在花园中合适的位置设一处小泉眼，汩汩的流水会催旺此房屋的居住者。

How to design **Your Lucky house** 333

房间 风水学认为，不规则房间中容易出现死角，要注意规避其不良影响。

为了给每间房屋选择正确的朝向，要将房间方位的风水状况和个人的风水状况结合起来考虑。

大门是外部能量进入室内的通道。在室内，所有的房间门应该按照气流运行方向开启，并且注意，在这一条通道上不能堆放过多的家具，否则会阻碍气流的畅通运行。另外还要注意，两扇门不可以处在相对的位置上，窗户也同样如此。

卦 《周易》里的"六十四卦"，图像上是由六条或连或断的线段上下组合而成。断开的线段称为阴爻，连续的线段称为阳爻。

叶子 尖叶植物会加速房间中的气流循环，放出暗箭，把这种植物放在座位边或大门边给人的感觉都很不舒服。所以，在你经常待的房间内还是放一些圆叶植物比较合适。

中国占星术 占星术源于天文学，不仅在西方常常使用，在中国文化中也很常见。中国占星术的内容与西方有很大差异。

中国占星术主要运用十二地支的理论，根据年份进行占卜。与十二地支相配的生肖为子鼠、丑牛、寅虎、卯兔、辰龙、巳蛇、午马、未羊、申猴、酉鸡、戌狗、亥猪，每一年都有其对应的五行元素。

关于占星术的研究只是中国天文学的一小部分，但是在对天干地支的各种组合的研究方面，它的作用是举足轻重的。借助占星术可以判断出每一年的运势，为每个不同生肖的人提供有价值的参考。

风水学词典

你的生肖是什么

鼠：一般来说，鼠在黑暗中也有良好的方向感，被认为是非常机灵狡猾的动物。鼠属阳，对应的的方向为北方，季节为冬季。

牛：牛非常沉静稳重，属阴，对应方向为北方和东北方，季节为冬季。

虎：虎危险、勇敢，具有野性，聚集了属阳的特点。对应的方向为东和东北，季节为春季。

兔：兔是浪漫愉快的动物，身边围满了自己的子孙。属阴，对应的方向为东，季节为春初。

龙：龙是力量十分强大的动物，常常腾云驾雾在天宇间穿梭。属阳，对应的方向为东和东南，季节为春季。

蛇：蛇并不引人注目，习惯于孤独地工作。属阴，对应的方位为南和东南，季节为春末。

马：马容易受惊，时常焦虑。虽有忠诚的名号，但时常显得匆忙。马属阳，对应的方向为南和东南，季节为夏季。

羊：羊善于社交，喜爱热闹。属阴，对应的方向为南和西南，季节为夏季。

猴：猴虽然腼腆，但喜欢嬉闹。属阳，对应方向为西和西南，季节为夏末。

鸡：鸡很有纪律感，在群体中它能够坚守岗位，但喜欢猜疑。属阴，对应的方向为西方，季节为秋初。

狗：狗顺从、忠诚、正直，属阳，对应的方向为西和西北，季节为秋季。

猪：猪不挑别，不爱出彩，非常聪明，颇具智慧。属阴，对应方向为北和西北，季节为秋末或冬季。

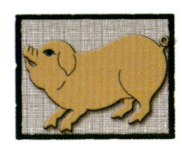

How to design Your Lucky house

易经 《易经》被认为是中国最古老的书之一。相传为伏羲——中国历史上第一位有记载的帝王——在距今5000多年前所著。据说，伏羲在某河岸边遇见一只神龟，神龟龟壳上刻有一幅特别的画。这位帝王研究并解释了这些由有断有连的线段组成的图画（命名为卦）的含义，这些图画共同构成了世间万物运行的法则。不管易经的起源究竟是什么，《易经》这本流传千年的经典已在中国文化的发展上留下了深深的烙印。学者、帝王、军事统领在需要作出决策之时，会参考易经；道家及儒家经典也是在易经之上发展而来；现在，风水专家、风水大师仍然经常在使用易经。这本书阐释了能量转变的基本准则：正是因为气的流通循环，事间万物才得以产生。这些变化的特征通过八八六十四卦表现出来，每一卦都用阳爻、阴爻按一定逻辑进行排列。

易经还被用作传达神谕。各种卦象的结合代表一种基本的变化形式，每一种结合都会向参看它的人揭示某一信息。

易经的基础是由各种线条组成的卦，这些线条或断或连，共同描述宇宙阴阳。连续的线段为阳爻，代表属阳之力；间断的线段为阴爻，代表属阴之力。阴爻、阳爻的组合方式共有八种，这就是八卦。每一卦中的每一线条都对应了一个特定的位置，下层的线条表示地，上层的线条表示天，而中间一层表示人。人居于天地之间，调谐天地。

在先天八卦和后天八卦之中，各卦被联系起来，各卦用其卦象及其内在含义，不仅描述了自然的进程，还阐释了家庭成员之间的抽象联系。父母即为天地，儿女象征各种运动（运动的开端、凶险及其结束）。

伏羲之后，文王（周王朝建立者）发展了后天八卦中的动力及循环序理。这些序理将时间纳入了探索范围，阐释了生命的循环。生命长久地处于运动变化之中，没有什么是一成不变的，停滞不变总是暂时的。

下面就八卦中的各种自然显征做一介绍：

- **雷** 雷位于东方，对应季节为春初，它用太阳初升的清晨来刺激自然界的重生。
- **风** 风位于东南方，它轻柔而无处不在的力量有助于人的内部发展及成长。对应夏初，由属木之气控制。
- **火** 南方之火的热量能使事物加快成熟，并将其凸显出来。夏季，太阳升到了最高的位置，尤其是在中午十二点时，火的能量将非常明显，人将感知到强大的能量。
- **地** 地对应西方，由火而来，生产各种食物，所以它与夏末秋出的播种时节有关，对应于一天中的下午。
- **泽** 播种之后是农闲欢愉之时。泽对应对西方、欢乐。在繁忙的工作结束之后，是时候看看自己已经做

风水学词典

过的事，做一总结，做一计划。泽清澈的水能反映出过去的事。

● 天　秋末，白天的时间越来越短，天黑得也越来越早了。天位于东北方向，此时，我们沉浸于思考，暂时放下手上的一切活动。我们的注意力集中在了能量的内化上，是创造力迸发的时期。

● 水　水对应于北方，对应于寒冷幽暗的冬季和午夜。因为水能够接近最幽深的角落，所以也能让我们靠近自己的内心深处，这个时期是升华思想的时期。

● 山　整个循环结束于东北方向的山，并由此重新开始。结束与开始，死亡和重生在山卦上得以结合。冬季将要结束，地里的种子却已蓄势待发，将要破土而出。

先天八卦

伏羲整理了八卦中所蕴含的八种能量，这一八卦被称为先天八卦。

天与地　天与地组成了先天八卦中最主要的观点，描述了两种相对而又相统一的力量。

火与水　水火在方位上正好位于一水平轴，火在东方，太阳升起的地方，其能量是向上的，伸向天空；水在西方，太阳下沉的地方，能量向下运动、流向大地。

雷与风　雷与风在方位上正好同在一条对角线上。雷能量运动激烈，能给事物以强烈、明显的推动力；风能量运动和缓，能伸展到非常广阔的范围中去。

山与泽　山与泽位于另一条对角线上，一个象征着坚固，另一个象征着明晰、光亮。大山有坚定不移的特性，而泽之形状却千变万化。泽能将山倒映其中，还可将水气蒸发凝结，形成云雾，缭绕山际。

风水学词典

摇币问卦

在欧洲，易经常常被用来聆听神谕。八卦结合组成了六十四卦（由六条线段组成），描述了各种变化及其方位。借助抛掷钱币或小石子的方式，通过其排列可以测算出属于哪一卦，每一卦在易经中都有相应的解释条文，告诉问卦人某一局势将来会怎样，某运动将引向何方，人到底应该处于什么位置等等。

此时，该放下过去，开始新的转变。黑夜结束了，寂静与平和中迎来太阳穿云而出之前的这一刻，春季、新生以及新的想法将推动个人的成长。

熏香　用熏香净化空气的习惯，很多亚洲国家都有，普遍运用在宗教领域。

熏香能够创造很特别的能量，还可净化空气。在风水中，熏香常用来洁净环境。比如说，环境中充满了多年之前积聚的老旧气场，此时可以运用熏香来净化。

熏香还可用来净化新空间中的能量。比方说，你刚刚搬了新家，就可以用鼠尾草来熏香，这对进化新家能量非常有效。可以使用鼠尾草的干叶，放进耐火的小碟子里点燃即可。

将熏香用的叶子放进容器中，点燃，然后立刻吹灭。在熏香过程中，这一过程需要重复很多次，因为叶片是很容易完全熄灭的。当叶片刚刚熄灭有烟飘出来的时候，你应该拿起容器在住宅中来回走动，使每个房间、每个角落都能被熏香净化。几分钟以后，按照刚刚走过的路线将房间中的所有窗户都打开，这样，住宅中的消极之气就都从窗口流出去了。

照明　照明用具和植物一样，都是风水中既简便效果又好的工具之一，包括蜡烛、灯泡、卤素灯等等，但不包括荧光灯。

光象征五行元素火，生土耗木。电灯对激活住宅南方、东南方、东方及东北方向的气很有效果。因其属阳，还可用来平衡阴阳不均的气场。

一般说来，室内照明应该充分，在特别黑暗的角落尤其应该加强照明。在乡下的住宅中，最好在盥洗间里开一扇天窗。

在最需要激活的区域设置一处不熄灭的光源，可以帮助你实现梦想。

玉石 玉石能使人身心愉快，有益于休息，能辅助人进行思考。这种材料吸引并激发住宅的地气。现在，玉石常常被水晶代替，水晶同样也能吸引地气，但效果不如玉石强烈。

花园 根据中国传统，花园是一块充满精气的土地，所以使其中的各种元素达到平衡和谐非常重要。城市中的人们居住在钢筋混凝土建筑之中，所以，如果居所中能有一个花园，不管是不是很大，对于气场的平衡都是很有帮助的。可以借助于花草、树木等等。

规划合宜的花园能贮藏大量的气。花园中的气流越浓重，进入室内的气流就可能越多。

风水花园

- 为了改善花园的环境，我们建议：
- 在花草树木之间蜿蜒向前的小溪小河。
- 人工水源，其形状最好呈圆形。
- 水池，在其中养一些彩色的鱼和乌龟，并栽种一些莲花。
- 当然，花园里还应该有大量的花草树木。
- 在中国传统的花园中，习惯摆放象征富贵、繁荣以及财富的动物类装饰物品，如龟、凤凰、龙等等。
- 鹿、马、狮和独角兽的青铜雕像能带来好运、力量，能保护住宅中的人。
- 如果住宅的气场不均，花园可对其进行修正。比如，花草树木蕴藏木气，可以平衡土气过于旺盛的环境（现今大多数建筑均土气过重）。

340　如何设计你的旺宅

风水学词典

花园类型还可依据八卦方位来划分：

• 家庭、健康　这一区域适合家庭聚会，对应元素为木，所以这里适合使用木制家具，可以使家庭氛围更加和睦。五行中，水生木，所以在这里设一处水源也能达到激活气场的作用。

• 爱情、婚姻　这一区域可以摆一些成双成对的物件，比如一个双人长凳或是一处小型茶室，都比较适合这里，还适合放置一些属土或属火的物件。

• 子女、创造　这一区域可以放一装沙的盒子供孩子们玩耍，当然你也可以在这里做自己喜欢的事，将这里布置得既有创意又有娱乐性。这个方向对应于金。

栽种植物的时候，其颜色的选择要遵循五行的生克规律。因为只有选对了颜色，放对了位置，植物才能起到它激活气场的效用。在花园设计时，要注意运用各种对比，满或空、宽或窄、向阳或背阴，尽量使花园既有放松身心的作用，也能使人感到振奋。

How to design　Your Lucky house

泽（兑） 泽对应于子女、创造，卦象为一条阴爻在上，两条阳爻在下。泽卦能量非常清冽，能增强人的警惕心，并提升个人魅力。这一卦象征开阔善良的心胸、与他人良好的交流沟通以及享受快乐的能力。

对应泽卦的人在颜色上适合金色、灰色等蕴藏五行元素金的的颜色，在数字方面对应于6和7。

盐灯 正如其名字所说的，盐灯由盐组成。空心造型的盐块内部放上一支蜡烛或一盏电灯，就成了盐灯。盐灯的颜色有很多种，白色到玫瑰色到橘黄都有。

不同种类的盐灯之间也有很多差别。比较便宜的盐灯时间久了就容易散架，据说质量上乘的盐灯取材于喜马拉雅山脉的一种古老矿石。

盐灯虽然不是传统风水中提到的风水工具，但是其温暖的灯光它可以营造舒适宜人的氛围。除了这一视觉特征，盐灯还有其他优点。现在大部分住宅都堆满了大量的电气设备，人的生活环境中充满了正离子和各种辐射，大量医学实验证明，易困、易疲倦、难以集中注意力、头痛等等不适症状都与以上情况有关。正离子并不是效果积极的离子，正好相反，它是对健康毫无益处的。负离子才是真正对人体有益的物质，而盐灯可以释放出负离子，减少辐射，维护人体健康。

青金石 青金石有益于保护嗓子，可治疗传染病、神经痛、痛经等。可帮助催眠及深层的冥想，可增强观察洞察力，提升灵性。可激起人高贵清新、温文儒雅的气质情操。

礼记 这部书中记载了中国宗教中流传很久了的教义信条。风水中很多的原则都以此书为基础，它是中国文化中的经典。

平原 如果某处有高耸的形状如龙（四大神兽之一，守护财富和福祉）的山峰，那么此处便是风水极佳的建筑用地。而没有高低对比的平原上是不可能出现这一圣兽的。因为气都是从象征青龙或玄武的山顶喷涌而出的，所以在平原上修建房屋不会汇集龙气。

位置 这个词语是指建筑周围的环境状况。在风水极好的位置远望能看见两座小山，一座在东（代表白

风水学词典

虎、雄性，属阳），一座在西（代表青龙、雄性，属阳）。为了将这一吉兆补充完整，北方最好有一座高山，代表玄武，南方有一座马蹄铁形状的山峰，代表朱雀。

罗盘 罗盘是风水工具之一，揭示了关于能量结合、星球运动、磁场和农历之间的种种关系。

商标 商标的设计和尺寸同样应该遵循风水中关于"和谐平衡"的原则。商标的颜色应该和公司老总的五行相合。比如，一位企业主出生在属木的年份，商标就应该选择红色，红色属火，因木生火，所以企业会越来越兴盛。

至于商标的形状，不可选择不平衡的或不完整的形状。在中国，商标常常运用到龙，因为它象征着权利、能量、活力和价值。

洛书 洛书即为幻方，它由九个排列在方形中的数字组成。洛书中每一条线（横、竖、斜）上的数字之和均为15。

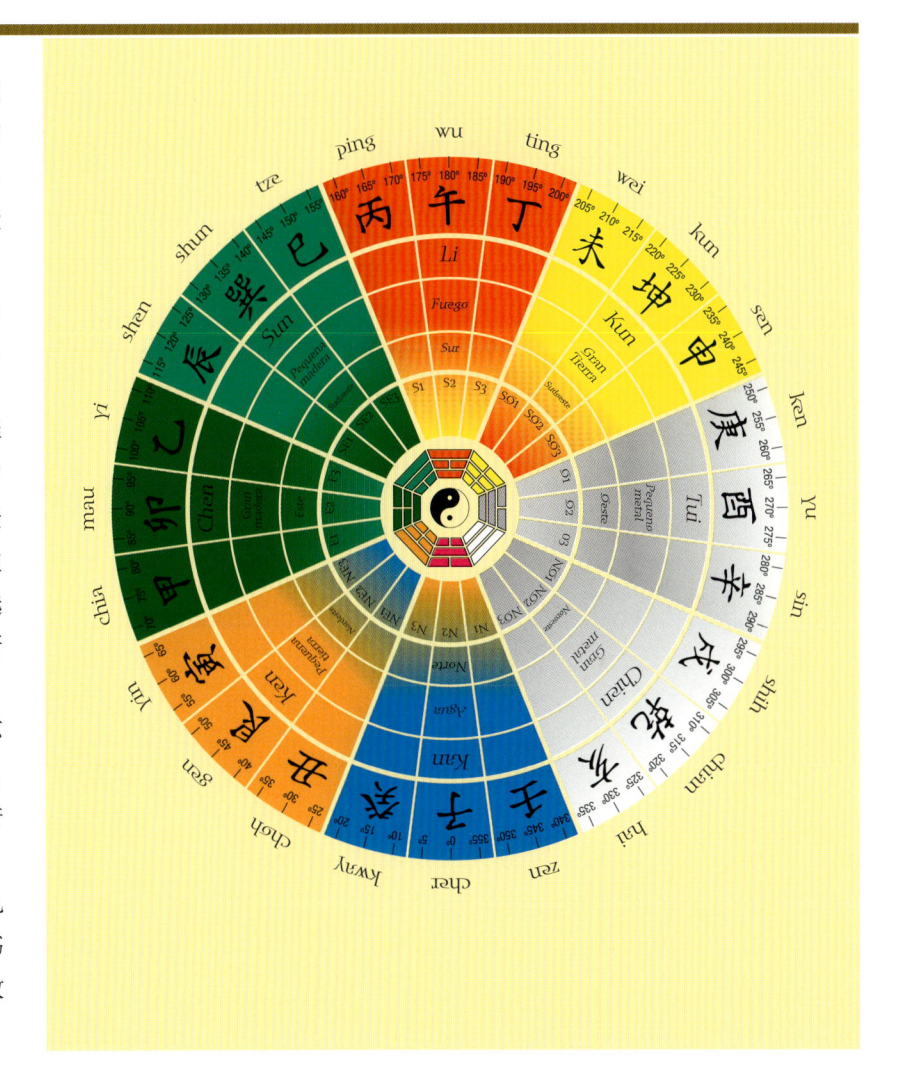

How to design **Your Lucky house** 343

相传洛书是伏羲在洛河边的神龟龟壳上发现的。洛书上除了5位于中间,其他的数字位置与八方相对应,因此,每个数字都与八卦中的某一卦相对应。

伏羲认为宇宙万物间的各种道理都蕴藏在八卦之中,而八卦是由洛书决定的。

光 正是因为光的存在,人们才能用眼睛去感受这个万千变化的世界。光照的多少、颜色及其性状会影响我们的心情。

在用来休息的房间里最好使用间接照射的光源,因为这样的光舒适柔和。在经常活动的区域应将一个主光源和多个附属光源配合使用。良好的光照非常重要,否则视力很容易产生疲劳。

现在的照明设备种类繁多,有冷光、暖光、柔光、

风水学词典

强光、眩光等等。一般说来，冷光是非自然的，人一般偏爱暖光，因为暖光营造的氛围让人感到舒适惬意。

自然光 自然光对气有积极的促进作用。但是，要注意避免太阳直接斜照在窗户上的光线，尤其是太阳西沉之时。如果住宅中这样的光照过多，会引发住宅内气场的不平衡，房间内属阳之气会过于旺盛。

照明和气

- 想要在住宅中正确的使用各种照明设备，应该注意以下事项：
- 光线不能过于耀眼。
- 照明设备可以安装在住宅的各个点上，保证所有的地方都有光照。
- 幽暗角落中的气可以通过光照来激活。
- 家用住宅、商业建筑的门口一定要有充分的光照。
- 坏了的灯具要及时修理，灯泡要及时更换。
- 不要在活动较多的地方安装荧光灯，这种灯具污染很大。

木 根据风水基础——五行学说，"木"被放在第一位。在所有颜色中以绿色为代表，代表季节为春天。木的方向即为太阳升起的东方。

实际上，木象征着出生、滋养和生长。

在元素的相生相克循环中，木生火，火耗木。金克木而木克土。

这种元素与八卦中代表家庭及代表财富、成功的方位相联系。

木与万物之始相关，与撼动自然的春天相关联，春天象征第一批嫩芽的涌现或热带森林的不断生长。无止息的力量和运动浸入万物，给世界带来勃勃生机，也给我们带来新的希望。木这个元素就象征着这样一种发展。

孔雀石 这种石头可以治疗伤疤，减轻痛苦和感染。它积极的能量体现在强烈的情感、潜意识、精神上的沉思冥想。

棕色 棕色是土地的颜色，给人一种安全感，有一种温和的、自然的、安稳的效果。

这种颜色适宜与清新自然的颜色和材质搭配。合理利用这种颜色能制造一种舒适、温暖的感觉。

桌子 风水规定，桌子应该放在对它来说既不过大又不过小的厅室里。就是说，应该保持与环境的平衡与和谐。

如果是餐厅的桌子，在邻近的一面墙上挂上镜子，如此反射使事物加倍，象征着全家的繁荣。

最适合餐厅的桌子形状是圆形，但是方形桌子也可以接受，只要不过长，而且家庭成员要根据八卦的方位坐。

金 中国思维中五行之一，代表色为白色和银色，

风水学词典

代表季为秋季，在八卦图中其方向为正西和西北。

在元素的相生相克循环中，金生水，金克木。金的形式体现在弯顶、拱顶、拱门和其他弯曲物体上。在村俗环境中，金体现在缓和的圆形柱上。

金是钱财和货币的象征元素，因此在银行和金融企业里主用于前厅、弯顶和拱门以及其他圆形建筑元素中。

金元素可以振兴商业机构和工厂。金虽然可以预示商业盈利，但不一定时时都能给日常生活和工作带来利益。在家里，充溢金元素的地方一般适合做办公室。

八卦法 八卦是是一个八边形的象征符，代表了坐标系的四向（东、南、西、北）和四隅（东北、西北、东南、西南）。古代方位图的原则是南在上，北在下，东在左，西在右。

这八个方向中的每一个都包括一个卦，即三根连续或不连续的线条组成的阴阳结合体。把八卦放到住宅平面图上，根据相关说明来确定住宅的各个部分各属于哪种生命之气。摆放八卦时以住宅正门为参照。人们认为气这种能量从正门进入，因此正门被作为八卦方位参照的关键。也就是说，要把坎卦（北）放置于与正门平行。

住宅的任何组成部分都应该嵌于八卦图之内。如果是多层的楼，各部分的方位也在八卦的各方位内。

- 乾（西北）：有助于我们的人们和出行
- 坤（西南）：爱情和婚姻
- 辰（东）：家庭与健康
- 巽（东南）：财富与成功
- 坎（北）：事业
- 离（南）：名声和声誉
- 艮（东北）：知识和学习
- 兑（西）：创造力和子女

明堂 解释成"明亮的厅堂"，是住宅或地产的前方一块开敞的区域，气可以在此循环和聚集。如果进门之前穿过明堂，就会给建筑带来吉利的气。

明堂位于建筑的前方，同时也在建筑的入口处。明堂在构景中的象征意义是四大神兽中的鸟——朱雀。

天医位 对病人和身体虚弱的人来说，这是住宅的最佳方位。对那些刚刚倒运、正经历霉运或感到需要在心、智、精神甚至社交、经济上有新收获的人也很有效。

铜钱 在现代风水中用来刺激财富增长。中国在2700年前就出现铜钱了。铜钱是圆形的，有个方形的孔，圆象征宇宙，方孔象征大地的中心。

山（艮） 在《易经》中，"艮"的意思是冥想、安宁和内省。它的卦是一条完整的阳线在两条不连续的阴线之上。代表坚定、稳固的气。

艮代表着小儿子，属于土元素，方位为东北，在季节周期里代表冬之末。

风铃 悬挂的物体，上面有许多小装饰、小玩意儿，被认为是儿童房的最佳装饰物品之一。

　　风铃可以激活住宅之气,建议把它挂到住宅角落。可以选择朴素、多样、明快等多种样式的悬挂式风铃。

　　一个六杆风铃可以中和住宅的霉气。

　　风铃的运动能促进所挂之处气的游动,建议挂一个空管风铃(带中空细金属管的风铃),它也可以使角落锋利的边柔化。空管风铃的管应该是中空细长的,因为这样气就可以从中穿过。叮叮的响声能使气变得轻柔和缓。

　　同时建议挂一个风铃在入口处、门廊或阳台和天台,因为叮的响声会把气引向家中。

　　家具　在选家具的时候要注意家具能够利于气的流动,同时注意形状、颜色、风格与五行及八卦方位相适宜。

　　多人居所　当一个房间由多于一个人使用时,要房间适合多个人的品味通常很难。在这样的房间里,不要让其中任何一个使用者讨厌的东西出现。

　　音乐　音乐对区域环境有深刻影响。音乐的选择对一个和谐的环境相当重要,因为它影响到空间氛围和人、

风水学词典

动植物的精神状态。

  有些地方人们身处其内会感到无原因的烦躁，音乐是个特别的原因。在这样的地方，声音对培养我们的良好情绪非常有用。西藏昆戈、鼓号的声音有净化空间的特性。西藏昆戈因为可以发出非常多变的音调而效果显著。

如何放置家具

  在房间里放置家具的时候，注意以下几点：

- 任何椅子和沙发的背都不能朝向门或房间入口。
- 不要用过多的家具把房间填满。保持和谐和平衡，这样气才可以畅通无阻的流通。
- 选择没有尖角的家具。要是你的家具有尖或是直角，要确保它不要直接指向座位、床和门。
- 古董或者继承物会以自身经历给它所在的房间带来影响。

How to design Your Lucky house

橙色　这种颜色介于五行元素火与土之间。橙色带来一种特别温热、快乐的效果，被认为是代表胆量、自由快乐的生活和征服的颜色。

在装饰方面，橙色对任何要用于组织和开展工作的地方都适宜。但是，装饰中过多的橙色会让人反感，因为这用颜色使会使形状凸显，所以要避免在过小的房间里使用这种颜色。

黑色　是五行之水的颜色，同时代表北方和冬季。要避免房间以黑色装饰。如果其他装饰是淡色，偶尔也可以用黑色的家具制造一些特殊对比。

东北（艮）　这个方向卦象为山，五行属土。这里运动相对停滞，其特性与静、沉思、平和、现实及内省相关联。用一条完整的阳线在两条不连续的阴线之上的图形表示，代表着小儿子。

此方位与知识相关，在季节周期里与冬之末相连。代表数字为8。

东南（辰）　由3条完整的阳线表示的方位。与父亲的形象、一家之长或是企业领袖或负责人相关，代表着强大又连续的力量（气）。代表季节是秋之末和冬之初。其代表元素为金，数字为6。在八卦法中，辰与游历和贵人有关。

北（坎）　与北方相关之卦，代表图形为一条整阳线在两道断阴线之间。代表中间的儿子，代表着充满雄心、强劲及勤劳之气。坎的代表季为冬季，元素为水，数字为1。

根据八卦法，这一卦与事业相关。

九宫数　风水认为，在这九个方格内充满着九种不同的太阳能量，每个方格又有着特定的含义，支配着1到9的中一个数字。

- 数字1代表水的能量，位置为北，水卦与之相配。这是一种不断涌动的能量，影响到我们与异性的和谐关系。
- 数字2与五行之土相配，其位置为西南，土这一卦象与之相配。
- 数字3代表木之能量，位置在东，与雷这一卦象陪相配。
- 数字4其能量为五行之木，位置在东南，与风这一卦象相配。
- 数字5位置为中，没有其他数字的各种所属。
- 数字6代表金的力量，位置在西北，与天这一卦象相配。其力量与一切运动相关，如出行、离家或工作。
- 数字7代表金之能量，位置在西，

幸运数字9

在中国，相信风水的生意人一般会非常注意他们日常活动中出现的数字的寓意。车牌号、电话号码和街道数字都会被认为有好或不好的预兆。

9是幸运数字中的一个。它代表着一个完整的周期，还代表土。它是一位数中最大的数字，被认为有一种神奇的力量，因为两个9相加之和得出数字之和的各位数字相加依然为9（9+9=18，而1+8=9）。

350　如何设计你的旺宅

风水学词典

与泽这一卦象相配。

- 数字8代表土的能量，位于东北，与山的卦象相配。
- 数字9代表火的能量，位于南，与火的卦象相配。在我们的人际关系中带来热情和幸福。

中国命理学 以九宫格及风水的中心方面为基础，与西方命理学使用同样的体系。在这个体系中，所有的数字都可以通过单位数字相加来缩小成1到9的单位数。在中国命理学中，每个数字相对其他数字的方位和关系都可以用来分析和预言各种各样的现象，包括一个人的健康、工作、财富到人际关系。

数字	卦象	方向	元素
1	坎	北	水
2	坤	西南	土
3	辰	东	木
4	巽	东南	木
5	艮	东北	土
6	乾	西北	金
7	兑	西	金
8	艮	东北	土
9	离	南	火

艺术品　风水学很关注有艺术性的小玩意儿，它的出现有积极意义。说到创造一种和谐的环境，一些可爱的艺术品可以在一段时间内适和我们的情绪，当却不适合长时间应用，因为它们会把自己的特性传到房间里。要注意这个物体的辐射作用。这件物品会带来消极感吗？它有相克元素吗，比如可以穿过身体的煞气？如果有，根据风水的规则，这件物品就不适合用作装饰。另一方面，一座用我们自己的作品装饰的住宅会很快让我们觉得舒服。我们拍的照片或者我们创作的画框会把它们的独特的气息带到房间里，这还可以促进个性的发展。

黑曜石　一种石头，可缓解疼痛、紧张和心脏疾病，有助于治愈伤疤。可帮助稳定气场。

八卦　易经中神圣的象征符，代表大地和宇宙的一切基本状态。

每卦由自下到上演绎的三条直线构成。底部的线代表大地，中间的代表人，上面的代表天。每个图像最底下的线决定总象征是阴（不连续的线）还是阳（连续的线）。

每个卦都有自己的意义并符合一个象征符、五行之一、一种颜色、一个数字、一个季节和一个坐标点，也代表和象征着一个家庭成员。八卦法基于一种新的八卦解释。

八边形　稳定闭合的、无直角的常规几何图形，被认为非常吉利。

八边形是结合圆与方的一种形式。风水中太极源于易经，这个象征符有着强大的保护作用，在中国许多装饰物上都能遇见。八卦图也是一个八边形。八卦图中，所有的基本角和次角都与易经的八卦有关。通常，太极符号在中心有一个阴阳符。在一些用作保护符号的太极图中，也会在中心放一面镜子。

西(兑)　基本方向及八卦中的兑，兑的象征是水泽，也被认为是"欢快"的象征。兑由一条阴线（不连续）和其下的两条阳线（连续）构成。代表快乐和满足之气。代

风水学词典

表小女儿。季节为秋天，与五行之金相结合，颜色为白色，数字为7。根据八卦法，兑代表创造和子女。

办公室 风水中所有布置住宅的原则也都适用于办公室设计。主要考虑保护办公室不受煞的侵袭。首先，最好布置不同的木质区域并使之符合吉利的方向和好兆头。另外要注意的是工作用的桌椅的正确摆放。要注意回避凸角、方形柱和梁等煞气的来源。

气味 人的嗅觉反应非常灵敏。嗅到的不同气味会影响到我们的心情。

商业界早就发现利用气味增加盈利的秘诀，商店用芳香气味制造快乐的氛围，吸引顾客，延长他们在商店里逗留的时间。

比如，在汽车专卖店里，为了掩盖新车的橡胶味而使用味道更重的皮革香水。香水店早就让顾客准备好购买了。办公室里用芳香剂促进精力集中。

香料是风水大师们一直在研究的一种风水工具，用来净化室内空气。

在西方，经历了从宗教用途到个人舒适用途的过度，香料的使用更加广泛了。据说除了其他因素，我们呼吸的空气质量也会影响人们的舒适度，难怪现代风水也囊括了各种芳香剂创造。主要是香油、室内喷雾剂、熏香和人工芳香石，所有这些手段都能达到理想效果。

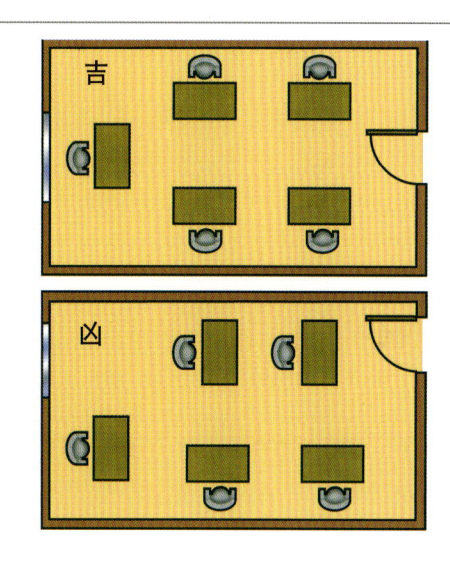

办公室风水吉凶

吉相 整齐的木质桌子，确保坐着的人不会背对正门。

椅背靠墙。象征着能够提供保护庇佑的四大神兽之一的玄武。

健康的植物可以促进积累财富。

凶相 桌子在梁下。风水学认为，屋顶上外露的梁代表着一种压迫的力量而使人在低职位工作。

光源正冲头顶。

桌子在走廊、凸角或盥洗室门的前面。

熏香灯 有一种产生香气的方法是，加热香油使香气完全挥发。

熏香灯里有一个小盘，里面装水和几滴香油。小盘下面的空位放一盏茶油灯，一次加热使水蒸发。

香油也可以滴到湿布上，用自来水或热水溶解油，然后装到喷雾器里，加热的时候可以产生令人愉悦的香气，还可以拿来湿润室内空气。

运势与香气 想获得好的运势，可用香气来开启好运。

• 家庭与健康：闻起来像木头、森林或者草原的味道，比如松木。

风水学词典

- 财富与成功：清新高贵的香气，比如檀木、小豆蔻和姜。
- 爱情与婚姻：感性的香气，比如玫瑰、茉莉、麝香和依兰香。
- 创造力和子女：愉快的花香，比如说薰衣草和柑橘。
- 贵人：贵气的和甜美的香味，比如广藿香。
- 教育和知识：有利于集中精力的、淡的、清新的香气，还有泥土般的香气，比如蓝桉树和柠檬。

缟玛瑙 可以保护胰腺和太阳穴附近的神经，增强精力，减少忧郁，达到身心上的升华转变。

秩序 秩序是风水中极其重要的方面，它集中反映了生命的能量，以及气的流动、气存在的多种状态和气在时空中的体现。对气来说，秩序至关重要，因为它的有无这会影响气的流动。无秩序会阻挡气的流动。在一个装满东西的房间里，能量的运动就会受阻滞。而当气停滞在某个角落，它的力量就会流失。气一停滞就开始腐朽，消极的气就会扩散变成煞。因此，保持居室整洁，不要阻挡气的流动非常重要。角落里堆满报纸、纸张或其他东西就会使房间里的煞气四处流窜。

在一个杂乱的、堆满东西的房间里放一束花来增强空间的能量是毫无意义的。花积极的能量会在杂乱的房间里流失。但是反过来，在一个空荡荡的、只有一张桌子和一把漂亮椅子的房间里放一束花，花的积极效果就会作用于整个房间。

通常，一个人居住和工作的地方都有很多东西，但是如果东西都在该在的地方，秩序依然能够维持。

电脑 电脑象征着生命和活力，其中生出气来。但在一间放置多台电脑的办公室里，电脑屏幕会使阳气过剩，可以放置一些属阴的物品来平衡气场。

根据五行学说，通常来说电脑与五行之水相关，因此是用于交流的工具。由于电脑具有强烈的电能，又与五行之火相联系。

电脑不应该直接放到书桌上，而应该放到布置好的专用桌上，除非你的桌子足够大，可以在一边放电脑而把其他一切都堆到旁边。但是要是你有扫描仪和打印机，不要把它们放到同一个桌子上。另外，电脑占去书桌太多的位置就无法以合适的方式摆放各种办公用具。

不幸的是，电脑也会产生电磁。另外，空气中的颗粒（对我们是有利的）很容易通过电流改变极性，成为带正电荷（离子化）的粒子使人处于兴奋状态。因此，最好不要把电脑放在休息和休闲的地方。

运势与电脑放置的关系如下：

- 婚姻 电脑放在这个区域，说不上对婚姻有利，除非与寻找的对方必须通过网络相互沟通。如果已成夫妻，花费太多时间在电脑上，则可能经受危机。
- 教育与知识 这个区域（东北）用电脑吉。不管怎么说，要注意，目前电脑不只是用来工作和学习，而且是孩

子们极好的游戏工具，另外还可以用它相互沟通，所以不用奇怪他们那可手提坐在床上，和朋友们聊天或者玩儿一局最新的《哈利波特》。

- **创造力与子女** 如果在从事创造性的工作，电脑的使用在这块区域（西）是相当合适的。这个区域属于五行之金，而电脑与五行之水相关，根据五行学说，二者相生相辅。

- **财富与成功** 电脑在这一方位（东南）的使用比在创造力与子女区域中的使用更吉利，因为在这块区域中土元素占主导，而水生木。

- **声名与名誉** 如果电脑在这个区域（南）使用，五行之水会淹没五行之火，除非导入五行之木。如果室内木元素已经以木地面或木桌的形式存在，这样五行结构就比较和谐。

风水学词典

方向 风水中，主方向是指能量或气穿过建筑正门的时候移动的方向。根据方位理论和八卦理论，有8个方向及其相对的卦象。

根据一座建筑的方向，可以确定其每个方向的预兆，就是确定最吉利的区域和应该避免的地方。因此，风水学建议将那些人数多的空间（寝室、起居室、书房）安排在最吉的地方。理想的方向被认为是南方，因为住宅能够接受充足的太阳光。

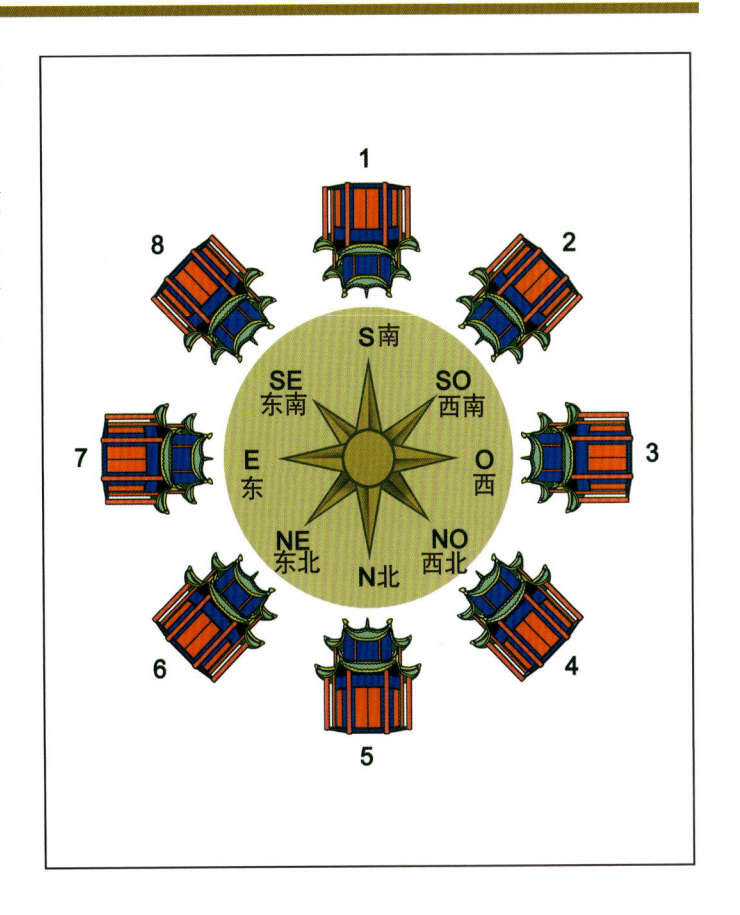

How to design Your Lucky house

风景 为了获得构造良好、环境如画的风水（风景），分析地区的地形，找到四大神兽位置非常重要。小丘、山、平地分别代表某种确定的运势或力量，选择居住环境时要加以选择。

住宅后部有小丘、高一些的建筑或者一块高地（表示玄武），这种保护型的环境非常利于家运平安。玄武丘的左侧是青龙丘，其能量足够丰富和强大；右侧是白虎丘，是一个较小的山丘，可以提供庇护，前方是朱雀的开阔景观。要形成理想景致，最好住宅旁有河流或清澈的小溪流经，这样可以使流向家中的气的力量运作起来。

避雷针 是五行之火，当从窗子或一个点直接看到家门时被认为是一种威胁。想要消除这种负面影响，只要在窗前引入水元素就可以了，比如说水池，或者制造木和土元素（花盆和植物）。

另外，还可以种一排树墙来遮蔽避雷针。

建筑用地 小块地的基本标准是表面低平、形状规则，有好的气。这种平衡的形态使气更容易地流向住宅里。如果土地是"L"形，最好补齐那些死角，采取措

风水宝地

根据风水理论，风水宝地基于大地的电磁在太阳初升只时的方位，即青龙之位。这样，东边的丘或山要比太阳落山的西边的丘或山更高。后面要有像玄武给予的庇佑一般强大的保护。在住宅朝向的南方，居住者可以有朱雀一般开阔的视野。住宅如此坐落在景之中部就给与我们繁荣幸福的生活。

风水学词典

施以获得比例协调或者平衡的土地。一个很好的解决方法就是，种一排树墙把角落塞住。也可以建一个小人工池塘来使气流动，以抵挡不规则形状引起的凶煞。

墙壁 根据风水，墙有很好的避煞效果。设计巧妙的墙壁象征着青龙丘和白虎丘的稳定。

建议让住宅的椅子和沙发靠墙。在确定墙的方向的时候，应该注意床头直接贴着墙壁，以确保更加放松地休息。

走廊 作为房屋结构之一，能很好的避免凶煞之气，有利之气曲线流动，建议用一些光点使走廊有良好的照明，因为走廊通常比较幽暗，气会受阻停滞。

气沿着通向住宅不同房间的道路流动。靠近正门的房间比那些离门远的房间能更好地感受到气。让这种能量积极、活跃，那么住宅的各个区域都能充满活力。有多种方法：可以使从走廊到住宅最后一个房间，门都保持良好的照明；或者用铺粗糙地板砖或彩色地毯，阻断煞游走的直线空间。

院子 一个院子或花园可以使一缕轻缓之气流向住宅内部。建议使院子大小适中，因为院子过大或过小都会引起厄运。

院子中心与数字5相符合（不朝向任何方向），占据洛书中心。

风水鱼 风水鱼是好运的守卫者，被认为是舒适与幸福的象征。风水学著作经常提到"守卫好运的九条金鱼"，更确切地说，是八条红色或金色的鱼和一条黑色的鱼。

在风水学中，水主财，而鱼生活在水中，它们的游动会带动水，从而激发主人的财运，因而养风水鱼被许多人接受。

狮头狗 狮头狗在中国很受欢迎，它是一种狗身狮头的吉祥物，这种动物常常用在大门外作为镇宅的神兽。

贵人、游历 根据八卦法，这是西北方向的表征，对应于元素金，当你希望找到能够帮助自己的人或者进行游历前，可以激活此方之气。所有关于"获得"和"施与"的事件都与此卦相关。

要增强此方之气，有以下方法：

放置一张大桌子，这样你和你的朋友们就能舒适地

How to design Your Lucky house 359

坐下来交流想法。

摆一些属金属土的物件，比如种上一些花草，安装金属门框，摆放圆形或球形物件，将墙粉刷成淡黄色，或是选择一些珍贵石头做摆设。

风水石 石头是现代风水中常用的一种工具。根据五行，石头属土或属金。根据石头及其所有者的特性，石头的影响是多种多样的，石头对于人的身和心都能起到支持作用。给自己选择石头的时候，选择的标准也有很多。可以将各种石头的性质列一张表，依据自己的需要选出最合适的那一个。

注意，现在市面上很多风水石都是仿冒品，有些不法商人为了增加石头的光泽，采用了不合理的手段，这样的石头不利于人体健康。尤其是石英石、黄玉、海蓝宝石等等，这类宝石就经常用放射性的方法来抛光。在选购这一类商品时，一定要到正规店铺购买。

佩戴石头的方式有很多，比较常见的就是戴在脖子上或者手腕上。另外，也可以放在手提包或者外套口袋里。

风水石可以帮助我们完成很多事情，比如思考，将注意力集中在石头上有助于思考。晚上将石头放进水里，第二天早上小口小口地将水喝掉，或是使人精神振奋、减少疲劳感等等。

柱子 同房梁一样，柱子也会阻碍室内气流循环，给住宅中营造侵犯的氛围，造成家庭不和。柱子的利边会形成暗箭，向四周发射。为了削减这一不良影响，可以放置盆栽或者悬挂帘子。

黄铁矿 黄铁矿可以使病人加速康复，避免疼痛和经呼吸传染的疾病。

水池 水池能创造吉利之气，尤其是当住宅正好面向水池的时候。水池应该建在空旷的地方，建在花园中最好，并朝向南方，形状应该柔和。如果水池是长方形的，则四角不能朝向窗户。水池的大小应该和住宅及花

风水学词典

园协调一致。

公寓 在城市里选择公寓的时候，其环境和位置的风水非常重要。最好在公寓后面（玄武位）有更高的建筑靠背，且公寓的南方最好保持空旷。要避免公寓受到暗箭或是直冲向大门方向的道路威胁。

平面图 每幢建筑的平面图都能被分成八个方位，便于我们分析比对哪个方向更有利于每一个在这幢建筑里生活或工作的人。

植物 植物住屋对住宅的影响可大可小，但基本都与其颜色、叶子和花的形状相关。借助这些元素的变化，植物就和阴阳、五行、八方产生了联系。

在住宅的众多装饰物中，植物是非常特别的，因为植物有生命，为活物，能够产生自己的气。这种特别的能量能激活气场，削弱甚至抵消现代建筑中"死物"的危害，比如家用电器的辐射或是塑料等物造成的郁结之气。如果家里种上了植物，就应该精心照顾，一旦植物生病，它干枯的茎秆和叶片会对室内之气产生不良影响。

尖叶植物属性偏阳，可加速气的流通。叶片若呈圆形或直接呈下垂状，则能减缓气的流通，属阴性。像灌木一样低矮茂密的植物，亦可减缓气的流通，适宜种植在较长的走廊或是大门边。形态高大的植物可增强木气，针形叶片植物或星形叶片植物可增强火气，而低矮的蔓生植物能增强土气，圆形叶片的植物通常能激活金气，而叶片下垂的植物可增强水气。绿色的植物也可以增强住宅中的木气，但是，如果这盆绿色植物开了花，它所关联的能量则取决于花的颜色了。

想要给住宅增添一点生气，鲜花是你的不二选择。它鲜活的颜色、曼妙的外形，都可改变住宅内的气场。去掉鲜花主干上的小枝，这样保鲜时间会更长，每天都换一次水，并扔掉死去的花瓣。枯萎的花朵会对宅中之

How to design Your Lucky house   361

植物与五行

根据其形状和颜色，植物也能和五行元素联系起来。

属木植物：向上生长的植物基本属木，对应的颜色为绿色，对应方位为家庭与健康方位（东）和财富、成功（东南）方位。属木植物一般生长在向阳潮湿的地方。

属火植物：向上生长叶片似火的植物一般属火，对应的颜色为红色或橙黄，对应方位为名望（南）。属火植物一般生长在向阳的地方。

属土植物：贴地面生长的植物一般属土，对应颜色为黄色，对应方位为爱情、婚姻方位（西南）和教育、知识方位（东北）。属土植物一般生长在温暖潮湿的地方。

属金植物：属金之物叶片一般为圆形，颜色为白色，一般生长在背阴的地方。属金植物对应的方位是子女、创造力（西）和贵人（西北）这两个方位。

属水植物：这类植物花色为蓝色，可以贮藏大量水分，生命力顽强。

气产生不良的影响。

在风水中，干花象征着死亡。所以，如果必须要在住宅中使用干花，那么一定要选择正确的材料，比如丝绸。

住宅底层 住宅底层不应该空着，因为这样的房间象征着空洞的、不安全的生活，同样不适合作为车库。

两仪 属于中国古代哲学范畴。最早出自《周易·系辞上》："易有太极，是生两仪。"分阳仪和阴仪两种。在风水中，指每一卦的阴阳属性，唯一一个特例是生辰数5，因为这一卦实际上没有自己的卦象。

定位 当两个人在考虑是否共同使用一个房间时，风水建议参考两人的生辰数是否相合。

电线杆 电线杆气流非常尖利，一定要避免住宅窗户或正门外竖立有电线杆。如果电线杆材料为木，可以用属水物件削弱其不良影响。另外，也可以用灌木丛遮挡其凛冽的气流。

布拉娜 在印度，"气"被称为"布拉娜"，是贯通宇宙的能量。

风水学词典

桥 一座小桥能够激活住宅中的气场，将气流均衡地分布到各个房间中去。桥的长度、宽度及形状可以改变气流的运行速度。笔直的大型的桥梁可能会造成负面的影响，形成煞气。所以不可以居住在朝向修建大型桥梁的住宅里，因为这可能会使人紧张和焦虑。

桥越大，运动越强烈，它周围的震动就越强烈，所以过大的桥梁周围不适宜修建住宅。

室内房门 为了住宅内的气流循环更加顺畅，室内房门的安装应遵循以下几点：

- 尺寸：尺寸较大的门可以使气流的出入更加通畅。客厅的门尺寸应该较大，而卧室作为比较私密的地方，应该使用尺寸较小的门。
- 材料：直接切割原木制作的门是风水最为推崇的，比用复合板和合成材料制作的大门更为优越。
- 方位：一个房间的门相对房间中心的位置不同，对气产生的影响也不同。这种影响与主门的方位作用是相同的，只是不如主门强烈。如果这些门的方位不好，可以参照前面提到的各种建议进行弥补。
- 门的相对位置：处于同一条直线上的门会加速该直线上气的流通，造成住宅内气流循环的不平衡。
- 开门和关门：门应该开向房间中心，而不是冲着侧面的墙。一进门，你就可以看见整个房间，而正在房间中的人同时也可以看见你。开着的门能让气流运行流畅，所以，尽量不要关房间门，除非你很想保留住某个房间里的气，但浴室的门除外。另外，当你要睡觉时，卧室门最好也关起来。

正门 住宅或办公室的大门风水非常重要，因为整个住宅的气都由此进入室内。

为了住宅内的气流循环更加顺畅，室内大门的安装应遵循以下几点要求：

- 大门的区域应该宽敞,这样能表示对来访者的欢迎。
- 如果一开门的位置刚好面对一堵墙,应该在墙上挂一面镜子。
- 如果正门对着一条狭长的走廊,应该在走廊上安装充足的照明设备。
- 如果正门对着另一扇门,应该在门边挂一个撞钟。
- 正对大门不应该有楼梯。
- 如果前后门正好处于相对的位置,室内之气可能会流通过快,引起煞气。
- 避免暗箭直指大门。

大门正对其他房间的影响:

书房:住在这个住宅中的人可能会一辈子忙碌。

卧室:住在这个住宅中的人可能总是感到疲倦易困。

厨房:住在这个住宅中的人可能会暴饮暴食。

客厅:住在这个住宅中的人会很和睦团结。但要注意避免冲向住宅的笔直公路或者大型树木、高塔等在住宅上形成投影。

坐标 坐标在风水中扮演很重要的角色,坐标中的每一位置都有其不同的能量。所以,一所建筑在坐标中究竟朝向那个方位是非常重要的,这会影响到整个住宅的气场。

风水的各个流派处理坐标的方法有所不同。

净化 我们有很多喜欢的旧东西,可能是自己留存已久的,可能是已逝的长辈留给我们的,这类物品在使用之前应该予以净化。这一过程不仅仅是清洁物品表面的灰尘,还包括运用烟雾、花瓣水分等等进行的能量的净化。

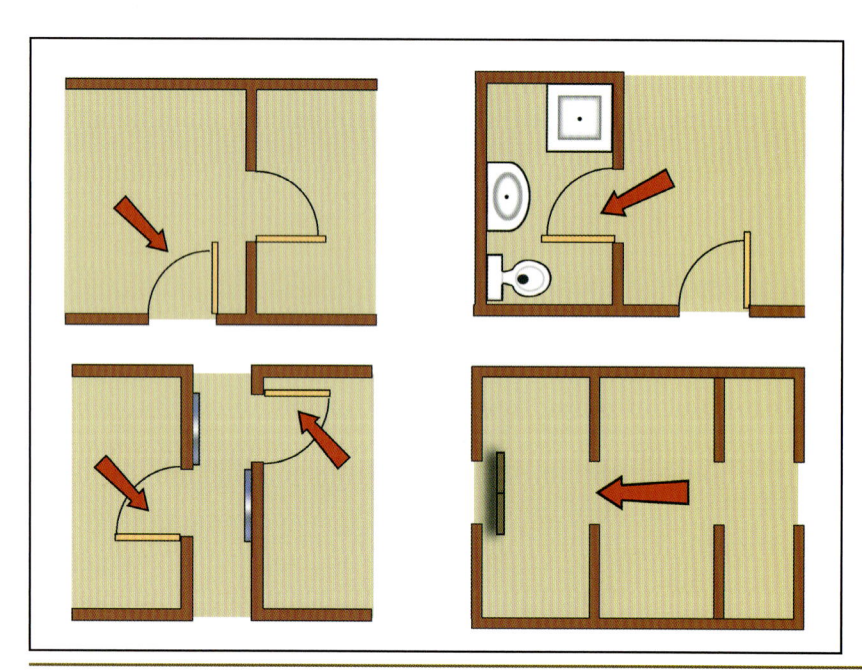

风水学词典

　　旧家具是需要净化的物品之一,经过这一过程之后,旧家具就去除了以前的能量,变成了"我们的"物品。但是家具中的旧有能量很难真正清除干净,所以建议旧家具最好还是拆除或者放到不太重要的房间里。

如何设计你的旺宅

风水学词典

蟾蜍 传说它本是妖精，后来改邪归正，四处吐钱给人，所以，被人们当作旺财瑞兽。要注意的是，摆放蟾蜍头要向内，切记不可向外，门窗皆一样道理，否则所吐之钱皆吐出屋外，不但不能催旺财气，反而可能引致漏财。

高楼 五行属木的建筑，能产生丰富的煞气。因为高度过高，显得十分锋利，会形成暗箭，应注意防范。

威胁的元素 环境中的任何元素都可能成为威胁，它们的不利的作用是通过元素相克的关系体现出来的。

接受 根据风水学的原理，生气和积极的能量总是从正门进入住宅。所以，住宅的正门就成了能量的入口。

接待点 接待点要靠近正门。它是气的主要进入点，所以应该尽量宽敞明亮、远离障碍，不要过于狭窄。不仅如此，在声学上也要尽量和谐。就算一个人可以适应噪音等不和谐的声音，可是每当这种声音传来都会骚扰人的精神，长此以往，后果是非常严重的。所以，门应该在传入噪音的时候起到阻挡的作用。

直线 呈直线形的事物可以是路、桥、柱等。任何向外发散的事物都可能构成直线，向外释放直线状的能量，这就极容易变为煞气。由此，环境中大多数的威胁都是直线状的。

在住宅内，形成直线的物品可以是柱子和家具等。

资源 很多时候，风水就像资源一样有待人的开发。人对风水学的利用就好比对资源的开发利用。在住宅中，可以称为风水资源的东西包括鱼缸、镜子、八卦、画、花、佛像、龙画像、屏风、香气、风铃、照片、窗帘等等。

角落 无论在什么空间，我们都应该尽可能地避免死角，因为会使环绕建筑的气流淤滞。解决的方法是让光时常地照进死角，在某种程度上可以激发淤积在那里的能量。

河流 通常认为在蜿蜒的细流旁边建造住宅是非常有利的。但是，宽大湍急的河水在风水学上并不非常祥瑞，不仅如此，还会带来煞气。

财富和成功 根据八卦，住宅中代表财富和繁荣的方位位于空间的东南方位，和木属性相符合。

要激活这个区域内的气场，可以借助所有和木属性相关的元素，生长的能量有助于成功和发展，无论是财

风水学词典

富还是其他反面。但是，这种繁荣需要足够的空间。

石头 花园中的元素搭配应该符合适宜的比例，以便其为我们产生有利的能量。多放些石头会虽然会使花园中的生物变得很强壮，但是却不能让我们得到放松和感到舒适。

这些石头的表面最好是被藓类植物或者藤类植物覆盖，比如常春藤、鼠尾草属植物、石莲花、田旋花、狗牙根，以防石头的强硬之气直接伤及我们。

不建议在花园用石板之类的物品将土地封闭起来，这样会让土地不容易吸收空气。另外，杜绝种植体表过于坚硬且不结实的植株，如果使用的话，也只能用来做花园中的小径。

红色 这种颜色在八卦中与名声和声望相联系，在风水中五行属火，位于南方，代表夏天和尖锐的形状。

在家庭装饰方面，这种颜色在人们需要活力的时候会提供帮助。但是，本来已经充满活力的人不宜多用，否则让他们变得神经敏感。

玫瑰色 这种色彩是温暖的、含蓄的和温柔的，可以给予空间宽广之感，可以与其他元素和谐共存，它我们即使长时间面对它，也不感到疲劳。

宝石 这种石头是矿物质与能量在地球表面形成的一种结晶。就像香料要结合某些特定的香味一样，宝石也是在很深的地下形成的，能量在地下的某一点聚集，经过数千年的变化，才形成了矿石。

这些石头所放出的辐射很强烈，可以非常快地影响它周围的能量。

起居室 起居室是进行会议或者进行家庭生活的地方。在这里，你可以迎接客人、组织家庭聚会或者举办较大场合的活动。同样，在一天的工作之后，你可以在那里进行放松，读一读小说，看看电视，听一听音乐。通常，起居室是住宅当中面积最大的一个房间，在某些情况下，也可以在起居室里的大桌旁边进行工作，另外，孩子们还可以在这里做作业。如果空间比较狭小，可以尝试用相临的房间对其进行扩展。在这样的房间当中，最重要的摆设莫过于起居室、餐厅中可用于用餐和工作的大桌子、椅子、沙发、扶椅、电视及保存餐具、书、物品的家具等。

但是，也应该注意如下的风水原则：
- 要把家具按照U形进行布置。
- 沙发和扶椅要有靠背。
- 装饰要远用柔和的形状。

会议室 公司在安置这个区域的时候，我们建议将空间中最好的方位留给它。这样就可以激发创造能力和工作热情，让与会的工作人员群情激昂。但是，如果你想提升你的创造力和效率，还需遵循以下的规则：
- 选择有靠背的椅子。
- 不要背朝窗坐。
- 选有利于个人的方位落座。

健康和家庭 健康和家庭由东方位掌管，数字为7，是由五行中的木属性控制的，如果想要改善健康和家庭，就该好好利用木属的物品。代表季节：春季。

六煞 首先要知道大门的方位，定出伏位后再通过坎、艮、震、巽、离、坤、兑、乾的卦象计算出来六煞的位置，就是说你家的房子平均分成九格后，中间的那一格为宅主卦，然后外面八格分别是：伏位、延年、生气、天医、五鬼、六煞、绝命、祸害。六煞只是一个方位的名称，古时候为凶方，如今认为是主桃花和人。如果出于工作需要，要与很多人接触，呢么好好利用这个方位吧。

阴宅 风水学在起初被创建的时候，本来就是用来给逝者选择阴宅的，也就是说，早期的风水是用来研究

风水学词典

如何为我们已逝的先辈选择一块适宜的墓地以安放他们。在何处、何方位埋葬他们,关系到未亡亲人的时运、健康、荣辱等等。上古的风水学著作中将这些归纳为阴宅风水,研究为目的使逝者不冲犯煞气、不被不祥的能量所困扰,让逝者安息。

凡此种种为逝者进行的工作,都建立在这样的基础之上:人们相信,逝者关系到生者的幸或不幸。

当下,在我们现代社会中,我们仍然关注阴宅风水。但是对待已逝先辈的方式已经大为改变,人们不再为了改善逝者的身后之事而将惯例进行得丝毫不差了。对于已逝亲人的怀念,人们采用了新的表达方式。

煞 我们日常生活中,大凡能看到、听到、感觉到,甚至从物象形态中所能观想得到的环境物体,都称为"煞"。风水的"煞"大致分为两种:一种可以看得见,另一种则看不到,只能从官能反应的条件分射感应而来的,如声、嗅、光、色等,都视为感煞。

住宅周边环境不好,或由一些建筑物的建设条件反射,便会干扰我们日常生活的运行,令到情绪不安或起了波动,如见尖角物冲射屋内,弓口天桥、及反弓马路、垃圾场、电缆、坟场等……这些令人不安而见诸形态的事物,属于峦头刹。

当我们的生活气场遇上了形煞、感煞和理煞的时候,会产生一些由好转坏或由坏转好的理气,好的理气若能运用得宜,则得逢吉遇。反之,会变成祸殃。

风水上一些常见的煞种类有很多,只要在日常生活上加以留意,你便会发觉这些令人不以为意的生活现象。

椅子 在选择椅子的时候,我们将采用和床一样的标准:避免金属制品,避免合成纤维制品,避免冷色调、深色、忧郁的颜色,比如红色、黑色、褐色、紫色、紫丁香色或者蓝色,最好用热烈的、柔软的、喜庆的颜色替代它们,比如乳白色、奶油色、肉色、苍白色、浅黄褚色、浅橙黄色。

扶椅 木制、有自然纤维织品的底座或者同种风格的坐垫者为佳。最好的是柳木制,有羽毛、棉花、羊毛、乳胶填充的坐垫。

沙发 代表社会生活和家庭生活,合理地放置沙发可以带来好的预兆。

通常建议将椅子、沙发和桌子进行"L"形放置

无论是沙发还是沙发椅,都不应该冲着门窗,且椅背应靠在墙上,这样就获得了玄武的保护,能带给人一种安全感。

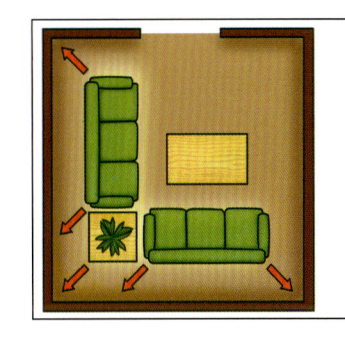

How to design **Your Lucky house** 371

南(离) 南方代表离卦，代表胜利、明亮、炎热之气。对于中女是十分有利的，五行属火。九宫数字为九。在八卦中，南方代表名气和名声。

中南(巽) 这个方位代表温顺和细致的思维，具有强大的内部力量，五行属木，九宫数字为四。在八卦中，这个方位和财富相关。

西南(坤) 这个方位代表坤卦，同样也被认为是接受的方位。这个部分对于母亲和家中的长者最为有利，五行属土。九宫数字为二，和夏末相关。

风水学词典

护身符 护身符是护身之灵符，又作护符、神符、灵符、秘符，即书写佛菩萨、诸天、鬼神等的形象种子、真言的符札。将符置于贴身处，可蒙各尊的加持护念，故名护身符。符的种类极多，依祈愿的意趣而有各种差别。其作用也很多，可除厄难、水难、火难及安产等等。

道德经 《道德经》是解释道教哲学的主要经文。道教认为，人不应该与道作斗争，而应该服从道，按照道来办事。苦心追求名利，与其说是不道德的，倒不如说是愚昧无知和徒劳无益的。道是不可消灭的，人们在生活中应力求顺道而行。一个道教徒可能会指出水是无限柔软的，它驯顺地流向最低点，甚至对最弱的力也不加抵制，但是它却是不可毁灭的，而最硬的岩石是最终会被水打磨掉的。

穹顶 圆形的穹顶对我们的环境和住宅都是十分有利的，可调整内容为颜色和灯光。通常还被用来掩盖裸露的房梁。

五行理论 五行是结合了二十四山法对五个基本能量的分类。这五种元素的划分有助于人们的理解。我们说：水生木，木生火，火之烬生土，土生金，金熔为水。这样五个元素之间的循环被称作相生，因为每一种元素都产生了另外的一种元素。

同样地，为了使自身的元素力量更强，一种元素会摧毁另外的元素使自身重新得到发展。这种循环被称作相克：木克土，土克水，水克火，火克金，金克木。这种毁灭关系是无休止无穷尽的，在这个循环中，每一种元素能量都直接或间接地影响其他的元素。

木 木有上升的本质，这和春天的生机十分相符。宇宙中任何有这种特质的物体，我们都称其五行属木。

火 火也有上升的特质，并且向各个方向发散，这

地势

正方形或长方形 根据风水学来讲,在这种地势上建房是较为合理的。如果建筑并没有在地基的正中央,刚可以通过照明等手段进行改善。

圆形 这种形状只在某些情况中出现。在某些情况下,使用这种地基会带来运气和财富。

椭圆形 椭圆比圆的出现几率要大一些。如果建筑位于此种地基的中央,则较为理想。

三角形 根据风水,这种形状不是很好。只有在地基情况十分不得已的情况下才进行合用。住宅的主门不应该指向角落。建筑宜位于地基的前方或者中央。

菱形 在菱形地基当中,主墙应该沿着地基边缘。主入口不应该朝向角落。如果在角落中放置一些树木、大型植物或者照明设备将较为适宜。

不规则形状 在这种类型的地基当中,可以通过在角落中培植树木或放置适当光源加以改善。

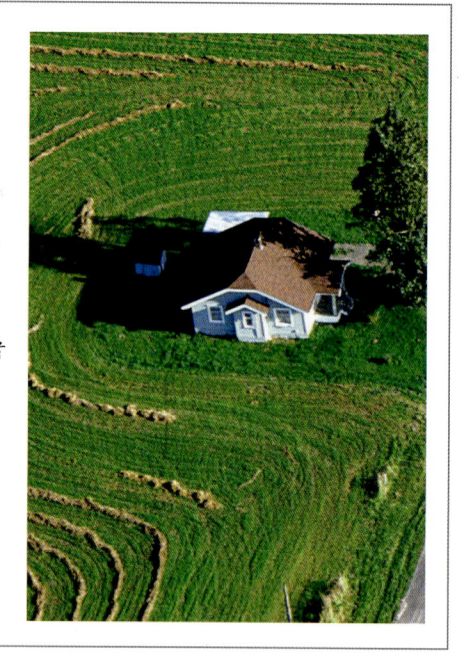

和炎夏的特性很相近。任何有此属性的物体我们都称其五行属火。

土 这种元素的含义有三:指土地的中心,土地的表面(滋养万物之气),土地的升高(即为山)。这三种表现形式一起构成了土元素。土元素指导着它的能量向下,指向地心。

金 金只有一种特点,就是把能量汇聚为一点。

水 水有其独特的运动方式:波状流动。这提醒我们,所有具有此种运动方式的物体,都是五行属水的。当水的能量沉于地下,在植物根部流动的时候,代表冬季。

商店 商店、商务区所遵循的风水规则和住宅是大致相同的,只是有一些色调上的不同。

有些优先考虑的东西和住宅上的并不一样,但是目

风水学词典

的都是保持身体、思想的健康和舒适。我们寻找这些不同的地方，是为了让商务活动进行得更加顺利。

高的空间结构在这里并不是必需的，因为过高的楼层会脱离地面母性能量的滋养。由于这个原因，在较高的区域是很难谈成生意并获得盈利的。

处于地面的空间对于做生意来讲，是比较理想的，对于拓展生意来讲非常有用。但是在选择街道前一定要对城中的各个地界有相当的了解，然后才能选择风水最好的地址。应该结合一些更为具体的特点，要符合市场的规律。

内部的布局会因生意的不同而不同，但是布局的标准是相同的：其一，空间要尽量开放；其二，空间要用薄墙隔开。

土与坤卦 土元素所代表的卦象是八卦中的坤卦，代表宅基右侧，从这个方位我们能获得性质更偏阴性的能量，是休息的好地方，特别是对于女性。土属性为阴，而阴性能量在家中是十分重要的，因为它是建立一切的基础。在这个区域同样适合进行夫妻之事，适宜设置夫妻卧房、起居室、厨房和放映厅。

虎 白虎是四圣兽之一，表示右臂，主阴性，有保护作用，可作用于一个地点，或者位于西方的群山。在我们体内，白虎在右手边，主阴。

一个地方的气是否有利，取决于四种灵兽的保护才程度和彼此间的关系，原则是阻止致病的煞气入等侵室内。

黄玉 黄玉主财运，佩带黄玉能增强气场中的黄光，黄光会影响物质生活和财运，可创造意外之财，聚集财富、姻缘；黄色光对应太阳轮，对肠胃消化系统有一定的帮

助；佩带黄玉能增强自信，坚定自我立场。

玄武 这种动物是具有灵性且神秘的，它背负着自己的甲壳移动。在它背上的壳上铭刻着代表着整个宇宙的符号。这种动物，代表着北方。

北，在方位上来讲表示后方，为我们抵御凛冽的朔风。在环境方面，龟代表了山，可以帮助我们的住宅阻碍寒流的侵蚀。从人体上来讲，代表人的后背和肋骨，保护我们体内最重要的器官——心脏。在中医中，心脏被认为是身体的统治者。

角 为了确定在某面积上的空间究竟是凸出的还是缺失的，我们应该将其放在幻方八卦上加以判断。而后，我们自然就可以断定，在某一方位，我们的空间是凸出还是缺失，而后就可以研究这个空间符合什么方位、卦相、数字等等，进而理解其含义。

在凸角的情况下，突出的部分的边长总是小于方形的边；在缺角的情况下，边长情况相反，所缺失空间的边长要小于方形的边长。

个人卦象 在风水世界中，这是十分重要、具体的，就像数字编号和DNA一样。你个人的卦象决定了你的社会关系情况、地缘情况，风水学帮助你去理解和认识它们。

雷 代表职业才能，以及理想的环境和理想的实现。如果你恰好在寻求发展和活力，这个卦象对于你来讲是十分理想的。它还代表保护、文化、渊博、善良、知识，对于年青人来讲很适合。

窗帘 可以增大火之能量，这种能量可以刺激激情和创造力，对于吸引其他人的注意十分有利，并有助于沉思。

如果你想和某人开始一段亲密的关系，可以放置两挂相同的窗帘，注意一定要放得很近，会起到一定的帮助作用。

这种物品同样具有阻碍调节自然光的作用。可一次放置多挂帘幔，在角落或者在朝南的房间。如果环境相对潮湿，窗帘有助于使其变得更加干燥。

邻居 人们因为居住在一起成为邻居而发展友谊的例子很多，这是因为他们因为居住环境类似而有了许多共同点。

窗户 气流同样可以通过窗户进出，但是和门不同的是，气流不会再因为人的进出而改变。但是，窗户能够使阳光进入住宅，它通过这种方式影响住宅的气场。最好的一种情况是你的住宅几面都有窗，在所有的方向上都能接收到太阳光。

风水学词典

住宅的窗户要容易打开。每天至少要开一次，使室内的气和室外的气做一交换，排出废气，引入新鲜的空气和能量。窗户一定要做到定期清洁，如果有裂口的、缺损的，要尽快修理或更换。最后，要尽量避免靠着窗户睡觉，还有，如果窗户上没有安装厚窗帘，不可以背对窗户而坐。否则，你会感到惶惶不安，时常感到紧张，夜里难以入眠。

通风 主要涉及到三个地方，即卫浴间、厨房和床底。

厨房是住宅中非常重要的一个区域。厨房最好是形状规则的，并且应该保持其内部的宽敞，保证随时拥有良好的通风和采光。在浴室里放置几株枝繁叶茂的健康绿色植物，这样可以激活浴室内的气。如果浴室有窗户，每天都应开窗证通风换气。床底下不要存过多物品，否则我们在睡觉的时候就不能让身边的能量顺利地进行流动。

铁栅栏 是很理想的将煞气挡在外围的元素。

公路 公路、街道是硬平面，经常是以直线的方式建设的，这种笔直的线路里流动着一种十分不祥的能量。我们应该知道，自然的能量是在不断变化的、自然弯曲的，任何以笔直的方式产生的能量，无论对人体还是对生活都十分不利。

绿色 五行属木的颜色，位于西南方位，和偏暖色调的带一点黄的深绿色有联系。表现生气、平静和宁静。围绕我们的绿色的环境扮演着使我们放松、净化环境、提供进入住宅的氧气的重要角色。绿色可以修改环境、为住宅的内部环境提供氧气、使我们的视觉得到放松，绿色的外观还能让我们的内脏受益。

紫色 很热情、热烈，是火焰焰苗底部那种特别的色彩。是一种激情的外在表现，可以加强一个屋子里的社交氛围。

梁 多数的屋梁是木制、混凝土或者是钢材的。无

How to design **Your Lucky house** 377

论屋梁是裸露在外面的，还是隐藏在穹顶里面，都会对气的流动造成阻碍。更严重的是多层房屋的钢制承重梁会扰乱气的全部能量流动。出于这个原因，生活在屋梁下面的人会感受到它重量的压迫感。屋梁的高度也同样是一个很关键的因素：离地面越高，它的影响就越微弱。通常，不建议人们睡在屋梁的下方。为克服这种情况，可以在穹顶放一面反射镜，或者在下面养一株高大而茂盛的圆叶植物。

阴阳 是两种能量。阳符合刚烈、主动的特点，阴符合柔美、被动的特点。

阳，山南为阳。也就是说，阳和热、收缩之力、奋进相关联。

阴，表示山的背阴面。那里很少接触阳光，相对较冷、潮湿、阴暗，与收缩之力相关联。

在住宅中，健康、关系、创造力、成功、感动、精神、工作等一切都被这些基本的原则控制着。关键是正确地运用这些概念，来满足我们自身的需求。

在阴阳的控制下，季节、年份、月份、天和时辰按自然的循环方式运行。同时，时令和时间的变化也反映了阴阳。

能量变化的五种循环，由阴至阳，由阳至阴，这些过程组成了一个时间的单位，就是年。能量由寒冷到适宜，再由燥热到潮湿。在这样的循环中，我们通过调养

风水学词典

来改善我们的身体状态。

我们都应该在不同的季节将自己调整得不同，以适应外部环境的变化。比如，当我们在寒冷的时节，在冬天，就不应该吃性寒的、使我们变得寒冷的食物，恰恰相反，应该在这样的季节摄入能让我们感到暖和的、性温的食物，并且一直坚持这样的做法。

从阴至阳，在一个循环中，月亮要经历四个阶段：新月、下弦月、圆月、上弦月。这些循环促成了能量的变化：生气、养气、发展、持续、成熟和消逝。

一天是阴阳较小的循环表现，变化速度很快。每一个时辰（两个小时）都会有相应的变化，往返如是，在二十四个小时内完成一次循环。这个较小的重复出现就构成了一个大的循环——年。子夜的阴开始转变为中天的阳，而阳也由正午开始转向阴。

平衡是一个自然的持久变化和补偿的过程，并不需要我们刻意地去思考它，也不需要去参透它。一切都是自然而然地产生的。阴补偿阳，而阳同样也补偿阴。为了能够继续互补的行为，这个过程永不停息。所以，人为地去保持完美的平衡是不可能的。平衡总是被打破，继而产生一种新的平衡状态，这个过程是持续进行的。拥有了这些阴阳的知识，我们就能够知道，运动并不是非常生硬和不着边际的，而是十分和谐、柔软的。

蓝宝石 蓝宝石以其晶莹剔透的美丽外观，被古代人们蒙上神秘的超自然的色彩，被视为吉祥之物。早在古埃及、古希腊和古罗马，被用来装饰清真寺、教堂和寺院，并作为宗教仪式的贡品。有净化心灵的功效。

生肖 与十二地支相配的生肖为子鼠，丑牛，寅虎，卯兔，辰龙，巳蛇，午马，未羊，申猴，酉鸡，戌狗，亥猪，每一年都有其对应的五行元素。

缺角 生活中会见到很多不十分规整的方形住宅，多多少少都有那么不规则的一个角。为了判定你的住宅

风水学词典

How to design Your Lucky house 381

中是不是有缺角，首先量出整个住宅的宽，然后再测量这个"凹下去"的部分，如果所占超过总宽的50%，它就是一处缺角。缺角常常是不利的。但是，如果面积不大，偶尔也会有其积极的一面。在北方的一个小小缺角可以减少安静平和之气，这对于初涉职场的年轻人未必不是一件好事。

如果缺角存在问题，解决的办法有很多。比如一面大镜子，当其中投影了家里其余部分的影像时，它就起到了填补"空间"的作用；你还可以在外墙部分放置植物，用来增强能量，辅助消除所存在的不规则。另外，运用与五行元素和八方代表颜色相关的各式方法也是很有效的。

对于宅中的缺角，可直接增强它所缺失元素的能量，或通过该元素与其他元素的相生相克关系来达到目的。

死角 死角是建筑中能量和气淤滞最严重的地方。化解方法是用灯光长期给予光照，以期最大程度激活淤积在那里的能量。